DUMONT

REISE-TASCHENBÜCHER

Gotland

In der vorderen Umschlagklappe: Gotland

In der hinteren Umschlagklappe: Visby

Ulrich Quack

Gotland

DUMONT

Umschlagvorderseite: Kirchenruine St. Hans und St. Per in Visby
Innenklappe vorn: Frühlingswiese bei Lummelunda
Abbildung Seite 2/3: Sommerliches Blumenfeld bei Vibble
Innenklappe hinten: Fischer am Strand von Hall
Rücktitel oben: Tofta-Strand
Rücktitel unten: Bauernhof auf Fårö

Über den Autor: Ulrich Quack, geboren 1956, studierte in Münster und Oslo Deutsch, Geschichte und Skandinavistik. Seit 1979 ist er als Studienreiseleiter besonders in Skandinavien tätig und bereist die Insel Gotland, die zu seinen Lieblingszielen gehört, regelmäßig beruflich und privat. Der Autor arbeitete an kulturgeschichtlichen Publikationen und Filmen mit und veröffentlichte Reisehandbücher zu außereuropäischen Zielen.

Fremde Kulturen kennenlernen und gastfreundlichen Menschen begegnen – wie sehr genießen wir das auf Reisen. Zu Hause bei uns jedoch wird mancher Ausländer von einer kleinen Minderheit beschimpft, bedroht oder sogar mißhandelt. Alle, die in fremden Ländern Gastrecht genossen haben, tragen hier besondere Verantwortung. Deshalb: Lassen Sie es nicht zu, daß Ausländer diffamiert und angegriffen werden. Lassen Sie uns gemeinsam für die Würde des Menschen einstehen.

Verlagsleitung, Mitarbeiterinnen und Mitarbeiter des DuMont Buchverlages

Die Deutsche Bibliothek – CIP-Einheitsaufnahme

Quack, Ulrich:
Gotland / Ulrich Quack. – Köln : DuMont, 1997
(DuMont-Reise-Taschenbücher ; 2136)
ISBN 3-7701-3851-1

Satz und Druck: Rasch, Bramsche
Buchbinderische Verarbeitung: Bramscher Buchbinder Betriebe

Printed in Germany ISBN 3-7701-3851-1

Inhalt

Land und Leute

Gotland als Lebensraum

Geschichte, Wirtschaft und Kunstgeschichte

Unterwegs auf Gotland

Visby – Stadt der Rosen und Ruinen

Fünf Routen durch Gotland

Nützliche Tips und Adressen

Verzeichnis der Karten und Pläne

Land und Leute

»Ich träumte mich müde an duftender Pracht, ich fliehe zu dir und deiner kargen Heide. Oh Einsamkeit, Versöhnende Macht! Oh wogenumbrauster Friede!«

Gustaf Larsson,
›Gedichte von der Insel Gotland‹

Gotland als Lebensraum

Geographie, Landschaft und Umwelt

Klima und Reisezeit

Flora und Fauna

Feiertage und Festivals

Schwedische und gotländische Gaumenfreuden

Am Strand von Ygne

Einladung nach Gotland

Ist es Ihnen auch so ergangen? Daß Freunde und Bekannte, nachdem Sie ihnen von Ihrem Reiseziel erzählt haben, gar nicht so genau wußten, was denn dieses ›Gotland‹ eigentlich sein soll? Immer wieder stellen Liebhaber der Insel erstaunt fest, wie wenig diese im deutschsprachigen Raum bekannt ist – das betrifft deren staatliche Zugehörigkeit genauso wie die geographische Lage oder die Sehenswürdigkeiten, die dort anzutreffen sind. Selbst bei eingefleischten Skandinavienfreunden, die immerhin wissen, daß Gotland ein schwedischer Landesteil ist und nichts weniger als die größte Insel der Ostsee, halten sich genaue Kenntnisse über deren Geschichte, Landschaft und Eigenart oft in Grenzen. Und die Frage wird laut, warum man ausgerechnet dieses Gotland bereisen sollte, wo doch Schweden ohnehin so groß ist und so viel zu bieten hat.

Eine erste Antwort liegt in der Feststellung, daß Gotland nicht Schweden ist und Schweden nicht Gotland – Besucher finden hier eine Region, die ein unverwechselbares, eigenes Gepräge hat; eben ein eigenes ›Land‹. Und die Gründe, sich diesem Land zu nähern, sind so vielfältig, daß in einem Reisetaschenbuch längst nicht alle genannt werden können. Den größten Anreiz zu einem Besuch bildet wohl die einzigartige Kulturlandschaft. Beispielsweise wird man in ganz Nordeuropa schwerlich eine andere Provinz finden, in der so viele und so unterschiedliche Monumente aus der Bronze- und Eisenzeit versammelt sind, die eine solche Dichte an Schatzfunden aufzuweisen hat. Und natürlich ist da die erstaunliche Konzentration von hochrangiger romanischer und gotischer Kunst in den fast hundert Landkirchen, von denen jede für sich eine Kostbarkeit darstellt. Genauso unerwartet präsentiert sich die Hansestadt Visby, die einzig wirklich mittelalterliche im Norden und oft als ›Stadt der Rosen und Ruinen‹ besungen.

Aber nicht nur das kulturelle Erbe Gotlands schlägt Besucher in seinen Bann. Seine Landschaft gleicht keiner anderen Region des Ostseeraumes: Dichte Kiefernwälder, flache Schilfseen, Laubweiden, Orchideenfelder, kilometerlange Sandstrände, steppenartige Kalksteinplateaus, Steilküsten und bizarre Felssäulen ergeben eine Bilderbuchwelt voller herrlicher Natureindrücke. Überall ist das Meer nah und der Horizont weit. Und geologisch Interessierte finden am Reiseziel, einem der weltweit besten Fundorte für Fossilien, ein wahres Eldorado vor. Wem außerdem Gotland allein nicht reicht, der kann problemlos Ausflüge auf eine der vielen außergewöhnlich interessanten Inselchen unternehmen, die die Hauptinsel wie einen Kranz umgeben. Diese in Nationalparks und Naturreservaten geschützte Landschaft bildet den naturschönen Rahmen für alle

›Steckbrief‹ Gotland

Geographische Daten: Gotland liegt zwischen 57° und 58° nördlicher Breite (Visby: 57°38′) sowie 18° und 19° östlicher Länge (Visby: 18°17′). Maximale Breite: 50 km, maximale Länge: 140 km (176 Straßenkilometer), Küstenlinie: ca. 600 km, Fläche: einschließlich der kleineren Inseln 3140 km².
Administrativer Status: Gotland ist gleichzeitig historische Landschaft oder Provinz *(landskap)*, Regierungsbezirk *(län)* und Gemeinde *(kommun)*. Nur vier Regierungsbezirke sind in Schweden mit den Grenzen der entsprechenden Kommune identisch. Inselhauptstadt ist Visby.
Bevölkerung: 58 120 Einwohner (1996), davon knapp 22 000 in Visby. Nur 1,2 % der gotländischen Bevölkerung sind Ausländer (in Schweden 5,7 %).
Stellung innerhalb Schwedens: Gotland ist zwar klein, aber nicht am kleinsten: Unter den historischen Landschaften hat Öland weniger Bodenfläche und Härjedalen weniger Einwohner. Von den 24 Regierungsbezirken kommt Blekinge nicht an die Ausdehnung Gotlands heran. Doch in der Bevölkerungsstatistik nimmt die Insel den letzten Platz ein. Unter den 288 Gemeinden im Königreich steht Gotland auf dem 37. Platz hinsichtlich der Einwohnerzahl (Rang 1: Stockholm mit 711 119 Ew.) und auf dem 27. Platz hinsichtlich der Bodenfläche (Rang 1: Kiruna mit 19 447 km²).
Wichtigste Exportartikel: Lebensmittel, Holz.
Anteil der Beschäftigten: Öffentlicher Dienst: 40,2 %, Private Dienstleistungen: 15,0 %, Industrie: 14,6 %, Handel und Banken: 9,1 %, Landwirtschaft: 8,8 %, Bauwesen: 6,7 %, Transportwesen: 5,3 %.
Problematik: Z. Zt. noch geringeres Durchschnittseinkommen als in Schweden und höhere Steuerbelastung. Gefährdung durch nicht selbst verschuldete Umweltverschmutzung der Ostseeregion.

möglichen Freizeitaktivitäten. Das Angebot umfaßt dabei perfekte Golfbahnen, Reitställe und verschwiegene Yachthäfen genauso wie markierte Wege, die sich bestens für Entdeckungsreisen mit dem Fahrrad oder zu Fuß eignen. Hinzu kommt ein ideales Klima, das im Sommer die meisten Sonnenscheinstunden und geringsten Niederschläge des Königreiches aufweist – die allerbesten Voraussetzungen also, sich in entspannender Weise den Naturschönheiten und kulturellen Sehenswürdigkeiten Gotlands zu nähern.

Geographie, Landschaft und Umwelt

Gotland umfaßt einschließlich der ›Ableger‹ Fårö, Gotska Sandön und Karlsinseln rund 3140 km² und führt damit die Liste der größten Ostseeinseln an, vor Saaremaa/Ösel (2984 km²), den Ålands (ca. 6500 Inseln; 1481 km²), Öland (1347 km²) und Rügen (973 km²). Trotz dieser Größe hat Gotland nur 58 000 Bürger, von denen 22 000 zudem in der Hauptstadt Visby konzentriert sind. Hinsichtlich seiner Einwohnerdichte steht die Insel also klar hinter Rügen (84 000 Ew.) oder Bornholm (587 km², 48 000 Ew.) zurück. Und im Vergleich zu mediterranen Inseln (z. B. Malta, wo sich auf nur 246 km² etwa 340 000 Menschen drängeln) scheint sie geradezu entvölkert zu sein.

Ihre Lage kann als ›zentral in der Ostsee‹ angegeben werden: Etwa 90 km sind es zum schwedischen Festland, 130 km zur baltischen Küste. Und mit rund 550 km sowohl nach Hamburg als auch nach St. Petersburg liegt sie genau in der Mitte zwischen den beiden Millionenstädten.

Vom restlichen Skandinavien unterscheidet sich Gotland durch den **Untergrund,** der hier nicht aus Granit oder Gneis, sondern aus Kalk- und Sandstein besteht. Diese Sedimentschichten entstanden vor rund 400 Mio. Jahren während jener erdgeschichtlichen Entwicklungsstufe, die man Silur nennt. Bei der Drift der Erdplatten passierte die Scholle, die die Insel trägt, damals den Äquator. Bedeckt war sie von einem warmen, tropischen Meer mit einer überaus artenreichen Fauna. Die toten Kleinstlebewesen wie Korallen, Armfüßler, Trilobiten, Seelilien, Weichtiere und Stachelhäuter usw. sanken auf den Grund des Meeres ab, wo sie zusammen mit Schlamm, Sand, Salz und Algen zu einer Sedimentschicht von mehreren hundert Metern Dicke zusammengebacken wurden. Unter dem Druck versteinerten jene Lebewesen, die von einer harten Schale geschützt waren. Mittlerweile sind viele der Organismen ausgestorben, doch ihre Versteinerungen findet man noch im gotländischen Kalkstein in reichem Ausmaß vor; wegen der guten Fundlage von Fossilien wurde für das Silur auch der erdgeschichtliche Begriff Gotlandium geprägt. Und es ist schon ein ganz besonderes Erlebnis, an den Kieselstränden oder Kalksteinplatten im Inselinneren Überbleibsel von Pflanzen und Tieren zu finden, die vor 400 Mio. Jahren in einem tropischen Meer lebten. Verständlich, daß immer mehr Touristen bei der Suche nach ihrem ganz persönlichen (und nebenbei kostenlosen) Mitbringsel vor Ort eine große Sammelleidenschaft entwickeln. Wenn allerdings Umweltschutz mehr als nur leere Worthülse sein soll, ist man gut beraten, die Fossilien wirklich nur aufzusammeln, nicht aber aus dem Gestein herauszubrechen oder wo-

Bizarre Kalksteinformationen (*raukar*) bei Folhammar

möglich Kalksteinklippen mit dem Geologenhammer zu bearbeiten!

Der im Vergleich zu Rest-Skandinavien andersartige Untergrund findet seine Entsprechung in der gotländischen **Landschaft.** Wo z. B. in der schwedischen Provinz Småland der Granituntergrund zu einer sanften Hügellandschaft modelliert wurde, mit dichtem Wald bedeckt und von unzähligen Seen durchsetzt, bleibt Gotland eher flach und erreicht in der Lojstahajd eine maximale Höhe von nur 82 m ü. d. M. Der Boden ist hier fruchtbarer als auf dem Festland und kann, besonders in Mittelgotland, landwirtschaftlich intensiv genutzt werden.

Andererseits ist die Humusschicht, die dem Mergel, Kalk-, und Sandstein aufliegt, nur sehr dünn. Verbunden mit der extremen Trockenheit in den Sommermonaten führt das zu einem langsamen Wachstum der Bäume, die oft eine nur bescheidene Höhe erreichen. Dort, wo der Untergrund nicht aus Mergel, sondern aus dem weniger verwitterungsanfälligen Kalkstein besteht, kann die Erddecke teilweise völlig verschwunden und der nackte Fels zum Vorschein gekommen sein. Dieser ist oft von merkwürdigen Gruben oder tiefen Rillen durchzogen, die dadurch entstanden sind, daß kohlensäurereiches Regenwasser eindrang und den Stein sukzessive auflöste (Karstverwitterung).

Umgeben werden solche Kalksteinplateaus von einer Art Steppe,

Die Ostsee, das jüngste Meer Europas

Littornia-Meer-Küstenstufe zwischen Lau und Katthammarsvik

Kein anderes Meer in Europa ist so jung und hat so oft seine Form verändert wie die Ostsee. Sie ist insgesamt ein Produkt der letzten Eiszeit, die vor 70 000 Jahren begann. Als vor 25 000 Jahren das Klima wieder wärmer wurde, setzte der unendlich langsame Abschmelzungsprozeß der kilometerdicken Eispanzer ein, die damals Nordeuropa, Sibirien und Nordamerika bedeckten. Vor rund 12 000 Jahren hatte der nordwärts wandernde Rand der Gletscher etwa die Stelle verlassen, an der heute Gotland liegt. Das abschmelzende Wasser sammelte sich in einer Mulde und formte die erste Vorläuferin der Ostsee, die sogenannte **Baltische Eissee.** Dabei handelte es sich um einen Süßwasser-See, ohne Zugang zum Ozean also, dessen Wasserspiegel maximal 26 m über dem des Atlantik lag. Brandungslöcher hoch oben an den Steilküsten von Lilla Karlsö oder auch an der Thorsburg erinnern an jene Zeit, als von Gotland nur einige kleine Inselchen aus dem eiskalten, mit treibenden Eisbergen übersäten Wasser ragten.

Vor rund 10 000 Jahren hatten sich die Gletscher auf die Höhe des heutigen Mittelschweden zurückgezogen, und an ihrem Südrand ergoß sich nun das Wasser der Baltischen Eissee in den Atlantik. Dies hatte ein ziemlich schnelles Auftauchen weiterer Landesteile Gotlands zur Folge – auch von kleinen Inseln, die es heute nicht mehr gibt und über die die ersten Pflanzen, Tiere und wohl auch die Steinzeitmenschen nach Gotland kamen. Da die Senke der Ostsee deutlich tiefer als der Meeresspiegel liegt, strömte nun im Gegenzug auch salzhaltiges Wasser von Westen her ein: Ein neues Meer war geboren, das sogenannte **Yoldia-Meer,** eine weite Bucht des Atlantik.

Während der Eiszeit hatte der enorme Druck der Gletscher die Erdscholle tief hinuntergedrückt, so daß in dem Moment das Land langsam wieder aufwärts stieg, als es vom Eis befreit war. Dieser Hebungsprozeß ist übrigens auch heute noch nicht beendet, allerdings stark verlangsamt. Für die Ostsee bedeutete die Landhebung, daß vor rund 9000 Jahren der Zugang zum Atlantik verschlossen wurde und sich durch den steten Zufluß von Schmelzwasser erneut ein Süßwasser-See formte, der sogenannte **Ancylus-See.** An vielen Stellen auf Gotland ist die alte Küstenlinie dieser Zeit am ›Ancylus-Strandwall‹ zu verfolgen, der sich im Süden der Insel etwa 20 m und im Norden etwa 45 m ü. d. M. befindet. Die Differenz erklärt sich dadurch, daß die Landhebung nicht gleichmäßig verläuft, sondern gen Nordosten immer mehr zunimmt. Nach zweitausendjähriger Existenz lief der Ancylus-See wegen der Hebung und dem Schmelzwasserzufluß sozusagen über. Der Durchbruch zum Ozean erfolgte naturgemäß dort, wo das Land am flachsten war, nämlich in Dänemark – auf diese Weise entstanden der Öresund sowie Großer und Kleiner Belt. Durch das ausströmende Wasser vertieft, bildeten diese Meeresstraßen anschließend den Weg für salzhaltiges Wasser, das in das Ostseebecken gelangte. Dort breitete sich nun das **Litorina-Meer** aus, das seinen Namen nach einer kleinen Seemuschel trägt und größer als die heutige Ostsee war: Erst im Laufe der Zeit trennte die Landhebung viele Buchten vom Litorina-Meer ab und machte sie zu Binnenseen (z. B. der Mälar-See). So ist die heutige Ostsee nichts anderes als ein verändertes und verkleinertes Litorina-Meer.

Die Ostsee ist nicht nur das jüngste Meer Europas, sondern unterscheidet sich auch sonst etwa vom Mittelmeer oder der Ägäis in vielerlei Hinsicht. Beispielsweise durch ihre geringe Ausdehnung: Mit insgesamt 373 000 km^2 hat sie ein Areal, das nur 83 % der Landesfläche Schwedens entspricht. Sowohl ihre durchschnittliche (60 m) als auch ihre maximale Tiefe (459 m) bleiben deutlich unter den Vergleichswerten, erst recht unter denen für den Atlantik (3930 m bzw. 9219 m). Der Salzgehalt der Ostsee ist sehr niedrig. Während er in der Nordsee 30 % und im Kattegat noch 20 bis 10 % beträgt, liegt er in der südlichen Ostsee samt Riga-Bucht bei 8 %, in der nördlichen Ostsee bei 7 % und geht in den äußeren Enden des Bottnischen und Finnischen Meerbusens bis auf 3 % zurück. Solche Werte verursachen eine äußerst labile ökologische Situation, und schon bei der kleinsten Verschiebung könnte das Meer zu einem toten Brackwasser verkommen. Umweltschützer weisen deshalb auch darauf hin, daß sich durch die neuen Brücken- und Tunnelquerungen der notwendige Wasseraustausch zum und vom Kattegat dramatisch verringern könnte. Noch bri-

die man *Alvar* oder *Hällmark* nennt und in der außer Gräsern, Blumen, Kräutern und Büschen (Wacholder) nur Krüppelbäume wachsen. Beispiele für solche einzigartigen und überhaupt nicht an Skandinavien erinnernden Landschaftsbilder findet man in Nordgotland und auf Fårö, östlich von Visby, auf den Karlsinseln und auf der Südspitze der Insel. Ein weiteres Kennzeichen des gotländischen Binnenlandes sind die kleinen, meist seichten und versumpften Seen, die auf Gotland (wie übrigens auch in Lappland) *träsk* heißen. Viele davon sind im 19. und 20. Jh. trockengelegt worden, um neues Ackerland zu gewinnen. Doch immer noch gehören Seen wie der Bästeträsk, mit 6,3 km² der größte der Insel, zum typischen Landschaftsbild Gotlands. Entwässert werden sie durch Bäche und Flüsse, die natürlich nie die Länge und das Volumen wie auf dem Festland erreichen können; viele trocknen im Sommer auch völlig aus. Immerhin bringt es der Gothemån auf eine Länge von 55 km. Ein interessantes Phänomen ist jener unterirdische Bach, der von einem Träsk bei Martebo gespeist wird, wobei das Wasser den porösen Kalkstein durchdringt und das 10 km lange System der Lummelunda-Höhlen (mit Tropfsteinbildung) durchfließt.

Von ihrer schönsten Seite zeigt sich die Insel aber immer an der insgesamt 600 km langen Küste. Jede der vier Ostsee-Vorgängerinnen hat jeweils ihre Uferlinie in Form von Strandwällen hinterlassen, durch die die ganze Insel zum Meer hin terrassenartig abfällt. Am schönsten ist das in Visby zu sehen, wo die einzelnen Absätze dicht hintereinandergestaffelt sind und das Stadtbild wie eine amphitheatralische Inszenierung wirken lassen. Von ganz eigenem Reiz sind die *raukar*, bizarre Kalksteinsäulen,

santer ist das Thema Umweltverschmutzung. Man darf nicht vergessen, daß das gesamte zur Ostsee entwässernde Gebiet verhältnismäßig klein ist, dort aber 75 Mio. Menschen leben. Industrie, Landwirtschaft (Überdüngung), Schiffsverkehr, Atomkraft und Privathaushalte belasten deshalb die Ostsee erheblich und machen sie zu einem der meistverschmutzten Meere der Welt. Schon seit längerer Zeit werden deshalb von den Anrainerstaaten Anstrengungen unternommen, der Ostsee das Schicksal einer stinkenden Kloake zu ersparen. Gerade auf Gotland sind dabei die Zeichen der Zeit erkannt worden: Wohl nirgendwo sonst wird soviel Wert auf eine umweltverträgliche Lebensweise gelegt. Der Titel ›Öko-Kommune‹, den sich die Insel selbst gab, ist dafür Ausdruck und Verpflichtung zugleich.

die die Meereserosion aus dem harten gotländischen Riffkalk herausgeformt hat. Ihre durchschnittliche Höhe beträgt 5–6 m, einzelne Exemplare sind aber auch deutlich höher, so z. B. der Jungfruklint, der 23 m oberhalb der Steilküste von Lickershamn thront. Da alle nacheiszeitlichen Ostseeformen an der Produktion beteiligt waren, findet man Raukar nicht nur am heutigen Ufer, sondern auch weit von der Küste entfernt bzw. unter der Wasseroberfläche. Neben den Rauk-Gebieten beeindrucken die Stellen am meisten, wo das Land in sogenannten *klintar* (Steilküste) fast senkrecht zum Meer abfällt, etwa am Högklint unmittelbar südlich von Visby. Doch auch die schier endlosen ›Klappersteinstrände‹ mit ihren großen Kieseln, von windgebeugten Zwergkiefern gesäumt, gehören zu den Charakteristika der Küste, und als größtes Kapital der Tourismus-Industrie natürlich ebenfalls die z. T. kilometerlangen, feinsandigen Strände.

Von ganz eigenem landschaftlichen Gepräge sind die vielen Inseln, von denen Gotland umringt ist, jede für sich unverwechselbar und einen Besuch wert. Im Norden gehört das urtümliche Fårö mit dem imposantesten Rauk-Gebiet, Alvar-Flächen, Binnenseen und Wanderdünen dazu, sehr viel weiter nördlich aber auch die unbesiedelte, als Nationalpark naturgeschützte ›gotländische Sandinsel‹ (Gotska Sandön). Und im Westen hauptsächlich die beiden Karlsinseln (Stora Karlsö, Lilla Karlsö), die sich als kompakte Landmasse mit einer eindrucksvollen Steilküste aus dem Meer erheben.

Die **Umweltsituation** auf Gotland ist im Großen und Ganzen gut, soweit man das von einer Insel behaupten kann, die in einem der meistbelasteten Meere der Welt liegt. Die Verschmutzung der Ostsee geht jedoch auf Faktoren zurück, die von den Gotländern weder verursacht noch zu kontrollieren sind. Vor ihrer eigenen Haustür jedenfalls können die Insulaner als Musterschüler gelten, und das nicht erst seit heute. Vielleicht hat das ausgeprägte Umweltbewußtsein ja damit zu tun, daß man hier immer sehr stark von den lokal vorhandenen Ressourcen abhängig war, die man nicht verschwenden oder durch Verunreinigung im Wert schmälern durfte. Kennzeichen für den pfleglichen Umgang mit der Natur sind u. a. die Vielzahl an Naturreservaten, Vogelschutzgebieten und anderen Arealen, zu denen der Mensch nur unter Berücksichtigung bestimmter Verhaltensregeln Zugang hat. Das System von Recycling und Abfallvermeidung, das in Schweden allgemein auf hohem Niveau steht, ist auf Gotland besonders gut organisiert. Ebenfalls geht man beim Thema Energie auf der Ostseeinsel möglichst naturverträgliche und intelligente Wege. Zwar werden Privathaushalte und Unternehmen über zwei Gleichstromkabel vom schwedischen Festland her versorgt. Doch auch ohne diese Nabelschnur könnte sich Gotland behaupten, da man in den letzten Jahren viel in die Entwicklung neuer Energiesysteme investiert hat. Insbesondere bei der Windkraft spielt die Insel in Schweden eine Vorreiterrolle, und schon jetzt sind die mehr als 100 Windkraftwerke in der Lage, den Strombedarf eines Großteils der Haushalte abzudekken. Daneben wurden erfolgreich Projekte auf den Gebieten Fernwärme, geothermische Energie, Energierückgewinnung und Biogas durchgeführt. Zum Beinamen ›Öko-Kommune‹, mit dem sich die Insel gerne schmückt, trägt auch der Umstand bei, daß heutzutage in keiner anderen Region Schwedens der ökologische Anbau so intensiv betrieben wird wie hier und auch bei der Viehzucht die Verwendung von Hormonen und Antibiotika weitgehend vermieden wird.

Klima und Reisezeit

Allgemein ist das Wetter in Schweden weit besser als sein Ruf, es herrschen oft bessere Bedingungen als in den meisten deutschen Provinzen. Innerhalb einer ohnehin erfreulichen Großwetterlage ist Gotland zusätzlich mit Spitzenwerten gesegnet, die in der touristischen Werbung zum Schlagwort von der ›schwedischen Sonneninsel‹ geführt haben: Nirgendwo sonst im Königreich gibt es mehr Sonnenscheinstunden und weniger Niederschläge (unter 500 mm im Jahresmittel) als hier. Allein die Südspitze der Nachbarinsel Öland und einige Regionen an der finnisch-schwedischen Grenze reichen in etwa an die gotländischen Verhältnisse heran.

Aufgrund der hohen nördlichen Breite sind die Jahreszeiten deut-

lich spürbar, d. h. im Sommer kurze, helle Nächte und im Winter mehr Dunkelheit als bei uns. Da Gotland weit im Osten liegt, geht hier die Sonne gut eine halbe Stunde eher auf und unter als etwa in Göteborg an der schwedischen Westküste.

Wie jede Insel ist auch Gotland stärker von **Wind** betroffen als das Festland – ein Umstand, von dem die vielen Windkraftwerke und auf dem Freizeitsektor etwa Segler und Windsurfer profitieren. Andererseits haben sich vor allem Fahrradurlauber auf die stete Brise einzustellen, die aber nur selten wirklich unangenehm ist – am ehesten in den Jahreszeiten, in denen sich kaum Touristen auf der Insel befinden: etwa im Winter, wenn sich über der Alvar meterhohe Schneeverwehungen auftürmen, oder während saisonal wiederkehrender Sturmperioden, die sogar eigene Namen tragen – darunter der berüchtigte *Pingstnårdn* (Pfingst-Norder). Übers Jahr verteilt bläst der Wind aus allen Himmelsrichtungen, in 32 % aller Fälle aber aus Südwesten.

Der **Frühling,** definiert durch eine mittlere Tagestemperatur von 0 bis 10 °C, dauert in Visby 73 Tage; im Vergleich dazu ist diese Jahreszeit in Stockholm und im nordschwedischen Riksgränsen (jeweils 58 Tage) weniger ausgedehnt. Die Natur erwacht etwas später als bei uns, dann jedoch scheint die Vegetation mit satten Farben geradezu zu explodieren (Orchideenblüte). Begleitet wird der blühende Frühling von hellen

Fiskeläge

Ferien im Fischerdorf

An allen Küsten Gotlands stößt der Inselbesucher auf kleine Siedlungen, die oft nur wenige kleine Katen umfassen und auf schwedisch *fiskeläge* heißen. Man könnte solche Orte mit ›Fischerlager‹ oder ›Fischerdorf‹ übersetzen, doch trifft dies ihren Ursprung und ihre Funktion nicht genau. Denn die Gotländer waren von ihrer ganzen Auffassung her immer mehr Bauern als Fischer, die Fischerei wurde als saisonales Nebengewerbe ausgeübt – wohlgemerkt von Bauern, die natürlich auf einem Bauernhof zu Hause waren. Ein *fiskeläge* war also nie ein ›Dorf‹ von Berufsfischern, sondern nur eine Ansammlung von Geräteschuppen, kleinen Katen und Bootshäusern. Hier kam man während einiger Wochen im Frühling und Herbst zusammen, um nach der Saison wieder zurück zum heimatlichen Hof zu gehen. Aus diesem Grund konnte innerhalb des Fischerlagers auf Komfort weitgehend verzichtet werden, ebenso auf den Bau von Gotteshäusern: Höchstens eine kleine Kapelle wird man finden. Die Architektur der Siedlungen war zweckmäßig: Für die wenigen Stunden Schlaf brauchte man nur ein kleines Dach über dem Kopf, ein Kamin verbot sich oft wegen der Holzbauweise von selbst. Wichtig war ein Leuchtfeuer, um in der Dunkelheit wieder zum Hafen zurückzufinden, wobei man auch hier auf recht primitive Hebebäume zurückgriff, an denen ein Eimer mit brennendem Tran hochgezogen wurde. Hinter den Schuppen mußte ein Platz vorhanden sein, wo man über einer Reihe von Baumzweigen die Fischernetze aufhängen und trocknen konnte.

Einige der noch erhaltenen *fiskeläge* werden bereits vor der Wikingerzeit genutzt worden sein, andere, wie das von Gnisvärd (s. Abb.), wurden im Mittelalter gegründet. Die meisten Fischerlager jedoch entstanden erst im 18. Jh. Man fing in erster Linie Ostsee-Hering, der in Fässern eingesalzen und das ganze Jahr hindurch gegessen wurde. Zudem betrieben die Bauern Binnenfischerei in Flüssen und Seen, wurde doch der Rohrkarpfen als Ergänzung des Speiseplans sehr geschätzt.

Wegen der Einführung neuer Maschinen und Agrartechniken sowie der Trockenlegung der Seen erlebte die Landwirtschaft zu Beginn des 19. Jh. einen ungeheuren Aufschwung. Nur die Bauern, die direkt an der Küste wohnten, fischten weiter, und einige davon nahmen später die Fischerei als Hauptberuf an. Als diese sich nach dem Ausbleiben der Heringsschwärme auf Lachs und Flunder umstellen mußten, benötigten sie bessere Boote und in der Folge auch bessere Häfen – mit dem Resultat, daß ein *fiskeläge* nach dem anderen aufgegeben wurde. Diese Entwicklung erreichte ihren Höhepunkt in den 50er Jahren, als die Schleppnetzfischerei aufkam. Viel Geld floß damals in die Anschaffung neuer Gerätschaften und den Ausbau von einigen wenigen Hafenanlagen: Um den gesamten gotländischen Bedarf an Fisch zu decken, genügen heutzutage eigentlich zwei moderne Trawler!

Es spricht für die Gotländer, daß sie angesichts dieser Entwicklung ihre alten *fiskeläge* weder abtrugen noch zu Geistersiedlungen verkommen ließen. Immer fanden sich Bauern, die die altertümlichen Gebäude pflegten und die Fischerei als Hobby weiterführten. Dabei waren nicht alle Lager zu retten, aber immerhin hat man dafür gesorgt, daß Schuppen oder Boote bzw. Einrichtungen mit besonderem kulturellen Wert ins Fischereimuseum Kovik oder ähnliche Einrichtungen überführt wurden. Auch die Denkmalschützer beeilten sich, einige der interessantesten *fiskeläge* in der Substanz zu erhalten. Und inzwischen sind die Häuschen durch den Fremdenverkehr sogar wieder lukrativ. Vielfach wurden nämlich die alten Katen zu Ferienwohnungen umgebaut, für die sich eine stetig steigende Zahl von Gotland-Touristen interessiert. Natürlich kann man hier nicht die Geräumigkeit und die Einrichtungen eines normalen Ferienhauses oder gar Hotel-Standard erwarten. Mit den hölzernen Etagenbetten und gemeinschaftlich genutzten sanitären Einrichtungen liegt das Komfortangebot eher auf Campingplatzniveau. Aber das ursprüngliche, historische Ambiente, die Nähe zur See, das Zusammensein mit Gleichgesinnten ohne großen Rummel – all das macht den besonderen Reiz dieser Urlaubsform aus. Und was kann schöner sein, als morgens durch das Tuckern eines kleinen Fischerbootes geweckt zu werden, das bereits beim Sonnenaufgang ein fangfrisches Mittag- oder Abendessen verspricht?

Rosenpracht in der Fiskargränd in Visby

Nächten – eine ideale Zeit für Besucher, die nicht auf Badeurlaub aus sind und denen auch die bisweilen heftigen Windböen nichts ausmachen. Zwar wird die Touristensaison bereits Anfang Mai mit dem ›Öppet Gotland‹-Wochenende eröffnet, doch genießen Besucher in dieser Zeit ein noch von Menschenmassen verschontes Reiseziel.

Ab Anfang Juni kündigt sich der **Sommer** an, dessen statistische Dauer (über +10 °C mittlere Tagestemperatur) sich in Visby mit 127 Tagen nur unwesentlich von Stockholm (124 Tage) unterscheidet, aber deutlich länger als in Nordschweden (23 Tage) ist. Jetzt blüht der Fremdenverkehr und profitiert von einem Klima, das eher an mediterrane Gebiete denken läßt als an Nordeuropa. Mit Ausnahme des verregneten Sommers 1996 hat Gotland in den letzten Jahren seinem Ruf als ›Sonneninsel‹ immer alle Ehre gemacht; Statistiker kamen auf eine tägliche Durchschnittstemperatur von 18,2 °C im Juni, 20,4 °C im Juli und 20,0 °C im August. Zusätzlich zur Wärme sorgten die 590 Sonnenscheinstunden und nur 2 mm Regen in diesen drei Monaten für einen fast durchgängig blauen Himmel! An geschützten Stränden kann für abgehärtete Naturen schon ab Mitte Juni ein Bad in der Ostsee zum Vergnügen werden, während im August eine Oberflächen-Wassertemperatur von 20 °C dem Sprung ins Wasser keine Überwindung mehr abverlangt. Bei 23 bis 24 °C ist aber auch in Gotland die Obergrenze des Möglichen erreicht.

Da sich die Ostsee nur langsam erwärmt, dann aber länger als die Nordsee höhere Temperaturen aufweist, eignet sich auch noch der beginnende September für einen Badeurlaub. Überhaupt genießt man im **Herbst** oft schöne und warme Tage, in denen Heidekraut und Rosen blühen und Wanderer sich am bunten Laub der Bäume erfreuen können. Da die meisten Touristen Gotland bereits verlassen haben, bleiben Einheimische und die wenigen Besucher unter sich. Für viele beginnt nun die schönste Zeit des Jahres, die zudem recht lange andauert: Mit 89 Tagen, in denen sich die mittlere Tagestemperatur zwischen 0 und 10 °C bewegt, ist der Herbst in Visby deutlich länger als in Stockholm (63 Tage) oder in Nordschweden (59 Tage).

Dementsprechend dauert der **Winter,** wenn die mittlere Tagestemperatur unter 0 °C absinkt, in Visby (76 Tage) weniger lange als in Stockholm (120 Tage) oder gar in Nordschweden (225 Tage). Abgesehen davon ist es auf der Ostseeinsel nie so kalt wie in den Inlandregionen des Königreiches, und die im Januar 1976 erreichten –24 °C stellen eine extreme Ausnahme dieser Regel dar. Relativ milde Winter bedeuten jedoch nicht unbedingt gutes Wetter, so daß Besucher, die auf Gotland mit Regen und Schneematsch konfrontiert werden, oft ein eiskaltes und knochentrockenes Klima wie auf dem Festland bevorzugen würden. Ab und zu wartet der Winter aber auch hier mit all seinen typischen Attributen auf. 1987 z. B. war die Insel von Januar bis März mit einer mehr als einem Meter hohen Schneefläche bedeckt. Und daß die Ostsee komplett zufriert, ist ebenfalls so ungewöhnlich nicht.

Obwohl es mehrere ganzjährig geöffnete Hotels auf Gotland gibt und sich das örtliche Fremdenverkehrsamt bemüht, die Insel auch als Herbst- und Winterdestination zu vermarkten, beschränkt sich die eigentliche Reisezeit auf den recht kurzen Zeitraum von Juni bis August. Wer dem touristischen Ansturm in dieser Zeit ausweichen will, sollte vor oder nach den schwedischen Industrieferien (Juli bis Anfang August) nach Gotland kommen. Vor der zweiten Maiwoche und nach Mitte September ist das touristische Angebot jedoch stark eingeschränkt. Das betrifft u. a. die Verkehrsverbindungen, die Ausflugsmöglichkeiten zu den Karlsinseln und nach Gotska Sandön sowie die Öffnungszeiten von Kirchen, Museen, Campingplätzen, Restaurants, Geschäften etc.

Flora und Fauna

Bedenkt man die nördliche Breite der Ostseeinsel, die fast auf demselben Breitengrad wie Labrador liegt, beeindruckt Gotlands Flora ganz besonders. Immerhin gedeihen hier an einigen Stellen sogar mittel- und südeuropäische Nutzbäume wie Kastanie, Walnuß, Maulbeere, Pfirsich, Aprikose und Mandel sowie Weintrauben. Die kalkhaltigen Böden, eine meist nur sehr dünne Humusschicht und die klimatischen Voraussetzungen sorgen dafür, daß einerseits manche Pflanzen nur im Miniformat vorkommen, andererseits aber auch solche, die es an anderen Orten dieser geographischen Breite nicht oder nur sehr selten gibt. Botanisch Interessierte finden hier manche Rarität. Von den 50 in Schweden vorkommenden Orchideen-Arten sind z. B. allein 40 auf Gotland beheimatet; einige davon kann man im Königreich nur hier antreffen. Nicht allein der Artenreichtum ist dabei erstaunlich, sondern die Anzahl der einzelnen Pflanzen und die Bandbreite ihrer Farbvarianten von Weiß bis Dunkellila. In der Blütezeit, während der Monate Mai und Juni, wird die Insel in ein richtiges Farbenmeer getaucht, und Wanderer haben es schwer, über die Orchideenfelder zu gehen, ohne eine Blüte zu treffen. Bunte Farbtupfer bestimmen auch das Landschaftsbild in den trockenen Sommermonaten. Mohn, Natternkopf (Blauer Heinrich) und viele andere Gewächse gedeihen im Übermaß an Straßenrändern oder auf Feldern, so daß man fast schon die Hand eines Gärtners hinter der Blütenpracht vermutet. Visbys Beiname, ›Stadt der Rosen und Ruinen‹, gibt den Hinweis auf weitere Blumen, für die Gotland berühmt ist: Im Botanischen Garten und den pittoresken Gassen der Altstadt wird man mit einer unglaublichen Fülle an Rosen konfrontiert, die z. T. bis in den Dezember hinein blühen und deren Vorkommen keineswegs auf die Hauptstadt beschränkt ist. An den Ruinen wiederum rankt sich Efeu (schwed.: *murgröna,* gotländ.: *rindi*) hinauf, der innerhalb der Flora als gotländische Symbolpflanze jenen Platz einnimmt, den der Igel innerhalb der Fauna besitzt.

Besonders interessant ist in botanischer Hinsicht die baumlose, *Alvar* oder *Hällmark* genannte Steppe, die wegen ihrer extremen Umweltbedingungen den Pflanzen einen harten Überlebenskampf abverlangt. Denn diese müssen sich sowohl an die Hitze und Trockenheit des Sommers als auch an das

Tundrenklima des Winters anpassen, wenn die dünne Verwitterungserde auf dem Kalkstein gefriert. Umso mehr überrascht der Artenreichtum dieses Biotops, das neben niedrigen, farbintensiven Blumen unzählige duftende Kräuter und Wacholderbüsche trägt.

Eine eigene Erwähnung verdient der gotländische Wald, der die Insel fast zur Hälfte bedeckt. Dabei sind heute Kiefern und Tannen vorherrschend (Gotland ist die nadelwaldreichste Provinz Schwedens), doch wurde die Insel früher von Laubbäumen mindestens genauso geprägt. Noch 1833 zählte man allein 258 000 Eichen. Und der Bestand an Eiben wird selbst heute noch nirgendwo sonst in Skandinavien übertroffen. Laubbäume dominieren auch die sogenannten *löv-ängar* (Laubwiesen), ein weiteres Charakteristikum der Insel. Dabei handelt es sich um von Menschen gestaltete Areale, die auf eine fast zweitausendjährige Tradition zurückblicken können. Etliche dieser seit der Eisenzeit belegten Laubwiesen haben sich erhalten, meist in der Nähe der Landkirchen, und sind inzwischen als Sehenswürdigkeit ausgeschildert. Sie waren gleichermaßen Lieferant von Brennholz, Viehfutter, Heu und Lebensmitteln wie Haselnüsse und Wildäpfel. Nach einem durchdachten System wurden dabei unterschiedlich hohe Baumarten (u. a. Eschen, Ulmen, Linden, Apfel- und Haselnußbäume) so plaziert, daß im trockenen Sommer Licht und Schatten auf der Wiese in ein ideales Verhältnis gebracht wurden und

keine Pflanzen verdorrten. Das auf der Wiese weidende Vieh erhielt so ein sehr nährstoffreiches Futter.

Aufgrund der isolierten Insellage unterscheidet sich die gotländische Tierwelt von der allgemeinschwedischen in mehreren wichtigen Punkten. U. a. kommt der Elch, also das gerade bei Touristen so beliebte Symboltier des Königreichs, nicht auf Gotland vor, ebensowenig anderes Großwild. Eine Ausnahme bilden die halbwilden Inselpferde *Russ,* eine stämmige und robuste Ponyrasse, die früher auf der ganzen Insel anzutreffen war (s. S. 156). Zwar sieht man bisweilen Rot- und Damwild, das aber importiert wurde und in Gehegen als Nutztier gehalten wird. Typisch sind die vielen, meist grau- oder schwarzwolligen Schafe, deren Anzahl etwa 52 000 beträgt. Die meisten davon stammen von einer einheimischen Rasse (*Hånnlambi* oder *Åilambi*) ab, bei der auch Jung- und Muttertiere Hörner tragen, und die Eingang in das gotländische Wappen und die Fahne der Insel gefunden hat. Zwar sind die Hörner vielfach weggezüchtet worden, doch sieht man bisweilen noch Exemplare dieser ursprünglichen Rasse, insbesondere auf den Inseln Lilla Karlsö und Fårö. Die gotländischen Schafe leben nahezu immer im Freien, im Winter finden sie Schutz und Futter in den *lambsgift* genannten Hütten.

An kleineren Tieren kommen auf Gotland, anders als in Schweden, weder Dachs, noch Marder oder

Otter vor. Auch die Feldmaus fehlt, und da sie deren bevorzugtes Beutetier ist, ebenfalls die Kreuzotter, die man ansonsten in Südskandinavien recht häufig antrifft. Demgegenüber fällt die Vielzahl an Wildkaninchen auf, die erst 1907 in drei Exemplaren auf die Insel gebracht wurden und sich seitdem bis zur Landplage vermehrt haben. Daran können weder die ebenfalls sehr zahlreichen Füchse noch die per Impfung verbreitete Viruskrankheit Myxomatose etwas ändern.

Das Landschafts- und Symboltier der Insel ist aber eindeutig der Igel (schwed.: *igelkotten,* gotländ.: *pinnso*), von dem es 15 000 bis 20 000 Exemplare auf Gotland gibt. Die Urahnen der heutigen, mit etwa 6000 Stacheln bewehrten Tiere erreichten die Insel vor etwa 10 000 Jahren auf den Einbäumen der Steinzeitmenschen. Ursprünglich lebten die Igel ausschließlich von Insekten, heute sind sie Allesfresser und verschmähen selbst eine Sahnetorte nicht.

Sehr artenreich sind Insekten auf Gotland vertreten, daneben Kreaturen, mit denen der Besucher nicht unbedingt in Kontakt treten möchte: Zecken. Viele Bienen ermöglichen den gotländischen Honigexport, und auch sonst kreucht und fleucht es ganz enorm. Immer wieder trifft man bei Wanderungen auf stattliche Ameisenhügel, und an den Sandstränden warten Ameisenlöwen auf ihre Opfer.

Die Vielfalt an See-, Sing- und Zugvögeln weist Gotland eine besondere Stellung im Ostseeraum zu und lockt alljährlich ornithologisch interessierte Besucher auf die Insel. Vor allem müssen dabei die Karlsinseln mit den einzigen echten Vogelkolonien der Ostsee (Tordalke, Trottellummen) genannt werden. Aber auch an den flachen Binnenseen und weiten, naturgeschützten Küstenarealen kann man von Beobachtungstürmen oder speziellen Unterständen ein lebhaftes Treiben bestaunen, an dem außer vielen Möwen- und Entenarten beispielsweise Adler, Kraniche und Raben beteiligt sind.

Feiertage und Festivals

Natürlich nimmt die gotländische Bevölkerung an den nationalen Fest- und Feiertagen teil und begeht sie ähnlich wie die festlandschwedischen Bürger auch. Am Vorabend zum 1. Mai, der **Walpurgisnacht** (Valborg), wird der Frühling überall im Land – vor allem aber in den großen schwedischen Universitätsstädten – mit großen Feuern begrüßt, und in feucht-fröhlicher Runde nehmen Redner und Sängergruppen vom Winter Abschied. Das vielleicht wichtigste Fest im Jahresrhythmus ist jedoch **Mittsommer** (Midsommar), das an jenem Wochenende gefeiert wird, das dem 24. Juni am nächsten liegt. Überall sieht man in dieser Zeit auf dem Land und in den Städten den mit Blumen und Grün geschmückten Mittsommerbaum *(majstång)* stehen und abends dann die großen Feuer auflodern. Zwar hat Mittsommer für das gotländische Brauchtum nicht eine solch große Bedeutung wie etwa in der schwedischen Traditionslandschaft Dalarna, doch kann man auch hier bis zum frühen Morgen zu Volksmusik oder den neuesten Hits tanzen. Dazu wird gut gegessen und viel (manchmal auch zuviel!) getrunken. Eine gute Möglichkeit, die Festlichkeiten rund um die kürzeste Nacht des Jahres mitzuerleben, bieten u. a. die Festwiesen an der Lojstahalle und am Kattlundsgård.

Ein weiteres schwedisches Hauptfest findet alljährlich im August statt, nämlich das **Krebsessen** *(kräftskiva)*. Die tiefe Inbrunst, die Festlandschweden diesem kulinarischen Ereignis gemeinhin widmen, trifft man hingegen auf Gotland nicht an. Zum Jahresende wird die Weihnachtszeit am 13. Dezember durch das Fest der **Sankta Lucia** eingeläutet. Bei den Festlichkeiten in den Betrieben und Schulen wird die Heilige durch ein weißgewan-

Gotländer sind keine Schweden

Wer eine ganze Weile durch Schweden gefahren ist, um dann mit der Fähre nach Gotland überzusetzen, wird schon bei der Anreise sofort die Andersartigkeit des Landesteils bemerken. Sehr hell, fast weiß, leuchten Gotlands Kalksteinklippen am Horizont auf und verbreiten ein unverwechselbares Licht. Auf der Insel sieht man dann kaum Erhebungen und nirgendwo den rosafarbenen Granit, der für das Festland so typisch ist. Beim Blick auf die Landkarte oder im Gespräch mit Einheimischen stößt man auf weitere Merkwürdigkeiten. Wieso heißt ein Fischerdorf z. B. wahlweise Djauvik und Djupvik, eine Kirche hoch oben im Norden einmal St. Äulas-Körka, ein anderesmal St. Olofs kyrka? Wieso sagen die Gotländer zum Igel und zum Schaf, also zu ihren beiden wichtigsten Tierarten, *pinnso* statt *igelkotten,* bzw. *lamb* statt *får?* Und wieso müssen schwedische Touristen im Gespräch mit Einheimischen so oft nachfragen?

Um bei den genannten Phänomenen zu bleiben: Vom Untergrund und Landschaftsbild her ist Gotland (wie übrigens auch Öland) wirklich nicht mehr schwedisch, noch nicht einmal mehr skandinavisch! Und was die Sprache betrifft, dürfte wohl jedem auffallen, daß sich Akzent und Intonation erheblich von der schwedischen Hochsprache unterscheiden. Dabei ist es ja nichts Ungewöhnliches, wenn in einem recht isolierten Landesteil ein starker Dialekt gesprochen wird. Wer aber einmal einem Bauern aus Lau oder När zugehört hat, wird sich fragen, ob das überhaupt noch ein Dialekt oder nicht schon eine eigene Sprache ist. Die Linguisten werden darauf erwidern, daß es tatsächlich eine ›gutnische‹ Sprache gibt, die sprachhistorisch eng mit dem Gotischen verwandt ist. Auch wenn diese kaum noch jemand beherrscht, macht sie sich im ›Dialekt‹ der heutigen Gotländer nachhaltig bemerkbar.

Berechtigt das allein aber zu dem Satz ›Gotländer sind keine Schweden‹? Auch die Provinz Schonen z. B. unterscheidet sich landschaftlich vom restlichen Schweden, und seine Einwohner sprechen einen starken Dialekt, in dem die lange Zugehörigkeit zum dänischen Reich durchschlägt.

Trotzdem verhält es sich mit Gotland anders. So darf man nicht vergessen, daß die Insel, als sie im 17. Jh. in das schwedische Reich eingegliedert wurde, auf eine enorm lange Zeit der Unabhängigkeit zurückblicken konnte. Die freie Bauernrepublik Gotland existierte immerhin von der Wikingerzeit bis zum Jahre 1525! Und Schweden empfand man zunächst viel eher als fremde Besatzungsmacht denn als ›Mutterland‹. Hinzu kommen viele weitere geologische, klimatische, wirtschaftliche und kulturelle Unterscheidungsmerkmale, die Gotland innerhalb Schwedens immer eine Sonderrolle zuwiesen. Kein Wunder also, daß man anstelle der Nationalflagge überall auf der Insel häufiger die gotländische Fahne hißt: das weiße Siegeslamm auf blauem Grund. Bislang drückte sich die Empfindung der Gotländer, ›anders‹ als die Schweden zu sein (so, wie sich etwa auch die Bretonen nicht unbedingt für Franzosen halten), weniger in politischen Forderungen aus; vorstellbar wäre ja ein autonomer Status, wie ihn die Åländer in Finnland besitzen. Aber einen gewissen Trotz gegenüber Entscheidungen aus Stockholm und ein starkes insulares Selbstbewußtsein haben die Gotländer allemal an den Tag gelegt. Unvergessen ist, wie sich 1922 Arbeiter und Fährleute weigerten, den Transport eines großen Bildsteines durchzuführen, der ins Museum nach Stockholm verschifft werden sollte. Der Bildstein, den sie als ihr ureigenes Kulturerbe betrachteten, steht heute noch im Freilichtmuseum von Bunge.

Auch im Sprachgebrauch grenzen sich die Gotländer von ihren Landsleuten ab. Wenn sie z. B. in Visby die Fähre besteigen, unternehmen sie eine Reise ›nach Schweden‹, so wie es auch ›die Schweden‹ sind, die im Sommer zu Hunderttausenden Gotland besuchen. Auf der Insel selbst unterscheidet man zwischen *Gotlänningar* und *Gutar.* Als *Gotlänningar* gelten alle, die auf Gotland ihren offiziellen Wohnsitz haben, wobei diejenigen, die nur in der warmen Jahreszeit hier wohnen, etwas abschätzig *Sommargotlänningar* genannt werden. Den Ehrentitel *Gutar* hingegen dürfen alle tragen, die seit mindestens drei Generationen auf der Insel ansässig sind – sowohl väterlicher- als auch mütterlicherseits. Allerdings sind angesichts der Tatsache, daß die Insel um die Jahrhundertwende jahrzehntelang ein Einwanderungsgebiet war, solche ›echten‹ Gotländer heute klar in der Minderheit.

detes Mädchen symbolisiert, das einen Lichterkranz auf dem Kopf trägt, im Kreis der Familie wird der Part oft von der jüngsten Tochter übernommen. An diesem Tag tauscht man Geschenke aus, singt Lieder, knabbert das traditionelle, mit viel Safran hergestellte Gebäck *lussekatter* und trinkt den berühmten schwedischen Glühwein *glögg*. Ansonsten unterscheidet sich der Ablauf des **Weihnachtsfestes** kaum von dem auch bei uns Üblichen. Hingewiesen sei aber noch auf die Weihnachtsmärkte, die an den Dezember-Wochenenden in Visby abgehalten werden, begleitet von musikalischen Darbietungen und Theateraufführungen.

Neben den allgemein-schwedischen Feiertagen gibt es einen eigenen Gotländischen Festtagskalender, dessen Höhepunkte natürlich in der Touristensaison konzentriert sind. Diese wird bereits Anfang Mai mit dem **Öppet Gotland**-Wochenende eröffnet, an dem auf der ganzen Insel Märkte abgehalten und die unterschiedlichsten kulturellen Veranstaltungen dargeboten werden. Am ersten Wochenende im Juli findet dann auf der großen Festwiese Stångmalmen bei Stånga das **Stångaspel** statt, das auch unter dem Namen ›Olympische Spiele von Gotland‹ bekannt ist (s. S. 160f.). Mehr als 2000 Mitspieler messen dabei vor Tausenden von Zuschauern ihre Kräfte in ur-gutnischen, exotisch anmutenden Disziplinen. Wer zu diesem Zeitpunkt gerade nicht auf der Insel ist, bekommt u. a. Ende Mai am *Maj Torgdag* in Stånga oder während der Mittelalterwoche Kostproben der gutnischen Sportarten zu sehen. Zwei Wochen später lockt der international besetzte **Bunge Navy Cup** Springreiter und Pferdeliebhaber aus dem gesamten Ostseeraum zur wohl bedeutendsten schwedischen Pferdesport-Veranstaltung nach Nordgotland.

Seit 1990 ist das **Roma Sommarteater** das größte Theaterereignis der Insel und findet inzwischen auch in ganz Schweden große Resonanz. Dabei gibt allabendlich von Ende Juni bis Anfang August die Roma-Kirchenruine eine eindrucksvolle Kulisse für Bühnenstücke von Shakespeare ab. Mit inzwischen über 10 000 Besuchern pro Saison kann diese Institution zu den wichtigsten Kulturveranstaltungen der Insel gezählt werden. Ähnliches gilt für das **Ruinenspiel ›Petrus de Dacia‹**, das von Mitte Juli bis Mitte August meist montags, mittwochs und freitags in der Kirchenruine St. Nikolai in Visby aufgeführt wird. Das ›schwedische Oberammergau‹ geht auf den Deutschen Friedrich Mehler zurück, der ab 1924 zusammen mit Josef Lundahl an einem Musikschauspiel über den Dominikanermönch Petrus de Dacia arbeitete, das schließlich 1929 Premiere hatte. Petrus de Dacia (ca. 1235–89) war Prior in St. Nikolai, und sein Grab befindet sich wahrscheinlich im Chor der Kirche. Geschildert wird seine Beziehung zur Mystikerin und Beginennonne Christina von Stommelen, deren Biographie Petrus schrieb. Die drei Akte des Musik-Dramas, dessen Schauplätze sowohl in Deutschland als auch in Visby liegen, nutzen in theatralischer Weise den Rahmen der Kirchenruine mit der untergehenden Sonne im Westfenster.

Überhaupt ist Musik der wichtigste Bestandteil des ganzjährigen Veranstaltungskalenders der Insel. Ob Orgel- oder Rockkonzerte, ob gregorianische Gesänge oder Avantgardistisches, ob auf Freiluftbühnen oder in der Domkirche, in den Visbyer Ruinen oder in Landkirchen und alten Gehöften – stets werden diese Veranstaltungen gut besucht und ziehen eine große Schar von Musikfreunden an. An dieser Stelle sollen nur zwei Festivals genannt sein, die inzwischen zu einer festen Institution geworden sind: **Gotlands Jazz Dagar,** das in der zweiten Juliwoche bekannte in- und ausländische Musiker vereinigt, und **Gotlands Kammermusikveckan** (Gotland Chamber Music Festival), das seit 1985 alljährlich in der zweiten August-Woche durchgeführt wird. Das Kammermusik-Festival hat sich mit seinem qualitätvollen Programm durchgesetzt und zieht immer mehr Musikliebhaber aus aller Welt an. Die Konzerte finden in der Marienkirche in Visby, in Kirchenruinen sowie Konzertsälen statt.

Eindeutig stellt jedoch die **Medeltidsveckan** den Höhepunkt des gotländischen Festtagslebens dar; 1996 wurde sie mit dem großen Tourismuspreis der Schwedischen Fremdenverkehrs-Behörde ausgezeichnet. Die Mittelalterwoche, die immer Anfang August in der 32. Kalenderwoche stattfindet, steht ganz im Zeichen von Valdemar Atterdags Raubzug im Jahre 1361 – und der Anspruch an historische Korrektheit ist hoch. Das mittelalterliche Visby kann mit seiner Wehrmauer, den Gassen und Gewölbegängen als perfekte Bühne für dieses Ereignis dienen, bei dem die Zeichen der modernen Zeit möglichst unsichtbar gemacht werden. Vor allem jedoch sorgen die Einheimischen, ohne deren Initiative die Mittelalterwoche nie so erfolgreich geworden wäre, für ein realistisches Ambiente bis ins Detail. Nach der feierlichen Eröffnung der Woche mit Fanfaren und Schalmeien verwandelt sich der historische Kern der Hansestadt, vor allem aber die Strandgatan, in einen mittelalterlichen Markt, auf dem an mehr als 150 Ständen Kunsthandwerk, Brot, Wurst, Eier, Fisch und lebende Hühner in kleinen Käfigen verkauft werden. Schmiede bearbeiten das rotglühende Material, um Schwerter zu fertigen, reiche Händler in ihren prächtigen Roben schlendern geruhsam durch die Gassen, einfache Bauersfrauen spinnen Wolle und für ein paar Taler können sich staubige Ritter im Badebottich von Frauenzimmern abschrubben und barbieren lassen. An der nächsten Ecke zieht man gerade einem Schaf das Fell über

die Ohren oder betteln Aussätzige um eine milde Gabe. Mysterienspiele, Festessen und Ritterturniere machen die Angelegenheit fast zu einem Idyll, würden nicht Valdemar Atterdags Soldaten vor dem Südtor stehen. Vor der feindlichen Übermacht müssen die Bürger kapitulieren – sie öffnen die Tore und inmitten seiner Gefolgsleute reitet der Dänenkönig persönlich ein. Er läßt drei große Bierfässer auf dem Marktplatz aufstellen, die noch vor Sonnenuntergang mit Silber, Gold und anderen Kostbarkeiten gefüllt werden müssen. Nachdem die Dänen endlich die geplünderte Stadt verlassen haben, endet die Mittelalterwoche in einem letzten Akt der Barbarei: Die Bürger nehmen eine Jungfrau gefangen, der man vorwirft, Valdemar Atterdag in die Stadt geholfen zu haben. Der Rachedurst der Bevölkerung ist erst gestillt, als das Mädchen lebendig im Jungfrauenturm eingemauert wird!

Schwedische und gotländische Gaumenfreuden

Wie Norwegen lag Schweden lange Zeit abseits der Wege, die Gourmets zu bereisen pflegen. Schwedisches Essen trug allenfalls das Etikett des Bodenständigen, die Köche orientierten sich vornehmlich an den Standards der internationalen Cuisine. Seitdem man sich aber nicht mehr abfällig über die Kochkunst der Provinzen äußert und die Rezepte der europäischen Regionalküchen im Trend liegen, ist auch der *husmanskost* des Königreichs verstärkte Aufmerksamkeit sicher. Inzwischen hat sich herumgesprochen, daß man in Schweden durchaus gut speisen kann, und insbesondere Liebhaber von Fischgerichten werden hier in jedem Fall auf ihre Kosten kommen.

Die traditionelle ländliche Kochkunst, deren kulinarische Höhepunkte in der Vergangenheit oft an bestimmte Fest- und Feiertage gebunden waren, geht auf die Notwendigkeit zurück, mit allen Lebensmitteln gut hauszuhalten und die Nahrung für die langen Wintertage zu konservieren. Bereits die Wikinger kannten getrockneten und gesalzenen Fisch oder geräuchertes Fleisch, ohne das sie ihre langen Seereisen nicht hätten durchführen können. Konservierung kann jedoch auch Veredelung bedeuten, wie das Beispiel des **gravad lax** zeigt. Bei dieser wohl berühmtesten Spezialität des Landes wird der Lachs mit einer Beize aus Salz, Pfeffer, Dill und Zucker haltbar gemacht, bekommt aber gleichzeitig eine sonst unerreichte Zartheit des Fleisches. Der Ausdruck *gravad lax* (vergrabener Lachs) geht darauf zurück, daß man den Fisch früher in eine mit Zweigen ausgelegte Erdgrube legte. Daneben kommt dieser Fisch natürlich auch in geräuchertem, gegrilltem oder gekochtem Zustand auf die Speisetafel. Zum gebeizten oder geräucherten Lachs nimmt man in Schweden gerne eine mit Honig gesüßte Senfsauce *(hovmästarsås)*, die gerade auf Gotland von ausgesuchter Qualität ist. Um beim konservierten Fisch zu bleiben: In den Fischräuchereien, Lebensmittelgeschäften und Restaurants des Landes sind z. B. geräucherte Flundern, Makrelen und Aale stets eine Kostprobe wert. Ein besonderes Wort verdient der **Hering,** der in seiner atlantischen Variante *(sill)* und als Ostsee- oder baltischer Hering *(strömming)* Bestandteil eines jeden Buffets ist und auf vielfältige Weise zubereitet wird. Am bekanntesten (und am besten) ist er in marinierter Form, d. h. in Saucen eingelegt, die die gesamte geschmackliche Bandbreite von süß über süß-sauer bis sauer abdecken und bei deren Zubereitung Salz, Zucker, Essig, Pfeffer, Ingwer, Wacholder, Meerrettich, Zwiebeln, Petersilie, Dill und Senfkörner eine Hauptrolle spielen. Auch der Ostseehering wird in ›vergrabener‹ Form präsentiert, wobei diese fermentierte Variante des **Surströmming** nicht unbedingt zu den kulinarischen Höhepunkten zu zählen ist. Ehrlich gesagt schmeckt ein solcher ›saurer Hering‹ gar nicht mal so schlecht, doch wird jedes Eßvergnügen durch dessen penetranten Geruch verdorben.

Wendet man sich vom Fisch den Fleischgerichten zu, stößt man bei den beliebtesten Speisen zunächst auf unverständliche Namen wie

Schweden, Gotländer und der Alkohol

Immer schon gaben die Trinkgewohnheiten der Skandinavier den Anlaß zu phantastischen, teilweise auch widersprüchlichen Gerüchten, die in aller Welt kursieren. Und jeder, der im Sommer- oder Winterurlaub schwedische, norwegische und finnische Touristen beobachtet hat, die sich bis zur Besinnungslosigkeit betrinken, wird bestätigen können, daß es bei den Nordleuten offensichtlich ein Alkoholproblem gibt. Es ist eine historische Tatsache, daß in Skandinavien immer viel getrunken wurde, wobei als Erklärungsmuster häufig die langen und dunklen Wintertage und das allgemein harte Klima angeführt werden. Bereits arabischen Chronisten waren die Trinkgelage der Wikinger einige Fußnoten wert. Auf Island wuchs sich im Mittelalter der Alkoholmißbrauch zur schlimmsten Volksseuche aus. Und auch Gotland kann mit einer bezeichnenden Geschichte zu diesem Thema beitragen: Hier versuchte der deutschstämmige Inselgouverneur Carl Otto von Segebaden ab 1766 vergeblich, die Kartoffel als Nutzpflanze einzuführen. Dies gelang ihm erst, als er die skeptischen Bauern überzeugen konnte, daß sich Kartoffeln nicht nur zum Verzehr eignen, sondern auch als Rohstoff für die Schnapsbrennerei …

In Schweden wurde der weit verbreiteten Trunksucht im 19. Jh. von staatlicher und gesellschaftlicher Seite der Kampf angesagt. Bereits Gustav Vasa hatte 1527 nicht nur die katholische Kirche de facto enteignet, sondern auch das Alkoholmonopol der Klöster der Krone zugeführt. Das diente zwar in erster Linie der Sanierung der Staatsfinanzen, lieferte gleichzeitig aber auch eine Grundlage für alle dirigistischen Maßnahmen der späteren Zeit. Hinzu kamen im Laufe der Zeit die strengen moralischen Maßstäbe des Protestantismus, die Sinnenfreude und Ausschweifungen aller Art strikt ablehnten. Wie in der prüden viktorianischen Zeit Englands erlebte dieser moralische Rigorismus seine Blütezeit im 19. Jh., als Abstinenzler und Guttempler in breiter Front zum Kampf gegen den ›Teufel Alkohol‹ bliesen. Dies fand interessanterweise Unterstützung bei der jungen Arbeiterbewegung, die in der Trunksucht die größte Gefahr für das Bedürfnis der einfachen Leute nach Bildung und politischer Organisation sahen. Als aus den Volksbewegungen die ersten politischen Parteien hervorgingen, wurde das Thema immer wieder zu einem Gradmesser des gesellschaftlichen Fortschrittes hochstilisiert. 1922 waren die Abstinenzler zur stärksten Kraft im Reichstag aufgestiegen, und um ein Haar wäre die Prohibition durchgesetzt worden – in der ersten schwedischen Volksabstimmung entschied sich im gleichen Jahr nur eine knappe Mehrheit von 51 % dagegen. Dafür trat aber an die Stelle der Prohibition ein umfassendes System staatlicher Kontrolle des privaten Alkoholkonsums, das nach einem Stockholmer Arzt so genannte Bratt-System. Bis Mitte der 1950er Jahre hatte jeder Schwede über 25 Jahre ein sogenanntes *motbok,* eine Art Einkaufsbuch, in das alle Käufe von Alkoholika eingetragen werden mußten. Die festgelegte monatliche Obergrenze lag bei vier Litern, so daß etwa die Veranstaltung eines Festes einen großen organisatorischen Aufwand bedeutete: Entweder sparte man seine eigene Ration lange genug an, um die Gäste bewirten zu können, oder man mußte auf das *motbok* von Freunden und Verwandten zurückgreifen.

Die zweite Säule dieser restriktiven Alkoholpolitik war das landesweite staatliche Monopol des Alkoholverkaufs, das bis heute Bestand hat. Alle ›gefährlichen‹ Getränke, vom normalstarken Bier über Wein bis zu Spirituosen, können nicht am Kiosk, in Supermärkten oder an Tankstellen gekauft werden, sondern nur in den speziellen, *Systembolaget* genannten Läden. Ein Mindestalter von 20 Jahren, eingeschränkte Öffnungszeiten und exorbitant hohe Preise sollen helfen, den Gesamtverbrauch auf einem niedrigen Niveau zu halten und einen Rückfall in jene Zeiten zu vermeiden, als der ›Teufel Alkohol‹ großen volkswirtschaftlichen Schaden anrichtete.

Tatsächlich sank aufgrund dieser Politik der private Konsum und liegt bis heute deutlich niedriger als in Mittel- oder Südeuropa. Andererseits blühte angesichts von Preisen, die Schnaps, Bier und Wein im Norden zu kaum bezahlbaren Luxusgütern machten, der Alkoholschmuggel genauso auf wie die Schwarzbrennerei, ganz abgesehen davon, daß der erzieherische Wert der Maßnahmen, nämlich ›den zivilisierten Umgang mit Alkohol‹ zu fördern, oft genug in sein Gegenteil umschlug. Denn auf den Fähren ins Ausland oder am Urlaubsort in aller Welt wurden die Schweden – jetzt von den Fesseln der hohen Preise und gesellschaftlichen Kontrolle des Heimatlandes befreit – mit einer Trinkkultur konfrontiert, die sie nie kennen- und übengelernt hatten. Die Folgen waren jene schlimmen Besäufnisse, von denen oben gesprochen wurde.

Seit einiger Zeit allerdings verändern sich im Königreich zusehends sowohl die restriktive Gesetzgebung als auch der Umgang mit Alkohol. Diese Veränderung kann man an einem ganz konkreten Datum festmachen: dem 1. Januar 1995, an dem Schweden der EU beitrat. Unter den neuen Bedingungen war die alte Situation – mit ihren je nach Perspektive schädlichen oder positiven Auswirkungen – nicht länger aufrechtzuerhalten. Beispielsweise mußte auf Druck aus Brüssel die Einfuhr von 15 Liter Bier pro Person genehmigt werden und verlor die Firma Vin & Sprit AB ihr Monopol auf Herstellung sowie Im- und Export alkoholischer Getränke. Dem harten Wind der Konkurrenz ausgesetzt, purzelten die Preise für Alkoholika in den Restaurants und Kneipen – trotz nach wie vor hoher Steuern und unverändertem Preisniveau im *Systembolaget.* Scheinbar hat sich jedoch, soweit das nach so kurzer Zeit zu sagen ist, auch die Trinkkultur der Schweden verändert. Zumindest in den Großstädten wie Stockholm, Göteborg und Malmö stellt sich das Kneipen- und Nachtleben durchaus so ›zivilisiert‹ dar wie in anderen Ländern auch, und die Zahl der alkoholischen Exzesse bleibt im üblichen Rahmen.

Analog zu den gesamtschwedischen Entwicklungen wurde in jüngerer Zeit auch auf Gotland die Stellung zum Alkohol neu definiert. In den Pubs und Diskotheken von Visby drängeln sich in der Touristensaison die Gäste, genießen sichtbar die im Vergleich zu früher deutlich

Janssons frestelse (Janssons Versuchung), Pytt i panna (Tu's in die Pfanne) und Köttbullar (Fleischklößchen), mit denen einfache, zugleich aber deftig-nahrhafte Gerichte der traditionellen schwedischen Hausmannskost bezeichnet werden. **Janssons frestelse** ist ein Auflauf aus Kartoffeln, Zwiebeln, Sardellen und Sahne, während bei **Pytt i panna** Kartoffel- und Fleischreste in Würfel geschnitten, in der Pfanne gebraten und mit Spiegelei und Roter Beete serviert werden. Durch die Cafeteria eines ›unmöglichen Möbelhauses‹ in ganz Europa bekannt gemacht wurde ein weiteres Nationalgericht, das in keiner schwedischen Kantine fehlen darf: die berühmten **Köttbullar.**

niedrigeren Preise, ohne daß dabei aber die unangenehmen Begleiterscheinungen überhand nehmen würden. Dazu paßt, daß man sich der uralten Brautradition besann, die natürlich in einer Hansestadt und in den Klöstern der Insel vorhanden sein mußte – schließlich hat der Hopfenanbau Schweden erst über das gotländische Roma-Kloster erreicht! Den Anfang machte 1994 die Vivungs-Brauerei, die sich im Kirchspiel Vänge (Mittelgotland) etablierte und Leichtbiersorten wie Gotlandsdricke und Dragöl (*öl* = Bier) auf den Markt brachte. Vivungs ist Schwedens kleinste Brauerei und gleichzeitig die erste des Landes, die eine Lizenz zum Bierausschank erhielt. In dem angeschlossenen Pub kann man neuerdings auch ein etwas kräftigeres Bier namens Vivungs Romakloster (4,5 % Vol.) kosten. Angesichts solcher Tendenzen konnte die Hauptstadt mit ihrer reichen Brautradition nicht zurückstehen und reaktivierte die ehemalige Wedins Bryggeri (1855–1914), deren ehrwürdige Gemäuer sich mitten in der Altstadt befinden. Die heutige Wisby Bryggeri stellte sich zunächst mit dem Produkt Wisby Öl der Öffentlichkeit vor, gefolgt von einem nach alten Rezepten gebrauten Wisby Klosteröl. Das dunkle, ungefilterte Starkbier (Alkoholgehalt 6 % Vol.) eroberte sich innerhalb von einem Jahr einen Kreis von Liebhabern und sicherte sich so einen Nischenplatz im hart umkämpften Biermarkt. Seitdem die Biersorte 1995 und 1996 bei offiziellen Vergleichstests in Stockholm und Göteborg jeweils auf dem ersten Platz landete und nun sogar über die staatlichen *Systembolaget*-Läden vertrieben wird, ist Wisby Klosteröl dabei, auch den gesamtschwedischen Markt zu erobern. Selbst eingefleischte Abstinenzler können sich übrigens mit dem Erfolg der Brauerei anfreunden, da deren proteinreiche Maische von der Bäckerei Eskelund für das Wisby Klosterbröd genutzt wird, eine neue, saftige Brotkreation ...

Diese Hackfleischbällchen ißt man zusammen mit Kartoffeln, Preiselbeeren *(lingon)* und Salzgurken. Doch kann man die *köttbullar* ebensowenig zur Haute Cuisine zählen wie **Biff à la Lindström** (Rindergehacktes mit Roter Beete und Kapern).

Bleibt nun die Frage, ob es auch typisch gotländische Spezialitäten gibt. Glaubt man dem ›*Vi säljer gotländsk!*‹ (Wir verkaufen Gotländisches!) in den Werbetexten verschiedener Lebensmittelgeschäfte und Restaurants, kann man die Frage bejahen. Andererseits ist die Insel nun schon seit langer Zeit schwedisch und hat im Laufe der Zeit viele kulturelle Techniken einschließlich der Kochkunst vom

Mutterland übernommen. Außerdem stehen hier im wesentlichen die gleichen Rohstoffe zur Verfügung, so daß alle oben genannten Gerichte auch auf der Ostseeinsel zu haben sind. Mit anderen Worten ist die gotländische Küche nichts anderes als eine der vielen Regionalküchen des Landes – so wie beispielsweise auch die schonische oder lappländische. Und wer über die Insel fährt, wird unschwer erraten können, was hier ganz oben auf dem Speiseplan zu finden ist: Lamm! Das gotländische Wappentier hat aus kulinarischer Sicht den Vorteil, daß es das ganze Jahr über auf den Weiden ist, sich an der überreich gedeckten Tafel an Kräutern nach Herzenslust bedienen kann und stets viel Auslauf hat. Das Resultat ist ein äußerst wohlschmeckendes, fettarmes und sozusagen ›vorgewürztes‹ Fleisch, das Kenner nur in den höchsten Tönen loben. Auf den Tisch kommt es in einer ganzen Reihe von Variationen, die alle das Etikett ›gotländisch‹ tragen und mit Minze, Thymian und anderen Inselkräutern köstlich zubereitet sind. Dazu gehören z. B. **Fårsmäcka,** dünn geschnittenes und gebratenes Lammfleisch, das mit Preiselbeerkompott, Kartoffeln und Gemüse serviert wird, **Glödhoppa,** gegrillte oder geröstete Scheiben Lamm, oder **Fårfiol,** ein gesalzener und geräucherter Lammbraten. Eine relativ junge Kreation sind die **Guteburgare,** eine Art Hamburger aus Lammfleisch. Diese und andere Lamm-Spezialitäten werden von allen Restaurants angeboten, die einen ›Lammkväll‹ oder ›Gutekväll‹ veranstalten.

Trotz des guten Bauernlandes lebte auch die gotländische Bevölkerung nicht im Überfluß und konnte es sich weder leisten, Essen verderben zu lassen noch, es wegzuwerfen. Die Notwendigkeit zur Konservierung führte zur Verfeinerung von Techniken wie Räuchern, Trocknen oder Marinieren von Fisch, wobei im letzteren Fall der süßliche Senf, der auf der Insel gedeiht und exportiert wird, zusammen mit Wacholder und anderen Kräutern den Marinaden ein spezielles Aroma verleiht. Neben dem *strömming* ist die Gotlandsflunder der beliebteste Fisch und in seiner geräucherten Variante eine wirkliche regionale Spezialität. Als Beispiel für gelungene Resteverwertung sei an dieser Stelle **Ungstrull** genannt, ein traditionelles Gericht, bei dem man Schweinefleisch, Hering, Zwiebeln und Sahne in einen kräftigen Sauerteig einbackt. Nach ein bis zwei Stunden im Ofen erhält man dabei ein deftiges, kuchenartiges Arme-Leute-Essen, das heutzutage für die Gourmet-Küche wiederentdeckt wird. Daneben hat die Insel sowohl ihre eigenen, unverwechselbar gotländischen Brotsorten als auch bestimmte Käsearten – probieren sollte man beispielsweise den *Koggost,* eine Edamer-Variation. Bei der Frage nach einem Nationalgericht dürfte die Wahl jedoch eindeutig auf den *Saffranspann-*

kaka fallen, der weniger ein Pfannkuchen als ein ›richtiger‹ Kuchen ist und idealerweise mit Schlagsahne und einem Kompott aus Schlehen, Brombeeren, Himbeeren oder Kirschen serviert wird. Safran wurde im 17. Jh. auf Gotland eingeführt und ist bis heute Bestandteil vieler lokaler Gerichte geblieben.

Während der touristischen Saison hat man auf Gotland zudem die Möglichkeit, sich kulinarisch in die Vergangenheit versetzen zu lassen. Beispielsweise während der Mittelalter-Woche, wenn viele Gaststätten in der Altstadt nicht nur ihre Räume im rustikalen Stil des 14. Jh. umgestalten, sondern auch die Speisekarte dem Thema angleichen. Außerhalb dieser Zeit werden in Zusammenarbeit mit dem Fornsal-Museum ›Mittelalter-Dinner‹ veranstaltet, wobei unter schönen hanseatischen Gewölben mit Musikbegleitung und entsprechender Kostümierung nach mittelalterlichen Rezepten zubereitete Speisen serviert werden. Weiter in die Geschichte zurück geht es beim Wikingerhof Vikingabyn in Tofta, wo ebenfalls Gebäude, Ambiente und die Zusammensetzung der Mahlzeit authentisch die Vergangenheit widerspiegeln wollen. Gleiches gilt für den rekonstruierten Eisenzeit-Hof Gervide bei Sjonhem, in dem man an einem vorgeschichtlichen Mahl (Lamm am Spieß mit Met) teilnehmen kann, zu dem die Hofleute ebenfalls in zeitgemäßer Tracht auftreten. Gegessen wird, da die Gabel in der Eisenzeit noch nicht erfunden war, mit den Fingern.

Geschichte, Wirtschaft und Kunstgeschichte

Daten zur Geschichte

Gotlands Wirtschaft – Vom Bauernland zum Hightech-Zentrum?

Streifzug durch die Kunstgeschichte

Die Kirche von Lojsta

Aufstieg und Fall einer Insel – Daten zur Geschichte

Von den Anfängen bis zum Mittelalter

ca.10 000 v. Chr. Die letzten Reste der eiszeitlichen Gletscher schmelzen ab. Gotland ist ganz oder überwiegend von Wasser bedeckt.

ca. 8000 v. Chr. Gotland erscheint als Archipel kleiner Inselchen in der Ancylus-See. Ein Jahrtausend später erreichen die ersten **steinzeitlichen Sammler, Jäger und Fischer** mit Einbäumen die gotländischen Inseln und lassen sich dort nieder. Funde legenen den Schluß nahe, daß diese Menschen zumindest zeitweilig dem Kannibalismus frönten. Ab ca. 2000 v. Chr. werden Ackerbau und Viehzucht die vorherrschende Existenzgrundlage. Daneben betreiben diese ersten Bauern aber bereits Fernhandel mit dem Festland. Einige megalithische Grabmonumente erinnern an diese Epoche.

1800–500 v. Chr. Ab 1800 v. Chr. gelangt die Bronze auf die inzwischen zusammengewachsene Insel. Gleichzeitig verbessert eine Klimaerwärmung die Bedingungen für die Landwirtschaft. In der **Bronzezeit** erlebt Gotland seine erste Hochblüte, in der mächtige Fürsten oder Kleinkönige ausgedehnten Seehandel betreiben (Bronzeerzeugnisse werden bis nach Ägypten exportiert). Die bäuerlichen Fernhändler ehren die verstorbenen Häuptlinge zunächst mit mächtigen Grabhügeln, ab etwa 1000 v. Chr. zunehmend mit Schiffs- oder anderen Steinsetzungen. Keine andere Epoche der gotländischen Geschichte hat eindrucksvollere Grabmonumente hinterlassen.

500 v. Chr.–500 n. Chr. Die **Eisenzeit** bedeutet zunächst unverminderten Wohlstand, aufgrund einer Klimaverschlechterung dann aber einschneidende soziale Veränderungen und eine Periode des Verfalls. Um die Zeitenwende hat sich das Land erholt und gehört bald darauf erneut zu den wichtigsten Kulturlandschaften des Nordens. Während und nach der Völkerwanderung scheint die Insel zum Ziel feindlicher Stämme aus Schweden geworden zu sein, worauf u. a. die vielen Fliehburgen hinweisen. Eine enge Verbindung zu den **Goten,** nach denen die Insel vermutlich ihren Namen trägt, ist von Historikern und Linguisten bewiesen. Ab dem 4./5. Jh. n. Chr. treten die Bildsteine auf, und aus derselben Zeit stammen viele Funde, die den weiten Seehandel der Gotländer belegen.

8.–11. Jh. In der **Wikingerzeit,** in der die Nordleute mit ihren schnellen Schiffen Meere und Flüsse beherrschen, knüpft Gotland an die bronze- und eisenzeitliche Blüte an und wird zu einem der wichtigsten Handelszentren Europas. Ausgedehnte Handelsfahrten bis nach Rußland, Bagdad und Konstantinopel führen zu erheblichem Wohlstand; nirgendwo sonst in Skandinavien sind mehr Münzen oder sonstige Schätze aus dieser Zeit gefunden worden. Visby und Västergarn etablieren sich als bedeutendste Hafenorte. Das Land ist ähnlich wie Island eine **freie Bauernrepublik**, mit nur lockeren Verbindungen zu Schweden. Die höchsten politischen und richterlichen Funktionen liegen in den Händen der zwanzig lokalen Thinge, die Repräsentanten zum gotländischen Inselparlament *(Guthnalthing)* entsenden. De jure hatte Gotland (nicht Visby) als freie Bauernrepublik übrigens bis 1525 Bestand.

Ende des 10. Jh. Gotland ist durch ein Schutz- und Trutzbündnis mit den festlandschwedischen Svea-Königen verbunden und steuerpflichtig, behält aber seinen autonomen Status mit eigenen Gesetzen *(Gutalag)*. Langsam faßt das **Christentum** auf der Insel Fuß.

1029 Der norwegische König **Olav Haroldsson** (der Heilige) besucht Gotland und festigt die Rolle des Christentums; als St. Olof wird er Schutzheiliger der Inselrepublik.

Das Mittelalter – Gotlands große Zeit

11./12. Jh. Von der günstigen Lage und den guten Handelsbeziehungen angelockt, kommen viele **deutsche Händler** nach Gotland und lassen sich im aufstrebenden Visby nieder, das damit zu einer Keimzelle der Hanse wird. In der Stadt entsteht ein reiches, multikulturelles Gemeinwesen mit jeweils gotländischen und deutschsprachigen Bürgermeistern und Senatoren. Die bäuerlichen Fernhändler bauen das seit der Wikingerzeit bekannte Handelsnetz im Osten aus und schließen Verträge u. a. mit Nowgorod. Überall auf Gotland entfaltet sich eine im Skandinavien dieser Zeit einzigartige Bautätigkeit, es entstehen rund 100 Landkirchen und prächtige Bauerngehöfte aus Stein.

1161 Im **Vertrag von Artlenburg** schlichtet Heinrich der Löwe aufgekommene Streitigkeiten zwischen deutschen und gotländischen Fernhändlern und regelt die Handelsrechte der beiden Parteien. Stabilität und Rechtssicherheit nehmen zu und locken weitere Kaufleute nach Visby.

13./14. Jh. **Visby** erlebt seine **Blütezeit** und steigt zur ›Regina Maris‹, der Königin der Ostsee auf. Die Stadt spielt eine wichtige Rolle bei der Gründung Rigas und geht 1280 mit Lübeck und Riga ein Städtebündnis ein. Deutsche, skandinavische und russische Händler bauen ihre eigenen Faktoreien in der Stadt. Als Schutz vor der Landbevölkerung entsteht die erste Stadtmauer von Visby.

1288 Nachdem der Kampf um Handelsmärkte die Stadt Visby und das Land zu erbitterten Konkurrenten werden ließ, eskaliert er schließlich zum offenen **Bürgerkrieg.** Der schwedische König Magnus Ladulås greift vermittelnd in den Konflikt ein und diktiert den Parteien einen Frieden, ohne die Kontrahenten aussöhnen zu können. Im Anschluß erweitern und verstärken die Visbyer ihre Stadtmauer.

1349/50 Die **Pest** hält Einzug in Visby und auf Gotland, etwa ein Drittel der Bevölkerung fallen ihr zum Opfer. In der Folge wird die Handelstätigkeit stark eingeschränkt.

1361 Der Feldzug der Dänen unter **Valdemar IV.** (Atterdag) führt zur Verheerung des Landes und zur Plünderung Visbys. Die mittelalterliche Blütezeit wird damit jäh unterbrochen, Gotland versinkt in politischer und kultureller Provinzialität.

Die Insel als Spielball fremder Mächte

1394–98 Die sogenannten **Vitalienbrüder,** mecklenburgische Piraten, die den schwedischen König Albrecht von Mecklenburg gegen Adelige und Margarete von Dänemark unterstützen, erobern Gotland und machen die Insel zum Zentrum der Seeräuberei in der Ostsee. In Visby, Slite und Klintehamn bauen sie Forts. Ihre Herrschaft dauert auch an, nachdem 1397 die Königreiche Dänemark, Schweden und Norwegen in der Kalmarer Union zusammengefaßt werden.

1398–1408 Die Seeräuberei fordert den **Deutschen Orden** heraus, der 1398 die Vitalienbrüder aus Gotland vertreibt und unter Konrad von Jungingen ein zehnjähriges Protektorat antritt. In dieser Zeit erlebt die Insel einen erneuten Aufschwung und wird vom Orden 1403/04 gegen Eroberungsversuche der Dänen geschützt. 1408 verkaufen die Ritter Gotland an die Unionskönigin Margarete, eine Tochter Valdemar Atterdags.

Der Tod einer Insel

Valdemar Atterdags Heerzug von 1361

Durch den schwelenden Konflikt zwischen Stadt und Land und wegen der Pest waren bereits die Jahrzehnte vor 1361 von wirtschaftlichem Niedergang gekennzeichnet, wenn auch gerade in dieser Zeit Kunst und Architektur neuen, großartigen Ideen zustrebten. Die gesamte historische Entwicklung wurde jedoch im Sommer des Jahres 1361 schlagartig unterbrochen, als der dänische König Valdemar IV., genannt Atterdag (noch ein Tag), mit etwa 70 Schiffen und knapp 3000 Soldaten an der gotländischen Westküste landete. Valdemar (1340–75), Vater der späteren Unionskönigin Margarete I., war eine der kämpferischsten Gestalten auf dem dänischen Thron, der in ständige Kriege mit der Hanse und dem Königreich Schweden verwickelt war. Schon 1360 war es ihm gelungen, die südschwedischen Provinzen Schonen, Halland und Blekinge unter seine Herrschaft zu bringen und somit den Zugang zur Ostsee zu kontrollieren. Andererseits mußte er Estland und Livland an seine Gegner abgeben und suchte deshalb nach Kompensation. Dabei fiel fast zwangsläufig der Blick des Königs auf das sagenhaft reiche Gotland, dessen zentrale Lage in der Ostsee zudem strategisch bedeutsam war. In vielen Volksballaden und Sagen wird berichtet, wie Valdemar zu seinem Heerzug angeregt wurde und welche Intrigen dabei im Lande selbst gesponnen wurden. Fest steht, daß die dänische Invasion von 1361 sorgfältig vorbereitet war und mit äußerster Konsequenz und Brutalität durchgeführt wurde. Am 24. Juli konnten Valdemars Soldaten das gotländische Heer bei Mästerby vernichtend schlagen. Drei Tage später wurde das letzte Aufgebot der Bauernrepublik vor den Mauern der Stadt Visby niedergemetzelt, zum großen Teil aus Jugendlichen, Frauen und Greisen bestehend. Die grauenhaften Funde aus den Massengräbern am Valdemarskreuz zeigen, daß hier weniger von einer Schlacht, als vielmehr von einem Abschlachten die Rede sein muß. Die hochgerüstete Stadt hatte den verzweifelten Bauern ihre Tore nicht geöffnet, sondern nahm das blutige Schauspiel ungerührt in Kauf – so sehr hatten sich inzwischen Stadt und Land voneinander entfernt!

Visby versuchte erfolgreich durch eine bedingungslose Kapitulation halbwegs ungeschoren davonzukommen. Zwar plünderte Valdemars Soldateska gründlich die Stadt und erbeutete dabei unermeßliche Schätze, das Gemeinwesen als solches wurde dadurch aber nicht in seiner Existenz gefährdet und konnte bereits 1370 den Ostseehandel wieder in führender Position betreiben. Valdemar hatte vor seinem Abzug sogar noch die alten Privilegien bestätigt. Das Land jedoch, ausgeblutet und in seiner Substanz vernichtet, mußte durch diesen Heerzug die schlimmste Niederlage seiner Geschichte hinnehmen. Als die Dänen schließlich nach weiteren Mord- und Raubzügen über die Insel das Land verließen, war Gotland am Ende seiner Kraft, und die Überlebenden der Katastrophe konnten niemals wieder an die glanzvollen Zeiten der Gemeinschaft der Fahrensleute anschließen. Vor allem an den Landkirchen sieht man die Spuren der Katastrophe: Begonnene Projekte wurden allenfalls überhastet zu Ende geführt, provisorische Mauern gezogen, unvollendete Skulpturengruppen willkür-

1436–49 Nachdem **Erich von Pommern,** Großneffe und Nachfolger Margaretes I., aus allen Königreichen vertrieben wurde, errichtet er auf Gotland ein despotisches Regime. Immense Steuererhöhungen und Fronarbeiten der Bevölkerung ermöglichen die Errichtung der Zwingburg **Visborg,** das letzte große mittelalterliche Bauprojekt in Visby. Finanzielle Grundlich in einen Bau eingefügt – aber eine neue Kirche ist nach 1361 auf dem Lande nicht mehr errichtet worden. Vorbei auch die Zeiten, die Gotland die internationalen kulturellen Standards erschlossen und in denen das Kunsthandwerk blühte. Alles, was nach 1361 kam, mag in seiner bäuerlichen Naivität charmant wirken, ist jedoch allenfalls von provinzieller Qualität.

Natürlich war nicht alles Leben auf dem Land vernichtet, und natürlich begannen nach einer gewissen Zeit wieder zaghafte Versuche, mit der Genesung der Landwirtschaft auch die Fernfahrten wieder aufzunehmen. Inzwischen hatten jedoch Verschiebungen der Handelsrouten und ein technischer Fortschritt den uralten Standortvorteil der Ostseeinsel untergraben: Die Koggen der Hanse konnten nun weitere Strecken über die offene See zurücklegen und brauchten die Insel nicht mehr als Zwischenstation. Die Bauernhändler, die ihre überseeischen Besitzungen verloren hatten, vermochten der überlegenen Organisaton der Hanse nichts mehr entgegenzusetzen. Entscheidend aber ist, daß durch die dänische Eroberung Gotland als mehr oder weniger eigenständige Macht zu existieren aufgehört hatte und allenfalls als Spielball fremder Herren von Interesse war. Von nun an bestimmten zunächst die dänischen Vögte, dann andere Nationen über das gotländische Schicksal. Das Land war dem politischen, wirtschaftlichen und kulturellen Verfall preisgegeben oder, lyrischer ausgedrückt: Es fiel in einen Dornröschenschlaf, aus dem es nur sporadisch und fast nie aus eigenem Antrieb aufgeweckt werden konnte.

Valdemar Atterdag hat die Eroberung der Insel außer vielen Legenden und einem weiteren Kriegserfolg nur wenig eingebracht. Die Schiffe, die das Beutegut nach Dänemark überführen sollten, gerieten wahrscheinlich in der Nähe der Karlsinseln in einen Sturm. Mit ihnen versank ein Großteil der geraubten Kunstschätze, des Silbers und des Goldes, das im Mittelalter für Gotland und Visby sprichwörtlich gewesen war! Außerdem hatte Valdemar durch die Brandschatzung Visbys die Hanse herausgefordert, die ihn wenige Jahre danach besiegte.

lage seiner Herrschaft ist die Piraterie. Gotland ruft den Deutschen Orden vergebens um Hilfe gegen den Tyrannen.

1449 Die **Schweden** belagern Erich von Pommern in der Visborg, dem aber die Flucht in seine Heimat gelingt. Nach Straßenkämpfen in Visby müssen sich die Schweden zurückziehen und Gotland erneut den **Dänen** überlassen. Die Insel untersteht bis 1645 als dänisches Lehnsgebiet dem König oder selbständigen Feudalherren, die das Land wie ihr persönliches Eigentum verwalten.

1524 **Gustav Vasa** versucht, Gotland zu erobern; der Angriff wird von den Dänen zurückgeschlagen.

1525 Da die Piraterie die Geschäfte der **Hanse** empfindlich stört, startet nun Lübeck eine Invasion, in deren Verlauf die Karriere der ehemaligen ›Ostseekönigin‹ Visby definitiv beendet wird. Die Lübecker beschädigen die Stadtmauer, zerstören das Rathaus sowie fast alle Kirchen und rauben wertvolle Kunstschätze, können die Festung Visborg aber nicht einnehmen.

1530 Unter dem dänischen Lehnsherren Rosencrantz wird die **Reformation** eingeführt.

1572 Gotland wird ein eigenes **Bistum** mit St. Marien in Visby als lutherischer Domkirche.

1621 Die Gesellschaft ›Det Gullandske Kompagni‹ wird gegründet, mit der Kaufleute aus Helsingør und Helsingborg das **Handelsmonopol** für ganz Gotland erhalten. Die Dänen forcieren den Abbau von Sandstein, den sie für ihre Schloßbauten benötigen.

Das schwedische Gotland

1645 Unter Gustav II. Adolf steigt Schweden zur europäischen Großmacht auf und besiegt u. a. den Erbfeind Dänemark. Zusammen mit den Provinzen Jämtland, Härjedalen und Halland wird Gotland im **Frieden von Brömsebro** ›für ewige Zeit‹ vom schwedischen Reich übernommen. Auf der Insel wird das ohne große Euphorie zur Kenntnis genommen, da man die Schweden wie vorher die Dänen als Besatzungsmacht empfindet.

1645–76 Der **schwedische Absolutismus** macht Gotland zum persönlichen Eigentum der jeweiligen Regenten (Christina, Karl X., Karl XI.). Mit den Steuereinnahmen wird u. a. die Hofhaltung von Königin Christina finanziert, auch nach ihrer Abdankung. Schwedische Kaufleute lassen die ersten großen Kalkbrennereien errichten und versuchen, in Lummelunda eine Eisenindustrie aufzubauen. In den 1670er Jahren werden in Slite mehrere Kriegsschiffe für die schwedische Flotte gebaut.

Die Stadtmauer von Visby hat im Lauf der Geschichte manche Belagerung erlebt

1676–79 Unter ihrem Seehelden Nils Juel können die **Dänen** die Insel wiedererobern und für drei Jahre halten. Im Frieden von Lund kommt Gotland endgültig zu Schweden; bei ihrem Abzug sprengen die Dänen die Visborg-Festung in die Luft.

1715–17 Im Nordischen Krieg wird die gotländische Ostküste zweimal durch **russische Soldaten** geplündert.

1728–38 Der Inselgouverneur **Johan Didrik Grönhagen** will aus Gotland eine fortschrittliche Provinz machen. Er verlegt seine Residenz von Visby nach Roma, läßt neue Straßen anlegen und versucht, Forstwirtschaft und Ackerbau zu modernisieren. Viele seiner Pläne scheitern am Widerstand der konservativen Bauern.

1741 **Carl von Linné** besucht und beschreibt die Insel.

1765–87 Der deutschstämmige Inselgouverneur **Carl Otto von Segebaden** erweitert das Straßennetz und läßt flächendeckend Meilensteine aufstellen. Auch er versucht eine Reform der Landwirtschaft, u. a. durch die Einführung neuer Kulturpflanzen (Kartoffeln) und Agrartechniken. Durch die Drainage der Binnenseen will er neues Land gewinnen.

1808 Nach einer **russischen Invasion** gehört Gotland für 23 Tage dem Zarenreich an.

1810 Aufgrund einer königlichen Verordnung werden die Ruinen von Visby unter **Denkmalschutz** gestellt.

1853/56 Während des **Krimkrieges** wird Fårösund zur Operationsbasis einer britisch-französischen Flotte. Von den fremden Soldaten wird die Cholera eingeschleppt, die sich als letzte schlimme Seuche auf Gotland ausbreitet.

1859 Durch ein Unterwasser-Telegraphenkabel wird die **Kommunikation** zwischen Gotland und Schweden entscheidend verbessert. Ein Jahr später sind Telegraphenleitungen von Visby zu den wichtigsten Inselorten gelegt. 1883 gibt es eine Telefonleitung von Visby nach Slite, damals die längste im Königreich.

1878 König Oskar II. weiht Gotlands erste **Eisenbahnstrecke** zwischen Visby und Hemse ein. Das Eisenbahnnetz wird sukzessive bis ins 20. Jh. hinein erweitert und umfaßt neben dem Verkehrsknotenpunkt Roma und der Hauptstadt Visby die Endstationen Burgsvik, Havdhem, Ronehamn, Lärbro, Slite und Västerhejde.

1894–96 Zum Ende des 19. Jh. werden die Grundsteine für **wichtige Industriezweige** gelegt, so 1894 mit der Gründung der Zukkerrübenfabrik von Roma, 1885 mit der Gründung der Zementfabrik bei Visby und 1896 mit der Gründung des Gotländischen Touristenvereins.

Das 20. Jahrhundert

1914–18 Der **Erste Weltkrieg** bringt militärische Aktionen auch nach Gotland. Im Juli 1915 wird der deutsche Minenleger ›Albatross‹ von russischen Seestreitkräften innerhalb der gotländischen Gewässer versenkt. Im August 1916 wird der schwedische Kohlen-Dampfer ›Themis‹ von einem deutschen U-Boot im Hafen von Slite blockiert. Allgemein haben die Gotländer unter der Mangelwirtschaft und explodierenden

Preisen zu leiden. Für Waren wie Butter, Brot, Zucker, Kaffee, Kartoffeln usw. werden Rationierungskarten ausgegeben.

1917–19 Im Nordosten Gotlands werden weitere **Zementfabriken** gegründet, von denen sich bis heute die in Slite gehalten hat.

1921 Die ersten **Flugverbindungen** werden durch Dornier-Wasserflugzeuge auf der Strecke Danzig–Slite–Stockholm eingerichtet. Ab 1933 gibt es eine ständige Flugverbindung zwischen Gotland (Tingstädeträsk) und Stockholm. Der Flughafen von Visby wird 1942 eingeweiht.

1939–45 Die Auswirkungen des **Zweiten Weltkrieges** sind auch auf Gotland zu spüren, verschlimmert durch einige harte Winter zu Beginn der 40er Jahre, als die Insel in der zugefrorenen Ostsee isoliert ist. Die Lebensmittel müssen rationiert werden, Seeminen werden angespült und Flugzeuge der kriegführenden Länder sind oft zu Notlandungen auf Gotland gezwungen. 1944 wird die gotländische Fähre ›Hansa‹ auf der Fahrt von Nynäshamn nach Visby von einem sowjetischen U-Boot versenkt; 84 Menschen finden dabei den Tod. Ende des Krieges erreichen einige überfüllte Flüchtlingsboote aus Estland und Lettland das Land.

1952 Eine Verwaltungsreform reduziert die Anzahl der Gemeinden von 92 (entsprechend den Landkirchen) auf 14. Im Jahre 1971 werden diese Gemeinden zu einer einzigen vereint.

1956 Die Freizeitanlage von Snäck wird als erste moderne **Touristenunterkunft** auf der Insel eingerichtet.

1968 Der bei Visby gedrehte **Pippi Langstrumpf**-Film macht die Insel bei einem größeren europäischen Publikum bekannt, ebenso Ingmar Bergmans Filme, die oft auf Fårö entstehen.

1974 Im Norden der Insel wird **Öl** gefunden.

1984 Auf der Halbinsel Näsudden im Südwesten wird die erste **Windkraftanlage** eingeweiht und bis 1996 zur größten Windfarm Europas ausgebaut.

1995 Das Königreich Schweden wird Mitglied der **Europäischen Union.** Alle dadurch verursachten innenpolitischen und ökonomischen Folgen sind in strukturschwachen Regionen wie Gotland besonders spürbar; andererseits bekommt man auf der Insel Zugang zu den EU-Strukturfonds. Die Visbyer Altstadt wird in die **UNESCO-Liste** des Weltkulturerbes aufgenommen.

1997 Auf Gotland leben 58 000 Menschen, davon knapp 22 000 in der Hauptstadt Visby. Die Gesamtzahl der schwedischen und ausländischen Besucher beträgt jährlich etwa 600 000.

Gotlands Wirtschaft – Vom Bauernland zum Hightech-Zentrum?

Gotland galt in den letzten Jahrzehnten (eigentlich sogar in den letzten Jahrhunderten) immer als zwar schöne, aber auch extrem rückständige Insel, als reines Bauernland ohne zukunftsweisende Erwerbszweige. Auch heute wird der Regierungsbezirk als ›strukturschwach‹ eingestuft, und immer noch leiden die Gotländer unter einer der höchsten steuerlichen Belastungen und einem der geringsten Durchschnittseinkommen des Königreiches. Doch sowohl die schwedische Gesellschaft als auch die gesamte Ostseeregion erleben zur Zeit einen tiefgreifenden Wandel, durch den auch die Rolle Gotlands neu definiert wird. Die EU-Mitgliedschaft läßt die Insel u. a. in den Genuß der sogenannten Strukturfonds kommen, neue Telekommunikationstechniken vermindern den Standortnachteil der isolierten Insel, und die politischen Umwälzungen im Baltikum könnten eine Wiederbelebung der alten Vermittlerrolle zwischen Ost und West bedeuten.

Die insulare Wirtschaftsstruktur zeigt gegenwärtig große Unterschiede zu der des Mutterlandes. Zwar bietet in beiden Fällen der **Dienstleistungssektor** die meisten Arbeitsplätze – rund 17 000 sind es in Gotland, eine Zahl, die sich in

Glückliche Rinder finden sich auf Gotland häufiger als anderenorts

den letzten zwei Jahrzehnten verdoppelt hat. Doch mit rund 40 % aller Arbeitsplätze im öffentlichen Sektor liegt die Insel deutlich über dem schwedischen Durchschnitt. Neben der Kommune, die allein mehr als 7000 Personen beschäftigt, sind auch die Armee, die Marinebrigade von Fårösund, Post, Polizei und Bezirksregierung wichtige Arbeitgeber. Auf dem privaten Sektor ist die Fährgesellschaft Gotlandslinjen mit gut 380 Angestellten am stärksten. Insgesamt aber stellt der **Fremdenverkehr** den am schnellsten wachsenden Wirtschaftszweig dar. Bereits heute leben direkt oder indirekt etwa 2000 Personen ausschließlich vom Tourismus, und es ist abzusehen, daß die Branche um das Jahr 2005 die wichtigste der Insel sein wird.

Traditionell lebte Gotland immer in erster Linie von der **Landwirtschaft.** Heute sind in dem Bereich nur noch knapp 9 % der arbeitenden Bevölkerung beschäftigt, doch liegt diese Zahl deutlich höher als im Landesdurchschnitt (2,4 %). Von der Rückständigkeit, in der Vergangenheit oft durch die konservative Bauernschaft mitverschuldet, ist allerdings kaum noch etwas zu spüren. Im Gegenteil haben sich gotländische Landwirte recht schnell auf die europäische Konkurrenz eingestellt und sich durch vielfältige Innovationen behaupten können. Die Basis der Landwirtschaft – fruchtbare Erde, moderne Technik, günstige klimatische Bedingungen – gewährleisten nun sowohl hohe Renditen als auch qualitätvolle Agrarprodukte. Weiden und Äcker machen etwa 27 % der Inselfläche aus. Allein die gotländischen Mohrrüben haben in Schweden einen Marktanteil von 25 %! Eine Vorreiterrolle spielte die Insel beim biodynamischen Anbau, dessen Produkte immer stärker nachgefragt werden. Dies gilt auch für die Viehzucht, in der verstärkt völlig ohne Hormone und Antibiotika gearbeitet wird, von Genmanipulation ganz zu schweigen. Die **Lebensmittelindustrie** ist dementsprechend gut ausgebaut. Molkereien (Arla) und Schlachthöfe (Farmek) liefern ihre Produkte nach ganz Schweden, gleiches gilt für den Gemüsegroßhandel und die Konservenindustrie. Daneben haben sich kleine Firmen einen festen Markt erobert, die auf Ressourcen wie Schafwolle oder -felle zurückgreifen, um attraktive Mode, Leder- und Strickwaren mit traditionellen Mustern oder in neuem Design anzubieten.

Über 43 % der Inseloberfläche ist von Wald bedeckt, zumeist von Kiefern. Die Bäume wachsen sehr langsam und erbringen deshalb ein äußerst hartes Holz, das von der **Forstwirtschaft** genutzt wird. Ein hoher Prozentsatz findet Verwendung als Bauholz, doch das meiste wandert in die Papierherstellung. Über 70 % des auf Gotland geschlagenen Holzes wird nach Schweden exportiert, zumeist vom Hafen in Klintehamn aus. Für den Arbeitsmarkt spielt die Forstwirt-

Landwirtschaft und Fischerei sind traditionelle gotländische Erwerbszweige

schaft jedoch keine allzu große Rolle, da in dem Sektor viele Bauern im Winterhalbjahr saisonal beschäftigt sind.

Mit 14,6 % der Erwerbstätigen in der **Industrie** liegt Gotland weit unter dem Landesdurchschnitt von 19,3 %, wobei kleinere und mittlere Betriebe eindeutig überwiegen. In nur rund 10 Firmen sind mehr als 100 Personen beschäftigt, angeführt vom Elektronikunternehmen Ericsson (975), das in Visby Radios herstellen läßt. Auch Betriebe der Kalk- und Zementindustrie sind hier zu nennen, vor allem die Cementa AB in Slite, sowie solche der Lebensmittelindustrie. Die enorm verbesserte Verkehrsanbindung durch Fähren und Flugverbindungen einerseits sowie die modernen Kommunikationstechniken andererseits sind dafür verantwortlich, daß sich in den letzten Jahren eine Vielzahl kleiner, flexibler Firmen auf der Insel angesiedelt hat. Das betrifft insbesondere solche, die juristische und wirtschaftliche Beratung anbieten oder in den Branchen Marketing, Druck und Layout oder Transportwesen aktiv sind. Daneben nehmen auch viele Selbständige und Freiberufler, die ihren Wohn- und Arbeitsort praktisch beliebig wählen können, die Vorzüge Gotlands wahr, vor allem Architekten, Designer, Musiker, Künstler und Spezialisten der Datenverarbeitung.

Diese Entwicklung wird unterstützt durch die Etablierung nationaler und übernationaler Institutionen in den Bereichen Handel, Forschung und Kultur. So ist etwa die staatliche schwedische Lotterie (Svenska Penninglotteriet AB) nach Gotland umgezogen, ebenso die Euroc Research AB und das Coun-

cil of Viking Network. Auch das neue Schriftsteller- und Übersetzerzentrum des Ostseeraumes residiert auf der Insel. Derzeit wird zudem ein Zentrum für humanistische und kulturelle Forschung und ökologische Fragen aufgebaut; ein internationales Künstlerzentrum befindet sich im Planungsstadium.

Auf dem Weg in die postindustrielle gotländische Gesellschaft kommen Ausbildung und Kultur ein ganz besonderer Stellenwert zu. In allen größeren Orten findet man Gesamtschulen mit neun Jahrgangsstufen, in Visby auch ein Gymnasium. Dort wurde außerdem eine Hochschule gegründet, die ausdrücklich eine zentrale Rolle als Forum spielen und die Zusammenarbeit mit Universitäten inner- und außerhalb von Schweden weiterentwickeln soll. Den Schwerpunkt bilden hier die Bereiche Wirtschaftswissenschaften, Technik und Kultur, daneben gibt es ein breites Programm von freien Kursen. Auch die gotländische Kunstakademie und die Komponistenschule sind inzwischen weit über die Inselgrenzen bekannt. Um Gotland zu einem kulturellen Treffpunkt in der Ostsee zu machen – und zwar das ganze Jahr hindurch –, sollen der allgemeine Kultur-, der Künstler- und Studentenaustausch sowie die Zusammenarbeit bei Forschungs- und anderen Projekten gefördert werden. Dazu nutzt man bereits existierende Kontakte, z. B. um eine gemeinsame Strategie für die sieben größten Ostsee-Inseln zu entwickeln.

In der 1995 von der Kommune erarbeiteten ›Vision Gotland 2010‹ wird die zukünftig angestrebte Rolle der Ostseeinsel formuliert. Um das Niveau an Dienstleistungen zu halten bzw. auszubauen, soll die Einwohnerzahl auf etwa 80 000, mindestens aber auf 65 000 bis zum Jahre 2010 anwachsen. In derselben Zeit sollen mindestens 5000 neue und dauerhafte Jobs geschaffen werden. Weiterhin ist eine Förderung kleinerer Unternehmen und die Intensivierung der Arbeit an einer ökologischen Kreislaufgesellschaft vorgesehen. Für die notwendige Finanzierung dieser Vision schwebt den Gotländern eine Sonderrolle vor, mit der man Schwedens Weg innerhalb der EU begleiten möchte. Dazu ist eine noch größere Unabhängigkeit von Stockholm notwendig. Außerdem gibt es Gedankenspiele über ein Steuerparadies Gotland – ähnlich den Kanalinseln –, um weitere Investoren anzulocken.

Streifzug durch die Kunstgeschichte

Immer noch wird die Mehrheit der ca. 600 000 Touristen, die alljährlich die Ostseeinsel besuchen, von ihrem guten Sommerklima, den langen Sandstränden und dem hohen Freizeitwert angelockt. Die einzigartigen Kulturdenkmäler bieten ihnen allenfalls vielfältige Möglichkeiten zu interessanten Tagesausflügen. Daneben aber wird von Jahr zu Jahr die Zahl derjenigen größer, die in erster Linie an einer Kulturlandschaft interessiert sind, die für den Ostseeraum eine ähnliche Rolle spielt wie Kreta für das östliche Mittelmeer. Die Vielzahl an Denkmälern aus Vorgeschichte und Mittelalter machen Gotland zur kunstreichsten Provinz Skandinaviens.

Vorgeschichtliche Denkmäler

Von den Kulturleistungen der Steinzeit-Menschen des Mesolithikums (ca. 8000–3000 v. Chr.) und des Neolithikums (ca. 3000–1800

v. Chr.) ist auf Gotland nicht so viel erhalten, wie es die sonstige Fundlage in Südskandinavien vielleicht hätte erwarten lassen. Anders sieht es mit den Relikten aus der Bronzezeit (1800–500 v. Chr.), der Eisen- und Völkerwanderungszeit (500 v. Chr.–800 n. Chr.) sowie der Wikingerzeit (800–1070 n. Chr.) aus. Nicht nur im Norden, sondern in ganz Europa wird man schwerlich eine andere Landschaft finden, in der so viele und so unterschiedliche Monumente aus den genannten Epochen versammelt sind, in der es so viele Funde von vorgeschichtlichen Schätzen gegeben hat. Dabei reizt nicht nur die erstaunliche Anzahl von Bodendenkmälern (ca. 31 000 registrierte Einzelobjekte) zu einem Besuch, sondern vor allem ihr guter Erhaltungszustand und die Tatsache, daß viele prähistorische Kulturleistungen entweder hier ›erfunden‹ und später in andere Regionen transportiert wurden oder sogar ausschließlich hier anzutreffen sind. Alle vorzeitlichen Bodendenkmäler liegen frei im Gelände und sind praktisch zu jeder Jahreszeit zu besichtigen – oft an leicht zugänglichen und gut beschilderten Stellen, manchmal aber auch abseits der Straßen oder Wanderwege, im Inselinnern oder an der Küste versteckt, und nur mit einer guten Karte zu finden.

Am augenfälligsten sind dabei die Grabmonumente, insbesondere die aus der Bronzezeit. Die **Steinhügelgräber** oder **Rösen** (gotländ.: *rojr*), die als bis zu 8 m hohe und im Durchmesser 45 m große künstliche Hügel ihre Umgebung überragen, künden von der Macht der frühen bronzezeitlichen Fürsten. Zu den größten oder interessantesten gehören die Steinhügelgräber Uggårde Rojr bei Rone, Bro Stajnkalm bei Bro, Ullviar bei Eskelhem, Kauparve bei Lärbro und Majsterrojr bei Gothem. Ab etwa 1000 v. Chr. scheinen sich die Grabsitten geändert zu haben, denn nun vollzog sich der Übergang der Fürsten ins Totenreich vorzugsweise in **Schiffssetzungen.** Darunter versteht man aufgerichtete Kalkstein- oder Findlingsblöcke, die ein schiffsförmiges Oval markieren. Solche Monumente tauchen zum erstenmal in Gotland auf und sind am Ort ihrer ›Erfindung‹ mit noch rund 350 Exemplaren erhalten (s. S. 164ff.) – am eindrucksvollsten sind die von Gnisvärd, Gålrum, Rannarve bei Klintehamn, Djupvik, Gannarve und Tjelvars Grab. Außer auf Gotland trifft man Schiffssetzungen auch in Schweden, Dänemark, Norwegen, dem Baltikum, Rußland und Norddeutschland an.

Während die Funktion solcher Grabmonumente eindeutig ist, werfen andere Steinsetzungen oder Phänomene Fragen auf, die nur schwer zu beantworten sind. Beispielsweise die **Trojaburgen,** mit flachen Steinen im Gelände markierte Labyrinthe, von denen es mindestens 40 gibt – am berühmtesten die nördlich der Visbyer Stadtmauer. Das Muster der Trojaburgen

Die Schiffssetzung von Gannarve

kennt man aus der ganzen Welt, es taucht bei den Pueblo-Indianern oder den Inuit genauso auf wie an romanischen oder gotischen Kathedralen. Einige solcher Steinsetzungen sind eindeutig vorchristlichen Ursprungs, manche wurden aber auch erst im 19. Jh. angelegt. Noch rätselhafter sind die **Schleifrinnen** *(slipskåror)*, die die frühere Forschung in die Wikingerzeit datierte und durch das Schleifen von Schwertern erklärte. Nach neuesten Erkenntnissen aber gehen diese maximal 1 m langen, 10 cm breiten und 7 cm tiefen Rinnen, die man über die ganze Insel verstreut im Gestein antrifft, bis in die Bronze- oder sogar Steinzeit zurück und hängen evtl. mit astronomischen Beobachtungen zusammen.

Eindeutig der Bronzezeit gehören hingegen die **Felszeichnungen** *(hällristningar)* an, von denen sich im Vergleich zu Westschweden allerdings nur wenige erhalten haben; der Grund dafür dürfte im porösen Kalkstein zu sehen sein, der viel leichter verwittert als der Granit des Festlandes.

Aus der Eisenzeit stammen viele **Gräberfelder,** die nicht selten mehrere hundert Einzelgräber umfassen und damit richtige Friedhöfe bilden. An ihnen ist auch ein gesellschaftlicher Wandel ablesbar, denn es werden nicht mehr übermächtige Fürsten durch Grabmonumente geehrt, sondern eher einfache Leute. Deshalb sind die Gräber selbst deutlich kleiner als die der Bronzezeit, von ihrer Form her aber vielfältiger. Interessanterweise sind einige dieser Friedhöfe in unmittelbarer Nähe von Bronzezeit-Rösen angelegt und beweisen damit eine mindestens tausendjährige Tradition. Am eindrucksvollsten aus dieser Epoche sind die ›Zauberhügel‹ (Trullhalsar), ein wunderschön im Kiefernwald südlich von Gothem gelegenes Feld mit etwa 350 Einzelgräbern. Größer noch sind die Gräberfelder Ire bei Hellvi mit gut 600 sichtbaren Gräbern und Lilla Bjärs bei Stenkyrka mit nicht weniger als 1000. Die häufigste Grabform stellen flache Steinhügel über kreisförmigem Grundriß dar, oft von einer Trockenmauer eingefaßt und mit einem skulptierten Schlußstein versehen. Als weiterem Typus begegnet man auf Gotland u. a. dem Radkreuzgrab, bei dem von zentralen Grabkisten Steinreihen speichenförmig zu einem äußeren Kreis führen und das einen Durchmesser von 25 m erreichen kann – solche Gräber werden aber eher für hochgestellte Persönlichkeiten genutzt worden sein. Gleiches gilt für die Richterringe *(Domarringar),* bei denen sechs bis neun mächtige Findlingsblöcke in einem Kreis oder Vieleck um das eigentliche Grab angeordnet wurden.

In der späteren Eisenzeit, als Gotlands Reichtum fremde Stämme zu Beutezügen anlockte, baute die Bevölkerung zum Schutz große **Fliehburgen,** von denen rund 30 nachgewiesen werden konnten. Am imponierendsten ist dabei die Thorsburg, die größte Fliehburg Skandinaviens, deren 2 km lange Mauer heute noch fast 7 m hoch und 20 m breit ist (s. S. 146ff.). Sehr reichhaltig sind auch **Wohnanlagen** aus der Eisenzeit belegt. Während die ca. 1800 aufgefundenen Fundamente aber eher die Archäologen begeistern, sind einige Rekonstruktionen auch für Laien ein interessantes Ausflugsziel. Solche über originalen Fundorten nachgebauten eisenzeitliche Häuser oder Hallen findet man in Stavgard südlich von Ammunde, Gervide bei Sjonhem und besonders eindrucksvoll in Lojsta.

Die mit Abstand bekannteste gotländische Kulturleistung aus der Eisenzeit stellen jedoch die phantastischen **Bildsteine** (s. S. 76f.) dar, die es nur hier gibt und die als einzige germanische Monumentalkunst bezeichnet werden. Etwa 450 davon hat man bis heute auf der Insel gefunden, die schönsten Exemplare befinden sich im Visbyer Fornsal-Museum, im Historiska Museet in Stockholm und im Bunge-Freilichtmuseum. Am Ende der Wikingerzeit weichen die bildlichen Darstellungen christlichen Kreuzen und Runeninschriften, parallel dazu tauchen auch ›normale‹ **Runensteine** auf, wie man sie in ganz Nordeuropa antrifft. Die Kunst der Wikingerzeit entfaltet sich außer auf den Bildsteinen vor allem im Gold-, Silber- und Eisenschmiedehandwerk sowie in der Holzschnitzerei; einiges davon ist bei Schatzfunden aus gotländischer Erde geholt worden und nun als Prunkstück in Museen zu bewundern, allen voran im Visbyer Fornsal. Keine Region in Europa hat übrigens eine annähernd so große Dichte an Silberschätzen aus der Wikingerzeit und dem frühen Mittelalter aufzuweisen wie Gotland.

Das Mittelalter

Was für die vorgeschichtlichen Monumente gilt, trifft auch auf die mittelalterliche Profan- oder Sakralarchitektur und deren künstlerische Ausgestaltung zu. An erster Stelle ist hier natürlich die Visbyer Altstadt zu nennen, die von einer 3,6 km langen und mit 36 Türmen bestückten Wehrmauer umgürtet ist. Der in die Stadtmauer integrierte Pulverturm aus dem 12. Jh. gilt als ältester Wehrturm Schwedens. Innerhalb der Mauern zeugen ein gutes Dutzend Kloster- und Kirchenruinen sowie der romanisch-gotische Bau der Marienkirche vom hohen Standard der Visbyer Sakralarchitektur, die im Entwurf und in Details sowohl deutsche als auch gotländische, russische und baltische Elemente aufweist. Zum charakteristischen Stadtbild tragen daneben die knapp 200 erhaltenen Häuser aus dem 12. bis 14. Jh. bei, viele davon sind mehrstöckige Packhäuser mit Treppengiebeln. Weder die Altstadt von Stockholm noch die von Kopenhagen, Roskilde, Lund, Uppsala oder Bergen hat eine vergleichbare mittelalterliche Bausubstanz. Der einzigartige Wert der Visbyer Altstadt wird u. a. daran sichtbar, daß sie 1995 in die UNESCO-Liste des Weltkulturerbes aufgenommen wurde.

Visby und das Zisterzienserkloster von Roma waren die architektonischen Vorbilder für die gotländischen Bauerngemeinden, die ihre Überschüsse aus dem Fernhandel in den Bau und die Ausschmückung von Kirchen und steinernen Gehöften fließen ließen, die manchmal wie kleine Paläste wirken. Von den ganz oder zumindest teilweise erhaltenen **mittelalterlichen Bauernhöfen** müssen der von Stora Hästnäs und der Kattlundsgård an erster Stelle genannt werden. Geradezu als kunsthistorische Sensation jedoch können die romanischen bzw. gotischen **Landkirchen** gelten, die sämtlich einen Besuch lohnen. Allerdings dürfte eine durchschnittliche Urlaubsdauer kaum ausreichen, sie alle kennenzulernen – ihre Zahl beträgt fast 100!

Anders als in Visby, wo einige Kirchenruinen eindeutig russisch-byzantinischen Einfluß aufweisen, eifert die Sakralarchitektur auf dem Land hauptsächlich westfälischen und rheinischen Vorbildern nach, und zwar sowohl in der romanischen als auch in der frühgotischen und gotischen Epoche. Doch besaß die Provinz künstlerisches Selbstvertrauen genug, um auch völlig eigenständige Wege zu gehen, insbesondere bei der Gestaltung der Gewölbe und im Skulpturenschmuck. Die Schauseite der Kir-

Der mittelalterliche Kattlundsgård

chen ist, wie allgemein in Skandinavien üblich, der Süden, wo sich die lokalen Steinmetze an prächtigen Portalen verewigten. Ein Charakteristikum sind dabei die Kapitellbänder, die in bewegten Szenen meistens die Kindheitsgeschichte und Passion Christi ausbreiten. Im Inneren fällt die Anzahl von insgesamt ca. 80 **Taufsteinen** auf, deren Entwicklung von den figurativen, expressiven und oft noch mit heidnischen Motiven ausgeschmückten Taufsteinen in romanischer Zeit zu den bildlosen und stilisiert-edlen der Gotik verläuft. Im Mittelalter waren Taufsteine ein bekannter Exportartikel Gotlands, und auf der Insel hergestellte Exemplare findet man nicht nur in skandinavischen Kirchen, sondern auch in Deutschland und sogar in Oberitalien.

Ganz erstaunlich ist daneben die Bandbreite an **Kalkmalereien** unterschiedlicher Epochen, wobei sich wegen des gotischen Umbaus der meisten Kirchen romanische Darstellungen nicht so oft erhalten haben. Die komplett ausgemalte Apsis von Mästerby mag aber eine Vorstellung davon geben, wie früher die meisten Gotteshäuser ausgesehen haben. In einigen wenigen Fällen (Garde, Källunge) sind sogar noch Malereien bewahrt, die auf russisch-byzantinischen Einfluß zurückgeführt werden können. Zu den großartigsten Darstellungen aus gotischer Zeit gehört die ›Seelenwägung Kaiser Heinrichs‹ in der Kirche von Vamlingbo (s. S. 184ff.). Und anders als im Kirchenbau gab

Einzigartig im Norden

Gotlands Landkirchen

Über die Anfangszeit des Christentums auf Gotland weiß man zwar nur wenig, doch ist es mehr als wahrscheinlich, daß die seefahrenden Gotländer recht früh christlichen Geschäftspartnern in Europa begegnet sind. Folgt man den Aussagen der Gutasaga (s. S. 140f.), dann haben sich einige der Bauernhändler in der Ferne taufen lassen und bei ihrer Rückkehr in die Heimat auch gleich einen Priester mitgebracht. Nach und nach wurden so die Gotländer ›mit eigenem Willen, ohne Zwang‹ zu Christen. Diese werden aber über mehrere Generationen hinweg noch mit den Anhängern von Odin und Thor zusammengelebt haben, bevor sich die neue Religion endgültig durchsetzen konnte. Die Frage nach dem ersten christlichen Kultbau auf der Insel beantwortet die Gutasaga ebenfalls. Demnach ließ ein gewisser Botair eine Stabkirche errichten, die jedoch von den heidnischen Nachbarn niedergebrannt wurde; erst deren Nachfolgerin, auf einem heiligen Platz in Visby plaziert, hatte Bestand.

Wie auch sonst im Norden üblich, müssen die Kirchen der Frühzeit kleine und fensterlose Holzbauten gewesen sein, das bestätigen auch Funde einer Stabkirche in Hemse. Anders als im übrigen Skandinavien ersetzte man aber sehr bald das Holz der Stabkirchen durch Stein – weil man genügend Baumaterial auf der Insel brechen konnte, und weil man bestrebt war, dem kontinentalen Vorbild zu folgen. In der Entwicklung des gotländischen Kirchenbaus wird es dabei zunächst keine klare Trennlinie gegeben haben: An die hölzernen Stabkirchen wurde einfach im Osten eine steinerne Apsis samt Chor angebaut.

Im Laufe der Zeit, spätestens auf der Schwelle zum 13. Jh., war dann der Holzbau völlig verschwunden, das Gotteshaus komplett aus Stein und im romanischen Stil fertiggestellt. Da man fast immer von Osten nach Westen baute, entstand zunächst eine sogenannte Kernkirche, also die Baukörper Apsis, Chor und Langhaus. Erst dann wurde im Westen ein Glockenturm hinzugefügt. Ein Kennzeichen dieser romanischen und von ihren Abmessungen her nur bescheidenen Architektur war die überreiche Verzierung mit fein skulptierten und bemalten Reliefsteinen, weswegen man auch von ikonischen Kirchen spricht. Einige der Reliefsteine haben sich bis heute an Nachfolgebauten erhalten.

Der Reichtum der bäuerlichen Auftraggeber erlaubte es, daß sie ihre Gotteshäuser jeweils der neuesten Mode anpaßten, also mehrmals umbauen ließen. Hinter den architektonischen Standards der Hansestadt Visby, zu der man auf dem Land immer in Konkurrenz stand, wollte man keinesfalls zurückbleiben! Valdemar Atterdags Heerzug von 1361 jedoch unterband jede weitere Bautätigkeit, so daß die gotländische Kirchenlandschaft wie in einer Momentaufnahme aus der Mitte des 14. Jh. konserviert ist: keine späteren Zusätze, keine weiteren Umbauten. Da meistens zuerst die romanische Apsis samt Chor entfernt und durch einen frühgotischen Bau mit geradem Chorabschluß ersetzt wurde, besitzen nur noch 19 Landkirchen den romanischen Apsis-Chor. Häufiger trifft man den Typus der sogenannten Sattelkirche an, bei der das niedrige Langhaus zwischen hohem Chor und Westturm für eine etwas ungewöhnliche Proportion sorgt – am deutlichsten an der Kirche von Källunge. Andernorts war 1361 der Umbau schon bis zum Langhaus fortgeschritten. Schließlich gab es auch Gemeinden, die bis zum Katastrophenjahr das gesamte Gotteshaus im gotischen Stil vollenden konnten. Solche Landkirchen überragen mit ihren bis zu 60 m hohen Galerietürmen und den kaskadenhaft abgetreppten Dachkonturen als mächtige Landmarken die Umgebung und geben ein eindrucksvolles Bild vom Reichtum des bäuerlichen Gotland ab. Darüber hinaus besaßen die Gebäude aber auch ganz handfeste Funktionen: Sie waren der Ort, an dem Geschäfte abgeschlossen wurden, über ihren Gewölben mußten gegebenenfalls Waren untergebracht werden, und in unruhigen Zeiten sollten sie den Gemeindemitgliedern Schutz bieten können. Deswegen ist oft die Kirchhofsmauer wie eine Wehrmauer ausgebaut, zusätzlich wurde der

Die Kirche von Havdhem

Kirchturm als Wehrturm konstruiert oder, häufiger noch, ein eigener Verteidigungsturm *(kastal)* direkt neben der Kirche errichtet.

Die Vielzahl von steinernen mittelalterlichen Landkirchen ist im Norden genauso einzigartig wie ihre architektonische und künstlerische Qualität. Wenn man bedenkt, daß in zwei Jahrhunderten bis zu Valdemar Atterdags Invasion nicht nur knapp 100 Gotteshäuser errichtet und ausgeschmückt, sondern in mehreren Bauabschnitten immer wieder komplett umgebaut wurden und zudem in Visby noch 17 Faktorei-, Gemeinde- und Klosterkirchen entstanden, liegt es auf der Hand, daß dafür eine enorme Menge Geld nötig war, nicht nur für die Bauten als solche, sondern genauso für deren Ausschmückung mit Kalk- und Glasmalereien, Taufsteinen, Kruzifixen und andere Skulpturen aus Holz oder Stein. Da Bezahlung und Unterhalt der Kirchen von den freien Bauern einer Gemeinde geleistet wurde und eine Gemeinde im Durchschnitt nur 12 bis 14 Bauernhöfe umfaßte, drängt sich die Frage auf, wieso es zu dieser Konzentraton an Landkirchen gerade auf

es hinsichtlich der Malerei auch nach dem Schicksalsjahr 1361 noch künstlerische Entfaltungsmöglichkeiten, selbst bis ins 18. Jh. hinein.

Unter den Einrichtungsgegenständen verdienen neben den Taufsteinen die **Triumphkreuze** besondere Beachtung, die allein Anlaß genug sein können, kunstinteressierte Besucher nach Gotland zu locken. Aus der Vielzahl qualitativ hochstehender Produkte soll hier nur das Triumphkruzifix von Öja genannt werden (s. S. 186), das zu Recht als meistbewunderte frühgotische Holzskulptur Schwedens gilt. Auch die gotischen **Schnitzaltäre** (vor allem in Källunge, Tofta, Silte, Endre und Lye) müssen hervorgehoben werden, selbst wenn einige davon deutsche Importware sind, ebenso exquisite **Holzplastiken,** von denen viele ins Visbyer Fornsal-Museum überführt worden sind, und der qualitativ wie quantitativ bemerkenswerte Bestand mittelalterlicher **Glasmalereien** (besonders in Lye und Hejde). Bei all dem darf ja nie vergessen werden, daß man es bei den Landkirchen nicht mit Gotteshäusern wohlhabender mitteleuropäischer Kleinstädte zu tun hat, sondern um einfache Landkirchen hiesiger Bauern – was die Bewunderung für die kunstvollen Arbeiten nur steigern kann! Mit Ausnahme der Kalkmalereien ist die künstlerische Ausschmückung, die nie wieder an die große Zeit vor 1361 anschließen konnte, nach dem Mittelalter von kulturellem Verfall geprägt. Beispielhaft dafür können die schablo-

Gotland, nicht aber auf dem Festland kam. Waren die gotländischen Bauern damals reicher, arbeiteten die Bauern im mittelalterlichen Schweden etwa ineffizienter, waren sie nicht sparsam genug oder gar fauler? Eine plausible Erklärung geben die Wirtschaftshistoriker, die die steuerliche Belastung landwirtschaftlicher Betriebe in Skandinavien untersuchten. Sie konnten nachweisen, daß Gotland eine Art mittelalterliches Steuerparadies war. Jeder Hof warf einschließlich des Fernhandels im Durchschnitt nach heutigen Maßstäben mindestens 2 Mio. SEK im Jahr ab, zahlte aber nur 10 % als Steuer – im Vergleich zu allen anderen Regionen der damaligen Zeit ein geradezu lächerlicher Satz. Dieser Kapitalüberschuß ermöglichte also erst die Entstehung und Modernisierung der gotländischen Landkirchen. Und daß die einzigartige Bautätigkeit ab 1361 schlagartig aufhörte, hat zwar einerseits mit dem dänischen Überfall zu tun, andererseits aber auch damit, daß in den Jahrzehnten danach (besonders unter dem Regime Erich von Pommerns), die Steuern exorbitant angehoben wurden!

nenhaften und naiven Altaraufsätze aus Sandstein genannt werden, die im Barock oft die gotischen Schnitzaltäre verdrängten. Das soll aber keinesfalls wertend gemeint sein: Auch sie können den Betrachter mit charmanten, zeittypischen und manchmal unfreiwillig-komischen Darstellungen gleichzeitig überraschen und faszinieren. Anders als bei den prähistorischen Bodendenkmälern, die immer frei zugänglich sind, muß man bei den Landkirchen auf Öffnungszeiten achten. Immerhin aber sind die meisten vom 1. Mai bis zum 15. September durchgängig von 9 bis 19 Uhr geöffnet und kosten keinen Eintritt. An vielen Kirchen gibt es einen Aushang mit einer Adresse bzw. Telefonnummer, durch die man in der sonstigen Zeit an den Kirchenschlüssel kommt. Wer ganz sicher gehen möchte, erkundige sich vorher beim Visbyer Touristenbüro nach den aktuellen Öffnungszeiten bzw. der Adresse des Küsters, der die Kirchenschlüssel aufbewahrt.

Kulturdenkmäler aus neuerer Zeit

Die Höhepunkte des gotländischen Kunstschaffens liegen eindeutig in der Vorgeschichte und im Mittelalter, während die Insel in neuerer Zeit nie wieder an ihre große Zeit anknüpfen konnte. Der kulturelle Abstieg nach 1361 wird gerade in der Architektur sichtbar, wo kleine und ärmliche Behausungen die insulare Lebenswirklichkeit in schwierigeren Zeiten reflektieren. Doch auch das gehört unverwechselbar zum Reiseziel und wirkt auf heutige Besucher nicht selten besonders idyllisch oder pittoresk. Gemeint sind hier beispielsweise die kleinen **Fiskeläge** (s. S. 22f.), die mit ihren Vorratsschuppen, Katen aus Holz oder Stein, primitiven Leuchtfeuern und Kapellen an allen Küsten erhalten sind. Wie die **Bauernhöfe** der etwas wohlhabenderen Landbewohner in der frühen Neuzeit ausgesehen haben, zeigen mehrere in Museumshöfe umgewandelte Anlagen. Außer dem Freilichtmuseum von Bunge, das neben zwei kompletten Höfen auch Wind- und Wassermühlen, Räucherkammern, Sägereien, Saunas und die Bandbreite gotländischer Zäune präsentiert, können einem der Bottarvegården bei Vamlingbo und Petes museigård bei Hablingbo am besten die Bauernkultur in Architektur, Organisation, Einrichtung und Gerätschaften nahebringen. Auch Gotlands Lantbruksmuseum in Havdhem ist dafür eine gute Adresse.

Konzentrierte sich der Reichtum einerseits in den Händen weniger Bauern, so waren andererseits die Pastoren in einer finanziell recht guten Position, was man den stattlichen **Pfarrhöfen** des 17. bis 19. Jh. ansehen kann. Prächtige Herrenhöfe oder gar Schlösser wie auf dem schwedischen Festland sucht man aber auf Gotland vergebens. Immerhin wurde von einigen Inselgouverneuren der Versuch gestartet, ihren Residenzen ein repräsentatives Aussehen zu verleihen, besonders spürbar am Kungsgård von Roma. In der Zeit vom 17. bis 19. Jh. erwuchs der Insel ein neuer Erwerbszweig in den Kalk- und Sandsteinbrüchen, deren Kulturerbe von mächtigen **Kalköfen,** dem Kalkbruchmuseum von Bläse oder Strandritterhöfen (besonders in Kyllaj) repräsentiert wird. Und zu Reichtum gekommene Kaufleute wie die Familie Donner benutzten die mittelalterliche Visbyer Bausubstanz zu durchaus überzeugenden architektonischen Lösungen. Vor allem ab dem 19. Jh., als sich die Zeiten spürbar besserten, wurden im Auftrag von Privatleuten und Behörden großzügige Bauten im historisierenden Stil erstellt, z. B. die Zollkammer, das alte Gefängnis und das Gymnasium in Visby. Auch für die Industriearchitektur gibt es gute Beispiele aus dieser Epoche, u. a. die alten Brauereien. Nun wurden auch reiche Schweden auf die Ostseeinsel aufmerksam, die dort für die Sommerfrische hübsche **Holzvillen** bezogen – die schönste davon ist wohl die Villa Fridhem, eine im sogenannten Schweizer Stil errichtete Sommerresidenz der Prinzessin Eugénie (s. S. 170f., 177). Angesichts steigender Besucherzahlen entstanden nach der Jahrhundertwende dann die ersten Ferienhäuschen und Pensionate, allesamt mit Schnitzwerk und Erkern reich verzierte Holzgebäude, wie man sie heute noch im alten Seebad Ljugarn an der Ostküste sehen kann.

Unterwegs auf Gotland

»Die Gotländer haben so reichlich das Gold/Sie können es kaum überschauen/ Die Schweine fressen aus silbernem Trog/Mit Goldspindeln spinnen die Frauen!«

Vers aus der
›Chronica Guthilandorum‹ von 1633

Visby – Stadt der Rosen und Ruinen

Rundgang durch die Gassen der Altstadt

Besuch der Kirchenruinen und des Fornsal-Museums

Spaziergang entlang der Stadtmauer und Abstecher zu weiteren Attraktionen

Visby, Blick auf Almedalen

Visby – Stadt der Rosen und Ruinen

Eingerahmt von der 3,6 km langen mittelalterlichen Stadtmauer, der einzigen Skandinaviens, ducken sich Visbys pittoreske Fachwerkhäuschen, überragt von mächtigen Packhäusern der Hansezeit, efeubewachsenen Ruinen und den hohen Türmen der Marienkirche. Visby setzt seine Vergangenheit aber nicht museal in Szene, sondern ist im Gegenteil eine höchst lebendige Stadt mit vielen Festivals, einem betriebsamen Yacht- und Fährhafen und einem Sandstrand direkt vor den Toren der Wehrmauer.

Die gotländische Provinzhauptstadt Visby (ca. 22 000 Einwohner) zählt mit Recht zu den größten Sehenswürdigkeiten Skandinaviens, auch wenn Beinamen wie ›Carcassonne des Nordens‹ oder ›schwedisches Rothenburg‹ einen falschen Eindruck vermitteln. Visby ist ganz unverwechselbar Visby, und wenn schon Attribute zur Ankurbelung des Fremdenverkehrs bemüht werden müssen, dann trifft der Titel ›Stadt der Rosen und Ruinen‹ den Sachverhalt am besten. Das unverfälschte Ambiente einer mittelalterlichen Stadt lockt in der kurzen Sommersaison Scharen in- und ausländischer Besucher an: Menschen, die sich ausschließlich der alten Hansestadt widmen, Inseltouristen, die Abwechslung von der ländlichen Idylle suchen, zahlreiche Kreuzfahrttouristen und Finnen, die aus dem recht nahen Helsinki per Schiff zu Tagesbesuchen anreisen. Das alles führt dazu, daß es für schwedische Verhältnisse fast schon turbulent zugeht, daß Straßencafés, Kneipen, Bootrestaurants und Diskotheken prall gefüllt sind und angesichts der Betriebsamkeit ein Hauch von Südeuropa über der Stadt liegt. Insbesondere wenn mehrere große Kreuzfahrtschiffe im Hafen liegen oder während der ›Mittelalterwoche‹ (s. S. 33f.), in der durch Schauspiele, Ritterturniere, Kunsthandwerker etc. die große Zeit von Visby wieder zum Leben erweckt wird. Insgesamt aber ist die ›Stadt der Rosen und Ruinen‹ klein genug, um überschaubar zu bleiben, und groß genug, um selbst in der Hochsaison noch stille, verschwiegene Eckchen zu bieten, wo man ganz allein Bekanntschaft mit Visby schließen kann.

Am besten bewegt man sich zu Fuß, da alle Sehenswürdigkeiten nahe beieinander liegen und man in der Altstadt ohnehin keinen Parkplatz finden wird. Als unverzichtbare Highlights gelten die Stadtmauer, das Fornsal-Museum, die Marienkirche und einige der Kirchenruinen – für diese und andere Attraktionen sollte man sich mindestens einen Tag Zeit nehmen. Es sind jedoch nicht nur die genannten Sehenswürdigkeiten, die zu einem Besuch der alten Hansestadt reizen. Mit seinen Parkanlagen und den Fahrradwegen, seinem Seebad und dem Yachthafen sowie einer Natur, die innerhalb und außerhalb der Wehrmauer zum Aktivurlaub auffordert, hat Visby einen unbestritten hohen Freizeitwert.

Daneben bieten eine Vielzahl von kulturellen Ereignissen, Festivals und anderen Veranstaltungen vom Volkstanz bis zum Rockkonzert, vom Mysterienspiel bis zu avantgardistischer Musik, von Antiquitätenmärkten bis zu Kunstvernissagen für jeden Geschmack etwas. In der Vor- und Nachsaison oder gar im Winter, wenn sich Touristen gemeinhin anderen Zielen zuwenden, teilt man die Stadt fast nur mit deren Einwohnern, ohne daß es deshalb langweilig wäre. Im Gegenteil: Auf der Suche nach wahrer Ruinenromantik, nach ungestörtem Kunstgenuß im Fornsal-Museum und nach reizvollen Fotomotiven kann diese Zeit oft die beste sein!

Stadtgeschichte

Daß Visby bereits in der Vorgeschichte und zur Zeit der Wikinger eine Rolle gespielt haben muß, beweisen archäologische Ausgrabungen genauso wie der uralte Name, der auf einen heidnischen Kultplatz (*vi* = Heiligtum) hindeutet. Vermutlich gaben der durch ein Riff geschützte Naturhafen und die einzelnen, von Kalksteinklippen abgetrennten Terrassen des Geländes den Anstoß für die erste feste Besiedlung. Von diesen natürlichen Voraussetzungen ebenso angelockt wie durch Gotlands zentrale Lage in der Ostsee und die Tradition des Seehandels, siedelten sich im Mittelalter immer mehr deutsche Kaufleute an. Aus diesem losen Verband konkurrierender Einzelpersonen wurde bald eine feste Gemeinschaft *(universitas)* von Händlern, die sich binnen kurzer Zeit zur beherrschenden wirtschaftlichen Macht auf der Insel entwickelte und zur Keimzelle der Hanse wurde. Damit nahm in Visby ein für die gesamte nordeuropäische Geschichte wichtiges Kapitel seinen Anfang. Als Streitigkeiten zwischen den deutschen und gotländischen Handelsleuten im Jahre 1161 von Heinrich dem Löwen durch ein Handelsprivileg geschlichtet worden waren, entstand eine Situation von bislang nicht gekannter Rechtssicherheit. Diese lockte wiederum weitere Zuzügler an und hatte einen nochmaligen wirtschaftlichen Aufschwung zur Folge. Das gesam-

Karte des mittelalterlichen Visby

te 13. und frühe 14. Jh. kann deshalb als eigentliche Blütezeit der Stadt bezeichnet werden, in der auch die meisten der heutigen Sehenswürdigkeiten entstanden sind. Kaufmannsgilden aus Deutschland, Skandinavien und Rußland ließen jeweils ihre eigenen Faktoreikirchen errichten, zu Reichtum gekommene Händler bauten sich bis zu achtstöckige Stadtpaläste, und die Obrigkeit stellte Visbys Macht durch Rathäuser und Versammlungshallen dar. Seefahrern, die damals auf Visby zufuhren, müssen die nach Westen gerichteten und auf den einzelnen Terrassen hintereinander gestaffelten Treppengiebel und Kirchtürme einen überwältigenden Anblick geboten haben. Von diesem Gemeinwesen gingen u. a. wichtige Impulse für die Gründung Rigas im Jahre 1201 aus, und in Bündnissen – wie dem 1280 mit Riga und Lübeck geschlossenen – nahm die Stadt einen vornehmen Platz ein. Kaufleute aus Visby waren es auch, die als offizielle Delegation der Hanse in Nowgorod auftraten.

Der ungeheure Aufschwung, den die Stadt im 12. Jh. erlebte und der sie zur *Regina Maris*, ›Königin der Ostsee‹, machte, fand seine Entsprechung auch auf dem Land. Trotzdem war im Mittelalter Visby nicht mit Gotland und Gotland nicht mit Visby gleichzusetzen – beide waren gegeneinander gerichtete, konkurrierende Mächte. Bei dieser später so verhängnisvollen Entwicklung spielten die deutschen Kaufleute, die von Anfang an die richterliche Schlüsselfunktion in Visby besetzt hatten, eine wichtige Rolle. Das Stadtrecht jener Zeit war zweisprachig abgefaßt, es gab sowohl einen gotländischen als auch einen deutschen Bürgermeister, ebenso zwei Vögte und zweimal achtzehn Senatoren. Einerseits kann also Visby als deutscher Vorposten in der Ostsee betrachtet werden, andererseits war ja Gotland (und damit Visby) seit Urzeiten mit Schweden verbunden. Diese Konstellation funktionierte so lange gut, wie sich die Handelsinteressen der beiden Bevölkerungsgruppen in dieselbe Richtung bewegten, Stadt und Land voneinander profitieren konnten. Als sich jedoch der Handel immer mehr auf Visby konzentrierte und die reichen Bauern, die ebenfalls mächtige Fernhandelskaufleute waren, in Konkurrenzdruck gerieten, fiel die Allianz auseinander. Die Gegensätze spitzten sich sogar soweit zu, daß man Mitte des 13. Jh. zu einem Waffengang rüstete. Sichtbarster Ausdruck dafür ist der Bau der Visbyer Wehrmauer, die sich also weniger gegen äußere Feinde wie etwa die Dänen richtete als vielmehr gegen die Landbevölkerung. Der Konflikt eskalierte im blutigen Bürgerkrieg von 1288/89, bei dem es auf beiden Seiten zu schlimmen Übergriffen kam und der erst nach Intervention des schwedischen Königs Magnus Ladulås beendet wurde – damals mußte sich Visby förmlich der schwedischen Krone unterwerfen und einen beträchtlichen Schadensersatz zahlen. Mit dem diktierten Frieden wurden die aufgerissenen Gräben zwischen Stadt und Land jedoch nicht zugeschüttet, im Gegenteil suchte sich jede Partei neue Alliierte: Das Land wandte sich dem Deutschen Orden zu, die Stadt vertraute weiterhin auf den Beistand der Hanse. Die Folge war auf Visbyer Seite die Erweiterung der Stadtmauer auf ihre heutige Länge von 3,6 km, die zudem durch hohe Tore, Bastionen und Satteltürme fast uneinnehmbar gemacht wurde.

In Lübeck hatte man sich zu diesem Zeitpunkt aber insgeheim schon von Visby abgewandt, und der neue Stern der Hanse versuchte mit Mitteln der Diplomatie und der Intrige der lästigen Konkurrentin den Rang abzulaufen. Angesichts der stark befestigten und wirtschaftlich potenten Stadt wurde jedoch ein offener Bruch wohlweislich vermieden – erst im Jahre 1525 wagte es Lübeck, zum letzten und entscheidenden Schlag gegen seine Vorgängerin auszuholen. Der Heerzug des Dänenkönigs Valdemar Atterdag von 1361 (s. S. 47ff.), bei dem Visbys Bevölkerung eine mehr als zweifelhafte Rolle gespielt hatte, war in seinen Folgen auch für Visby schlimm, da die Zerstörung der Insel der Stadt ihren wichtigen Binnenmarkt nahm. Eine Verarmung auf breiter Front war die unausweichliche Folge – nur die Klöster konnten es sich z. B. damals noch leisten, Geld in den

Kunstschatz der Insel –

Die gotländischen Bildsteine

An den Bildsteinen *(bildstenar)* wird die herausragende kulturelle Stellung Gotlands besonders deutlich; sie sind von allen prähistorischen Monumenten der Insel am berühmtesten und gelten als einzige germanische Monumentalkunst überhaupt. Bildsteine wurden zwischen 400 und 1100 n. Chr. nur auf der Ostseeinsel hergestellt, indem man bearbeitete Kalk- oder Sandsteinfliesen auf einer Seite mit Ritzungen und farbigen Darstellungen versah. Verblüffend ist, daß offenbar ohne tastende oder experimentierende Vorläufer diese Kunstform urplötzlich in voller Blüte steht – vielleicht kam sie ja tatsächlich durch eine individuelle Künstlergestalt auf die Insel, die im Römischen Reich, in Spanien oder im Frankenland mögliche Vorbilder kennenlernte und zu einem eigenen Stil umformte. Wie viele Exemplare es einmal gegeben hat und welchem konkreten Zweck sie dienten, kann nur vermutet werden. Eine Beziehung zum Totenkult scheint jedoch gesichert zu sein, da viele Bildsteine auf oder bei Gräberfeldern bzw. Einzelgräbern gefunden wurden. Andere hingegen stellte man an bevorzugten Plätzen und Gabelungen entlang der Fahrwege auf, so daß sie nicht vorschnell als ›Grabsteine‹ interpretiert werden dürfen.

Bis heute sind rund 450 Bildsteine auf der Ostseeinsel ganz oder in Teilen aufgefunden worden. Einige haben nie ihren angestammten Platz verlassen und erheben sich noch heute als Monumente einer vergangenen Zeit über Feldern und Weiden. Jahrhundertelang Wind und Wetter ausgesetzt, sind solche Exemplare inzwischen freilich vollkommen verwittert; man spricht in diesem Fall von ›blinden‹ Bildsteinen. Diesem Schicksal entgingen jene Steine, die man nach der Christianisierung in Kirchen oder Wohnhäuser einmauerte, wobei die

Monumente wahrscheinlich nicht als profanes Baumaterial wiederverwendet wurden, sondern wegen der ihnen zugeschriebenen magischen Kraft.

Die Kunsthistoriker unterscheiden in der Bildsteinkunst einzelne Phasen mit jeweils eigenen Inhalten, Formen und Funktionen. Zur ersten Gruppe (400–600 n. Chr.) gehören jene bis zu 3,30 m hohen Exemplare, deren Form vage an ein Axtblatt erinnert. Sie zeigen im wesentlichen abstrakte religiöse Symbole wie Wirbelräder, Mäandermuster oder die berühmte Ewigkeitsschleife, daneben aber auch Fabeltiere, Schiffe, Schlangenköpfe, Bäume und vereinzelte Menschen (Götter?). In der zweiten und dritten Phase (500–700 n. Chr.) werden die Bildsteine kleiner (›Zwergsteine‹) und sind z. T. von beiden Seiten dekoriert, manche fungierten eindeutig als Umschließungssteine einer Grabkiste. Besonders interessant sind bei dieser Gruppe die Darstellungen von Personen, etwa zwei merkwürdig gekleidete Menschen beim Öffnen eines Sarkophages, und stark stilisierte Schiffe, auf denen nun zum ersten Mal im Norden ein Segel zu sehen ist. In der jüngeren Phase (700–1100 n. Chr.) bekommen die Bildsteine wieder monumentale Dimensionen, im Vergleich zu denen der ältesten Zeit haben sich aber Form und Bildinhalte radikal verändert. Die an einen Phallus erinnernden Steine tragen nun eindeutig den Stempel der wikingischen Welt, seien es Darstellungen von Göttern (z. B. Odin auf seinem achtbeinigen Pferd Sleipnir), Sagenstoffen (z. B. Wieland der Schmied, Gunnar in der Schlangengrube), Kampfszenen oder immer wieder voll aufgetakelten Wikingerschiffen.

Interessant ist, wie sich das Christentum der Bildsteine trotz deren langer heidnischer Geschichte nicht entledigt, sondern sie samt zunächst unveränderter Phallusform für seine eigenen heiligen Zeichen verwendet: Das Kreuz ersetzt Odin, eingerahmt von Runeninschriften und Flechtbandornamentik. Später dominiert das Kreuz das gesamte Monument und verlangt nach einer Änderung der Form: Das Steinkreuz entsteht und aus diesem das Ringkreuz. Über mindestens sieben Jahrhunderte hinweg war also die Bildsteinkunst auf Gotland lebendig und spannt einen Bogen von der Völkerwanderungszeit zum Mittelalter, vom Heidentum zum Christentum. Bildsteine sind für die Insel so typisch wie die Hochkreuze für Irland oder die Menhiralleen für die Bretagne. Die Gotländer betrachten sie als ihr alleiniges Kulturerbe und haben sich in der Vergangenheit oft gewehrt, wenn wieder einmal ein Exemplar in das Stockholmer Historische Museum ›entführt‹ werden sollte.

Die Alte Apotheke

Umbau ihrer Kirchen zu stecken. Im Jahre 1525 schließlich beendete Lübeck, nun selbst schon im Niedergang begriffen, mit der Invasion und Brandschatzung Visbys die Karriere der ehemaligen ›Königin der Ostsee‹. Mit Ausnahme der Marienkirche wurden dabei alle Gotteshäuser zerstört und wegen der kurz darauf durchgeführten Reformation auch niemals wieder aufgebaut; später dienten sie der Bevölkerung als Steinbrüche oder Schafställe. Weitere Schicksalsschläge waren die Piraterie der Vitalienbrüder, das despotische Regime des Erich von Pommern (s. S. 90f.) und die Sprengung des Schlosses Visborg, bei der durch herumfliegende Trümmer nochmals Bausubstanz zerstört wurde. Ein kompletter Abriß der mittelalterlichen Ruinen und eine Stadtplanung nach modernen Gesichtspunkten scheiterte – zum Glück – an fehlenden finanziellen Mitteln. So fiel Visby in einen Dornröschenschlaf, aus dem es erst durch den wirtschaftlichen Aufstieg und den beginnenden Tourismus im 19. Jh. geweckt wurde.

Sowohl der Glanz der Blütezeit als auch die leidvollen Geschehnisse des Niederganges sind also gleichermaßen dafür verantwortlich, daß Besucher in Visby auf ein einzigartiges und für viele sicher auch unerwartetes mittelalterliches Ensemble treffen. Konservatorische Maßnahmen haben geholfen, dieses Schmuckstück zu erhalten: Bereits 1810 hatte man praktisch die gesamte Altstadt unter Denkmalschutz gestellt, und die neuen Stadtteile wurden im gebührenden Abstand zur Wehrmauer errichtet. Seit 1995 ist die Altstadt, auch *staden innanför murarna* (Stadt innerhalb der Mauern) genannt, außerdem in die UNESCO-Liste des Weltkulturerbes aufgenommen – übrigens als erste schwedische Stadt überhaupt. Durch den Fremdenverkehr beflügelt, steht es um die Zukunft der alten Stadt nicht schlecht. Inzwischen haben sich *utanför murarna,* außerhalb der Stadtmauer, eine Vielzahl von Betrieben angesiedelt, deren Arbeitsplätze im Dienstleistungsgewerbe und produzierenden Sektor ein Auskommen der Visbyer gewährleisten. Durch die neue Hochschule und Innovationen auf dem Gebiet des Hightech und der Telekommunikation werden zusätzlich auf breiter Front die Grundlagen dafür gelegt, daß die Stadt auch im nächsten Jahrtausend keine museale Puppenstube wird, sondern ein lebendiger Bestandteil der schwedischen Gesellschaft bleibt.

Ein Bummel durch die Gassen der Altstadt

Der beste Startpunkt für einen Altstadtbummel (Karte s. hintere Umschlaginnenklappe) ist der hübsche Park **Almedalen** (1), in dessen unmittelbarer Nähe man auf dem Hamnplan, der Cramérgatan, Kaserngatan oder am Visby havsbad Parkplätze findet. Almedalen bietet nicht nur einen überwältigenden Blick auf den **Pulverturm** (s. S. 89), die Seemauer und die Ruinen, Kirchen und Packhäuser der Visbyer Altstadt (die Lichtverhältnisse sind am späten Nachmittag am besten), sondern ist an warmen Sommertagen auch eine malerische Bühne für Liebespärchen, Sonnenbadende, Spaziergänger und spielende Kinder. Häufig werden hier zur Tages- und Nachtzeit Konzerte gegeben, oder es finden andere Veranstaltungen statt, und Lokalpolitiker nutzen die Freifläche gerne für Ansprachen. Wo heute Grünanlagen, Rosenbeete, Spielplätze und eine Freiluftbühne um einen hübschen Ententeich gruppiert sind, befand sich zur Großmachtzeit der betriebsame Hafen *(hansahamnen)*, das Herzstück des Visbyer Reichtums, der von einer Vielzahl hanseatischer Koggen angelaufen wurde. Als die Bucht später versandete, wurde der Hafen nach Süden verlegt und das Terrain mit Erdreich aufgeschüttet.

Vom Almedalen aus gelangt man in östlicher Richtung an einem Jugendstilbau vorbei und durch ein niedriges Portal in der Wehrmauer auf den großzügigen Donners Plats. Er wird dominiert vom **Donnerska Huset** (2), einem großen, gelb gestrichenen Haus der Kaufmannsfamilie Donner, das aus dem Mittelalter stammt und um 1800 seine jetzige Form erhielt. In dem Gebäude befindet sich heute die Touristeninformation.

Entlang der Strandgatan, die parallel zur seeseitigen Mauer verläuft und den Donners Plats nach Osten begrenzt, findet man die schönsten und größten Packhäuser der Stadt, von denen viele heutzutage Büros und Läden beherbergen oder zu Hotels umgebaut wurden. Ein gutes Beispiel für die gelungene Verbindung von mittelalterlichem Ambiente mit den Komfortansprüchen unserer Zeit ist schräg gegenüber der Touristeninformation das Wisby Hotell, dessen Bausubstanz aus dem 13. Jh. stammt und heute die wohl beste Unterkunft in Stadt

Das Burmeisterhaus

und Land bietet. Den Gästen des Hotels steht u. a. ein kleines Hallenbad zur Verfügung, das malerisch unter den alten Kellergewölben plaziert wurde.

Wendet man sich vom Donners Plats auf der Strandgatan nach Norden, passiert man rechter Hand zunächst **Gotlands Naturmuseum** (3), in dem man sich über die 400 Mio. Jahre währende Naturgeschichte der Insel informieren kann. Ihm gegenüber entdeckt man ein kleines, zweistöckiges Fachwerkgebäude aus dem 17. Jh., das nach seinem ehemaligen Besitzer **Burmeisterska Huset** (4) genannt wird. Im Erdgeschoß (Souvenirladen) sind einige schöne Sandsteinarbeiten zu sehen, während der erste Stock über und über mit Wandmalereien aus der Rokoko-Zeit versehen ist.

Nur wenige Schritte vom Burmeisterhaus entfernt erhebt sich an der Strandgatan rechts das Gotlands **Fornsal-Museum** (5), das sich zum Teil in einem mittelalterlichen Packhaus, zum anderen Teil in den Gebäuden einer 1770 errichteten königlichen Brennerei befindet. Der Fornsal wird mit Fug und Recht als eines der wichtigsten historischen Museen Skandinaviens bezeichnet und kann allein schon Anlaß genug für einen Besuch der Insel sein. Für eine Besichtigung sollte man sich mindestens 1 1/2 Stunden Zeit lassen und sich dabei auf die Schwerpunkte der Sammlungen konzentrieren, nämlich Frühgeschichte, Wikingerzeit und Mittelalter. Sofort hinter dem Eingang liegt links der Bildsteinsaal, in dem hervorragende Beispiele dieser einzigartigen gotländischen Kunstform (s. S. 76f.) zusammengetragen wurden.

An den Bildsteinsaal schließt sich eine Abteilung an, in der man anhand von originalen Exponaten oder Darstellungen die Entwicklung der Grabstätten von der Stein- bis zur Eisenzeit verfolgt. Im ersten Saal des ersten Stocks sind Werkzeuge, Waffen, Schmuck, Hausgerät usw. ausgestellt. Danach gelangt man in die ›Schatzkammer‹ mit einigen der wertvollsten Bodenfunde (arabische Münzen, Gold- und Silberschmuck usw.), die fast alle aus der Wikingerzeit stammen. Der nächste Saal ist der weltlichen Kultur des Mittelalters vorbehalten, hier befindet sich auch C. E. Hellqvists berühmtes Gemälde ›Valdemar Atterdag brandschatzt Visby 1361‹. Hinter dem Souvenirstand kommt man in die Räume der mittelalterlichen Kirchenkunst mit Modellen der Visbyer Gotteshäuser und der Landkirchen, Kruzifixen, Glasmalereien und romanischen und gotischen Heiligenfiguren. Unter der Vielzahl der hier präsentierten Kunstschätze verdient die Öja-Madonna besondere Erwähnung, eine der schönsten frühgotischen Holzskulpturen des Nordens.

Über das Treppenhaus erreicht man den mittelalterlichen Hochkeller, in dem ein Visbyer Kaufmannshof des 13./14. Jh. rekonstruiert wurde. Abschließend sollte man auch einen Blick in den Innenhof werfen, wo man u. a. Kopien von bronzezeitlichen Felsritzungen, heidnische Opferschalen, Meilensteine und ein original erhaltenes Visbyer Stadttor sieht. Und falls Sie sich außer für (Kunst-) Geschichte auch für technische und naturwissenschaftliche Phänomene interessieren, können Sie bei ausreichender Zeit die Ausstellung ›Fenomenalen‹ besuchen, die im gleichen Haus eine eigene Abteilung bildet. (Strandgetan 14, ✆ 24 70 10, geöffnet tägl. 11–18 Uhr, von Anfang September bis Mitte Mai nur Di–So 12–16 Uhr, Eintritt SEK 30; das Museum verfügt im ersten Stock über einen sehr gut bestückten Literatur- und Souvenirshop, u. a. mit Repliken wikingischer Kunst, sowie eine kleine Cafeteria.)

Im weiteren Verlauf der Strandgatan, die im Mittelalter eher ein Marktplatz als ein Verkehrsweg war, passiert man einige der mächtigsten Profangebäude Visbys. Dicht an dicht stehen mehrstöckige Packhäuser wie das Liljehornsche Haus, die im frühen Mittelalter höher waren als die zeitgleiche Bebauung etwa von Lübeck oder Münster. Am südländisch wirkenden Platz Packhusplan vorbei, der vom deutschen Konsulat, dem mittelalterlichen Clematishaus, Gartencafés und einigen alten Wirtshäusern eingerahmt wird, gelangt man zur **Alten Apotheke** (6; Gamla Apoteket), dem wohl schönsten Packhaus der Stadt, dessen Trep-

Blick auf St. Nikolai von der Heilig-Geist-Kirche

pengiebel bereits vom Almedalen aus zu sehen war. In den alten Gemäuern ist heute eine bekannte Silberschmiede untergebracht.

Unmittelbar vor der Alten Apotheke bringt einen die Lybska Gränd (Lübecker Gasse) zur nächsten ›Terrasse‹ des Wegenetzes mit der Mellangatan und danach der St. Hansgatan, der zweiten und dritten der mittelalterlichen Hauptstraßen. Mit der Strandgatan sind sie durch schmale, pittoreske Gassen verbunden, die die Namen jener Städte tragen, die mit dem alten Visby in Handelsverbindung standen. Wenn Sie sich auf der St. Hansgatan links halten, stehen Sie nach wenigen Schritten **St. Lars** (7), der ersten Kirchenruine, gegenüber. Auf dem Grundriß eines griechischen Kreuzes errichtet, weist sie als einzige der Visbyer Kirchen in der Architektur byzantinischen Einfluß auf, ein Hinweis darauf, daß sie als Faktoreikirche einer russischen Gilde gedient haben könnte. Die Vielzahl von Treppen und Geheimgängen innerhalb ihrer Mauern sorgten für Spekulationen, welche Rituale hier wohl ausgeübt wurden.

Nur wenige Meter von St. Lars entfernt liegt die Kirchenruine **St. Drotten** (8), die wie ihre Nachbarin zur St. Hansgatan ausgerichtet ist. Die im 13./14. Jh. etappenweise erbaute Gemeindekirche besitzt einen massigen Westturm, in dessen oberstem Stockwerk noch deutlich Balkenlöcher auszumachen sind – wahrscheinlich wurde der Turm zu Verteidigungszwecken benutzt. Links schließt sich an die St.-Drotten-Kirche (*drotten* = Herr) ein kleiner Park an, in dem sich eine Büste des Erfinders Christopher Polhem befindet und an dessen rückwärtiger Seite (St. Drot-

tensgatan) das **Kapitelhaus** (9) liegt. Mit seiner ausgewogenen Architektur und den Arkadenöffnungen im ersten Stock zählt es zu den prächtigsten Profangebäuden der Stadt und muß im Mittelalter einer reichen und bedeutenden Person gehört haben. Der völlig ummauerte Garten des Hauses ist in der Saison zugänglich, während der Mittelalterwoche findet hier zudem ein Markt statt. Etwas weiter nördlich gelangt man über Smedjegatan oder Tranhusgatan zur Kirchenruine von **St. Klemens** (10), die eine der wichtigsten und ältesten Gemeindekirchen der Stadt war. Der massige, gedrungene und strenge Baukörper aus dem 13. Jh. repräsentiert das, was man in der Baugeschichte den ›Visbystil‹ nennt.

Über die St. Nikolaigatan spaziert man anschließend zur Kirchenruine **St. Nikolai** (11), deren

Die Domkirche St. Marien

Westgiebel in einzigartiger Weise mit Blendnischen und Ziegelsteinrosetten ausgeschmückt ist. Überhaupt stellt diese Seite mit ihren drei edlen Fensteröffnungen, durch die Efeu stimmungsvoll an der Ruine hochklettert, die eigentliche Schaufassade des Gotteshauses dar. Das Innere der Kirchenruine, die mit ihrem zierlichen Maßwerk im Chorbereich und interessanten Details an der Außenfassade (Südportal) der berühmteren St.-Katarina-Ruine kaum an Schönheit nachsteht, ist in der Saison vom Eingang auf der Smedjegatan her zugänglich. Der langgestreckte Bau diente ab 1230 dem Dominikanerorden als Klosterkirche. Deren Abt Petrus de Dacia (gest. 1289) führte einen intensiven Briefwechsel mit der Mystikerin Christina von Stommelen und gilt deswegen als ›erster Schriftsteller Schwedens‹. Die Geschichte des Abtes steht im Mittelpunkt des Singspiels ›Petrus de Dacia‹, das alljährlich von Mitte Juli bis Mitte August in der Ruine aufgeführt wird (s. S. 32f.).

Auf der Ostseite von St. Nikolai führt die Odalgatan hinauf zum nördlichen Stadttor, während man in der anderen Richtung vorbei an der wenig eindrucksvollen Ruine der St.-Gertruds-Kirche die kleine, aber äußerst interessante Ruine der **Heilig-Geist-Kirche** (12; Helge And) erreicht. Außergewöhnlich an diesem Gotteshaus aus dem 13. Jh. ist sein zweistöckiger, oktogonaler Aufbau, der von der Aachener Pfalzkapelle beeinflußt sein kann.

Die beiden achteckigen und von Pfeilern oder Säulen getragenen Geschosse sind durch zwei edle Treppenaufgänge miteinander verbunden. Vom oberen Geschoß besteht durch eine Öffnung eine Sichtverbindung zum darunterliegenden Gemeinderaum und durch einen Halbbogen zum Chor. Ein weiterer Treppenaufgang führt auf das Dachgeschoß, von dem sich ein herrlicher Rundblick über Visby mit seinen Häuserdächern, den Kirchenruinen, dem Dom St. Marien und der Stadtmauer eröffnet.

Von der Heilig-Geist-Kirchenruine sind es nur wenige Gehminuten auf der Norra Kyrkogatan bis zur nächsten Sehenswürdigkeit, der **Domkirche St. Marien** (13), dem einzigen komplett erhaltenen Gotteshaus der Stadt. Sie wurde im Jahr 1225 als Kirche der deutschen Kaufleute eingeweiht und in nachreformatorischer Zeit 1572 zur Domkirche des lutherischen Bistums Gotland gemacht. Ihr heutiges Aussehen erhielt sie durch mehrere bauliche Veränderungen. Der Gesamteindruck bleibt jedoch romanisch, nur im Süden ist eine hochgotische Kapelle vorgesetzt, die charakteristischen hölzernen Barockhauben kamen im 18. Jh. hinzu. Nachdem Sie den Kirchhof durch das weißgekalkte, prächtige Portal auf der Nordseite betreten haben, sollten Sie linker Hand einmal außen um die Kirche herumspazieren. Dabei kommen Sie am gerade abschließenden Chor vorbei, der die Kalksteinklippen fast zu berühren scheint und wo viele alte Grabsteine, einige davon mit deutschen Inschriften, aufbewahrt werden. Wenn Sie am Chor hinauf nach oben schauen, werden Sie den mächtigen, als Löwenkopf gestalteten Hebebaum entdecken, mit dem man früher Waren in den großen Speicher über den Kirchengewölben brachte. Sodann geht es an der Südfassade der Kirche entlang, vor der sich ein stimmungsvoller, ebenfalls mit vielen Grabsteinen bestückter Park erstreckt. Er wird von einem weiteren sehenswerten Kirchhofsportal begrenzt, hinter dem sich ein schönes Mittelalterhaus (Johan Målers Hus) erhebt und ein Treppenaufgang zu den Klippen hinaufgeht (prächtiger Blick auf den Dom). Die Kirche selbst weist an der Südseite zwei reich ausgeschmückte Portale auf sowie die erwähnte hochgotische Kapelle mit ihren Wasserspeiern. Durch den Haupteingang auf der Westseite gelangt man zunächst in eine Vorhalle, die mit Epitaphien und der alten Geldtruhe geschmückt ist, dann in den eigentlichen Kirchenraum. In der Nordostecke dieser harmonischen, dreischiffigen Halle befinden sich der größte gotländische Taufstein aus rotem Pseudomarmor sowie eine Holzstatue des Auferstandenen (13. Jh.). Im Chor ist neben mehreren Grabsteinen das Epitaphium für den Lübekker Bürgermeister Tinnapfel sehenswert, der 1566 in einem Sturm vor Visby den Tod fand. In dieser Seekatastrophe, eine der

schlimmsten der Ostsee, starben damals etwa 7000 Menschen! Beachtung verdienen weiter die schöne Kanzel, andere Epitaphien, Wappenschilder und Sandsteinaufsätze, die Erinnerungstafel an das im Zweiten Weltkrieg torpedierte Passagierschiff ›Hansa‹ sowie vor allem der Andachtsraum in der Südkapelle. Von Mitte Juli bis Mitte August findet in der Domkirche jeden Sonntag um 9.30 Uhr ein evangelischer Gottesdienst in deutscher Sprache statt, auf dem anschließenden Kirchen-Kaffee kann man Kontakte zu anderen Touristen und Einheimischen knüpfen.

Vom Dom kommen Sie über die Södra Kyrkogatan in wenigen Minuten zum Marktplatz; wer aber Zeit für einen Schlenker mit guten Panoramablicken hat, sollte über den Kyrktrappan genannten Treppenweg auf die Terrasse (›Kirchenberg‹) östlich der Marienkirche hinaufsteigen. Die kleinen, geduckten Häuschen dort oben verraten, daß sich hier ehemals das Armenviertel der Stadt befand. Die Aussicht auf weite Teile Visbys ist herrlich, noch besser wird sie jedoch auf der südlich gelegenen Trappgatan, von der Sie anschließend über Finngränd oder Smittens Backe wieder hinabsteigen können. Unten erreichen Sie den **Großen Marktplatz** (Stora Torget), auf dem oft Markt abgehalten wird und der sich mit seiner Vielzahl an Cafés und Restaurants für eine Erholungspause eignet. Seine gesamte Südseite wird vom massiven Kalksteingemäuer der ehemaligen Klosterkirche **St. Katarina** (auch Karin; 14) eingenommen. Dieser Bau, im 13./14. Jh. von den Franziskanern errichtet, gilt mit seinen efeubewachsenen Säulen als schönste der Visbyer Kirchenruinen, und tatsächlich gerät ein Spaziergang unter den kühn geschwungenen Bögen im Innern trotz (oder wegen) der Zerstörung zum puren Architekturerlebnis. Direkt südlich der Kirche schlossen sich der Kreuzgang und die Klosterbauten an, von denen noch ein Teil erhalten ist. Dort werden auf zwei Etagen Modelle aller Visbyer Kirchen, Grabsteine und Überreste der alten Heizungsanlage des Klosters gezeigt. In der Saison ist die Ruine samt Ausstellungsraum geöffnet (Eintritt), ansonsten muß man sich im Fornsal-Museum um den Schlüssel bemühen.

Wenn man den Stora Torget in südwestlicher Richtung verläßt, vorbei am Eingang zur St.-Katarina-Ruine, stößt man wieder auf die St. Hansgatan, die auf diesem Abschnitt mit einigen Straßengewölben ein besonders idyllisches Gepräge hat. Solche Gewölbe entstanden, als man in der frühen Neuzeit keine freien Baugrundstücke in Visby mehr fand und Häuser aus Platzmangel auf den Verkehrswegen errichten mußte, dabei aber natürlich die Straßen nicht verstopfen durfte. Vier dieser Straßengewölbe die zu Visbys Beinamen als ›schwedischem Rothenburg‹ beigetragen haben, sind erhalten; am schönsten ist wohl das auf der Klosterbrunnsgatan, hinter dem sich ein prächtiges Fachwerkhaus aus dem 17. Jh. erhebt (Agrellska Huset). Folgt man der St. Hansgatan in südlicher Richtung, passiert man das Rathaus des 18. Jh. sowie das neugotische Gymnasium und gelangt bald darauf zum kleinen Platz St. Hans Plan. Hier versteckt sich hinter einem Café die Ruine von **St. Hans und St. Per** (15), von der nur noch wenige, allerdings sehr monumentale Mauerreste übriggeblieben sind. Die beiden Kirchen waren im Lauf der Zeit durch Anbauten ›zusammengewachsen‹ und bildeten schließlich den größten Kirchenbau der Insel. Heute sind die Ruinen (s. Titelbild) stimmungsvolle Kulissen für das genannte Café.

Der St. Hans Plan liegt nur wenige Gehminuten nördlich des Donners Plats, so daß Sie den Stadtpark Almedalen (1) und damit den Ausgangspunkt des Altstadtbummels schnell erreicht haben. Wenn Sie exakt diesem Rundgang gefolgt sind und recht früh zu Ihrer Tour starteten, konnten Sie wegen der ungünstigen Öffnungszeiten das Fornsal-Museum nicht besichtigen – dazu wäre also jetzt die Gelegenheit. Gleichzeitig haben Sie bei der vorgestellten Runde unbestrittene Highlights wie den Botanischen Garten, die schönsten Gassen und die Außenansicht der Stadtmauer verpaßt. Diese werden als Besichtigungspunkte eines ›Spaziergangs entlang der Stadtmauer‹ nachfolgend beschrieben.

Spaziergang entlang der Stadtmauer

Die Aufteilung der Stadtbesichtigung in einen Altstadtbummel und eine größere Runde entlang der Stadtmauer scheint auf den ersten Blick unpraktisch zu sein, da man sich ja bei manchen Kirchenruinen oder dem Dom St. Marien immer recht nah an der Stadtmauer befand und zu dieser jeweils nur kurze Abstecher hätte unternehmen können. Trotzdem wird hier ein solcher Spaziergang als Einheit vorgestellt, weil die Erfahrung gezeigt hat, daß man bei sporadischen Ausflügen zur Wehrmauer nicht den notwendigen und einzig richtigen Gesamteindruck von dieser grandiosen Anlage erhält, und weil zweitens der Versuch, die anderen genannten Highlights in den Altstadtbummel zu integrieren, eine ungünstige und zeitaufwendigere Zick-Zack-Linie bedeuten würde.

Andererseits mag die Länge dieses Spaziergangs von gut sechs Kilometern die Kondition oder den Zeitrahmen mancher Tagestouristen übersteigen. Falls das der Fall sein sollte, können Sie ja alternativ auf die etwas weiter entfernten Sehenswürdigkeiten wie Trojaburg, Galgenberg und Valdemarskreuz verzichten (bzw. später mit dem Wagen ansteuern) oder sich gleich dazu entschließen, den ›Spaziergang‹ mit einem Leihfahrrad durchzuführen. Fahrräder bekommen Sie u. a. gegenüber dem Fährterminal oder am Yachthafen.

Auch bei dieser Tour ist der Stadtpark **Almedalen** der beste Ausgangspunkt, von dem aus Sie nochmals einige Gebäude sehen, die Sie auf dem Altstadtbummel etwas näher kennengelernt haben. Diesmal interessiert aber mehr die Stadtmauer, die um 1270 hauptsächlich als Schutz der Stadt vor der einheimischen Bauernbevölkerung angelegt wurde. Nach dem Bürgerkrieg von 1288 wurde sie erhöht, auf ihre heutige Länge von 3,6 km erweitert und mit über 50 Türmen (von denen noch 36 erhalten sind) bestückt. Dieser Wehrmauer verdankt es Visby in erster Linie, daß es mehr als jede andere Stadt im Norden sein mittelalterliches Aussehen bewahren konnte. Das Verteidigungsbauwerk am Almedalen ist nur von bescheidener Dimension, weil es sich um das einzig erhaltene Stück der alten und niedrigeren Mauer vor 1288 handelt. Eine Erhöhung war nicht nötig, denn diese Partie weist zur Seeseite, von der keine Angriffe zu befürchten waren. Sie hatte die Aufgabe, den Hafen zu schützen, dem ohnehin ein natürliches Riff vorgelagert war, was eine Landung damals recht schwierig machte. Deshalb ragten im Mittelalter dort, wo heute Almedalen liegt, lange Holzstege in die Ostsee, von denen aus die Koggen be- und entladen werden konnten. Einen zusätzlichen Schutz boten zwei Verteidigungstürme, zwischen denen sich

Die nördliche Stadtmauer

die seeseitige Mauer erstreckte. Von diesen ist am nordwestlichen Ende noch der **Pulverturm** (16; Kruttornet) erhalten, der aus dem 12. Jh. stammt. Vermutlich gab es diesen Turm schon, bevor man an den Bau der Stadtmauer ging – damit ist er nicht nur eins der ältesten Steingebäude der Insel, sondern auch der älteste Wehrturm Schwedens. Das Innere mit seinen Wächtergängen, gewölbten Räumen und Treppen kann in der Saison besichtigt werden. Durch das Stadttor Fiskarporten direkt neben dem Pulverturm verläßt man den Park und wendet sich auf der Strandgatan nach links. Die beiden rechts abzweigenden Gassen, Skogränd und Fiskargränd (s. Abb. S. 24), gelten zu Recht als die schönsten der Stadt. Dabei beziehen sie ihren Reiz nicht aus mittelalterlichen Gebäuden, sondern aus dem farbenprächtigen Blumenschmuck. Stockrosen und Malven ranken hier bis zur Dachtraufe der kleinen Holz- und Fachwerkhäuschen hinauf, daneben gedeihen in Minivorgärten auch andere Blumen und verströmen einen betörenden Duft. Am besten bummeln Sie die schmale Fiskargränd bis zum Ende hinauf und wenden sich dann nach links, wo im **Botanischen Garten** (Botaniska Trädgården) weitere Höhepunkte warten. Den Garten betreten Sie durch eine kleine Pforte auf Höhe der Kirchenruine **St. Olof** (17), von der im wesentlichen nur noch der Stumpf des Westturmes erhalten ist. Das Gotteshaus wurde

Erich von Pommern –

König, Seeräuber und Despot

Nach dem Heerzug Valdemar Atterdags von 1361 hatten Gotland und Visby notgedrungen aufgehört, eine aktive Rolle in der Politik zu spielen und waren zu Spielbällen fremder Mächte herabgesunken. Dänische Vögte und mecklenburgische Seeräuber, die sogenannten Vitalienbrüder, bedienten sich nach Belieben an den Schätzen der Insel und drangsalierten die Bevölkerung bis aufs Blut. Eine Erholungspause brachte die Herrschaft des Deutschen Ordens, der von 1398 an zehn Jahre lang das darniederliegende Land treuhänderisch verwaltete und dabei nicht nur die Ökonomie der Insel stärkte, sondern auch viel für die Aussöhnung zwischen Stadt und Land tat. Als der Großmeister Konrad von Jungingen starb, gab der Orden jedoch seine Skandinavienpolitik auf und verkaufte Gotland 1408 an Königin Margarete I. von Dänemark – nicht ohne ihr das Versprechen abzunehmen, die gotländischen Rechte zu wahren. Man kann sich vorstellen, daß Margarete das Wohlergehen Gotlands nicht besonders am Herzen lag, schließlich war sie die Tochter Valdemar Atterdags und hatte schon vorher einmal ziemlich brutal versucht, auf der Insel Fuß zu fassen. Seit 1397 regierte sie das flächenmäßig größte Reich Europas, die Kalmarer Union, der Dänemark, Norwegen und Schweden samt allen Provinzen angehörten. Es war jedoch nicht die Königin, die Gotland vom Deutschen Orden übernahm, sondern ihr Großneffe Erich von Pommern, den sie als Fünfzehnjährigen zu ihrem Nachfolger hatte wählen lassen.

Auf ihn geht die eigentliche Visborg (s. Abb.) zurück, wobei er eine schon bestehende Verteidigungsanlage des Deutschen Ordens unter großem Aufwand zur Zwingburg ausbauen ließ. Diese war Gotlands letztes großes Bauprojekt des Mittelalters und als solches nur durch enorme finanzielle Belastungen der Bevölkerung und einen immensen Arbeitseinsatz zu realisieren. Zu diesem Zweck preßte der König kräftig Geldmittel und bedeutende Naturallieferungen aus den ohnehin schon ausgebluteten Gotländern, indem er die allgemeinen Steuern erhöhte und eine weitere, außergewöhnliche Steuer einführte, die spezielle Ausgaben wie Schloßbauten und Kriegsunternehmungen dekken sollte. Zudem mußte die Bevölkerung eine ganz andere Art von Abgaben entrichten, die sie bislang nicht kannte, nämlich Fronarbeiten am Bau der Visborg. Als es sich Erich von Pommern, der wie ein selbstherrlicher Renaissancefürst regierte, nacheinander mit allen seinen Landesteilen verdorben hatte und von oppositionellen Kräften aus Dänemark, Schweden und Norwegen vertrieben wurde, spitzte sich die Lage dramatisch zu. Denn als letztes Rückzugsgebiet war ihm das zentral gelegene Gotland gerade recht, mußte er sich doch nun, da ihm die Einkünfte aus der Unionskasse fehlten, nach anderen Ertragsmöglichkeiten umsehen. Das Vorbild der Vitalienbrüder vor Augen, errichtete er auf Gotland ein gnadenloses Regime, dessen finanzielle Basis die Piraterie war. Hilfesuchend wandte sich die ruinierte Insel 1449 an den Deutschen Orden, doch auf der Marienburg hatte man den Zenit der Macht überschritten und konnte den Gotländern keine Hilfe gegen den Tyrannen mehr anbieten. Im gleichen Jahr griffen nun auch die Schweden unter ihrem König Karl Knutsson ein und belagerten Erich von Pommern in seiner Visborg. Zwar hielt das Bollwerk allen Angriffen stand, doch war Erichs Lage unhaltbar geworden. Schließlich gelang dem Abenteurer die Flucht auf einem dänischen Schiff, das ihn in seine deutsche Heimat zurückbrachte, wo er zehn Jahre später eines natürlichen Todes starb. Und was geschah mit Gotland, das so lange unter dem König, Seeräuber und Despoten zu leiden hatte? Zwar war die Insel vom verhaßten Lehnsherren befreit, doch bedeutete das weder Selbständigkeit noch Autonomie. Nach Straßenkämpfen in Visby mußten sich die Schweden zurückziehen und den Dänen erneut das Feld überlassen. Barone als Vertreter von König Christian nahmen den Platz auf der Visborg ein und wirtschafteten vor allem in ihre eigenen Taschen. Noch zweihundert Jahre lang, in denen sie weder von der Hanse noch von den Schweden erobert werden konnte, sollte Erich von Pommerns Zwingburg für die Stadt Visby, ihren Hafen und ganz Gotland eine düstere Rolle spielen. Erst als nach mehreren Intermezzi die Dänen schließlich 1679 die Insel verlassen mußten, sprengten sie diese steingewordene Erinnerung an den Despoten kurzerhand in die Luft.

vermutlich zu Anfang des 13. Jh. erbaut und war dem Norwegerkönig und Märtyrer St. Olav geweiht. Von dem efeuüberwuchertem Gemäuer schlendern Sie quer durch den Park, den die Gesellschaft der ›Badenden Freunde‹ 1856 anlegen ließ und in dem Akazie, Magnolie, Kastanie und Mandelbaum wachsen, Baumarten, die für diese nördliche Breite ungewöhnlich sind. Hauptanziehungspunkt ist jedoch der herrliche Rosengarten, der Visbys Beinamen als ›Stadt der Rosen und Ruinen‹ alle Ehre macht.

Auch nördlich des Botanischen Gartens hat ein Park die ehemalige Bebauung ersetzt, und unter alten Bäumen wandert man parallel zur seeseitigen Stadtmauer weiter. Da auch hier noch der Zustand von vor 1288 bewahrt ist, ist die Höhe des Mauerabschnitts eher gering; das gleiche gilt für die Wehrtürme. Immerhin hat jedoch der **Jungfrauenturm** (18; Jungfrutornet) einen festen Platz im Legenden- und Sagenschatz der Gotländer eingenommen, war er es doch, wo eine Jungfrau, die Visby an Valdemar Atterdag verraten hatte, lebendig eingemauert worden sein soll. Der viel mächtiger wirkende Eckturm **Silverhättan** (19; Silberhaube) markiert jene Stelle, wo die seeseitige Mauer zu Ende ist und die Nordmauer in Terrassen hochsteigt. Durch das Tor Snäckgärdsporten daneben sollte man nun den innerstädtischen Bereich verlassen und außen entlang der doppelten Wallgräben der Stadtmauer folgen. Sofort zu Beginn fällt dabei ein niedergerissenes und notdürftig wiederaufgemauertes Stück ins Auge. Dabei handelt es sich um die **Lübeckerbresche** (20), durch die 1525 Lübecker Soldaten Visby erstürmten und der ehemals mächtigen Stadt den Todesstoß versetzten.

Am zweiten Tor hinter der Bresche (St. Göransporten) lohnt sich ein Abstecher in die weiter nördlich liegenden Gebiete – ausreichend Zeit und Kondition vorausgesetzt. Auf der St. Göransgatan gelangt man dabei zunächst zu einer Freifläche, auf der sich die gut bewahrte Ruine der **St.-Göran-Kirche** (21) erhebt. Das Gotteshaus aus dem 13. Jh. gehörte mit einem nicht mehr erhaltenen Krankenhaus zu einer Stiftung, die sich um Aussätzige und andere Kranke kümmerte. Die Lage außerhalb der Stadtmauer ist verständlich, da auf dem Friedhof Pest- und andere Seuchentote beigesetzt wurden. Noch in der Pestzeit 1711/12 und während der Choleraepidemie zur Zeit des Krimkrieges ist der Friedhof genutzt worden.

Der St. Göransgatan weiter folgend, passiert man das große, neue Zentralkrankenhaus der Provinz *(Visby lasarett)* und gelangt dahinter nach wenigen hundert Metern zur **Trojaburg** (22), der größten und bekanntesten Labyrinth-Steinsetzung der Insel. Auf Gotland gibt es mindestens 40 solcher Trojaburgen (s. S. 59f.), deren Alter und genauer Zweck jedoch unbekannt sind. Von der Trojaburg bei Visby wird

Am Galgenberg

vermutet, daß sie vorchristlichen Ursprungs ist. Sie mißt 18 m im Durchmesser; folgt man als Fußgänger den schmalen, durch recht flache Steine markierten Windungen bis zum Zentrum, ist ein Weg von ca. 650 m zurückzulegen.

Wer mit dem Wagen oder Fahrrad hierhin gelangt ist, fährt nun den gleichen Weg zurück und biegt vor dem Norderport (s. u.) links auf den Nordervägund dann in die Bergsgatan ein. Fußgänger, die einen etwas steilen Pfad nicht scheuen, können von der Trojaburg aus auch die Kalksteinterrasse bezwingen und so auf direkterem Weg zum nächsten Besichtigungsziel gelangen: dem **Galgenberg** (23). Die inmitten einer runden Einfriedung stehenden drei massiven Steinsäulen waren früher mit

Holzbalken verbunden, an denen mehrere Verurteilte gleichzeitig aufgeknüpft werden konnten. Bis zum Anfang des 18. Jh. starben hier Missetäter durch den Strang, aber auch danach wurden noch Todesurteile auf dem Galgenberg vollstreckt, die letzte Enthauptung fand 1845 statt. Es heißt, daß man im Mittelalter Delinquenten aus dem ganzen Königreich mit verbundenen Augen hierhin führte, um ihnen kurz vor der Hinrichtung die Augenbinde zu entfernen – noch einmal sollten sie sehen dürfen, wie schön Schweden ist! Tatsächlich ist an sonnigen Tagen der Blick auf Visby vor dem Tiefblau der Ostsee einmalig, vor allem in den Morgenstunden.

Auf dem Weg zurück über die Bergsgatan passiert man einen altertümlichen Kalkofen und erreicht die Stadtmauer am nördlichen Tor, dem **Norderport** (24; s. Abb. S. 204), das zusammen mit dem Ost- und Südtor einer der Haupteingänge war. Noch bis 1810 wurde an diesen Stationen der Landzoll erhoben. Das Nordtor wurde im späten 13. Jh. mit einem Fallgitter ausgestattet, die holzbeschlagenen Rinnen für den Torriegel sind auf der Innenseite noch zu sehen. Eine weitere Veränderung erfuhr das Tor zu Beginn des 18. Jh., als man Kanonenluken in die mittelalterliche Mauer schlug; eine Feuertaufe hat es freilich nie gegeben.

Ab hier erstreckt sich bis zum Osttor die sogenannte Ostmauer, mit 1300 m Länge der längste und eindrucksvollste Abschnitt der Verteidigungsanlage. Sie wird durch einen breiten Grünstreifen von der Neustadt abgegrenzt, was ihre Wirkung noch steigert. Unter den vielen Türmen, Satteltürmen und Steinhäusern, die über bzw. aus der Mauer herausragen, ist der **Dalmansturm** (25; Dalmanstornet) mit seinem roten Ziegeldach der markanteste, er kann in der Saison innen besichtigt werden. Etwa in der Mitte der Ostmauer liegt das **Österport** (26), durch das ein Großteil des Verkehrs von der Alt- zur Neustadt mit ihren Einkaufszentren, Banken, Fahrradverleihstationen und der Fußgängerzone geht.

Wer Zeit für einen Abstecher hat, kann an dieser Stelle zum berühmten Monument des **Valdemarskreuzes** (27) spazieren, das einige hundert Meter entfernt in der Neustadt liegt (auf der Solbergagatan in Richtung Wasserturm gehen, dann links auf die Östra Hansegatan abbiegen). Das Steinkreuz ist zwar nicht besonders groß, erinnert aber mit einer eindrücklichen Inschrift an jene Schlacht, in der das letzte Aufgebot des Bauernheeres 1361 von den Truppen des Dänenkönigs Valdemar Atterdag abgeschlachtet wurde. Dadurch, daß die Visbyer Bevölkerung nicht in das Geschehen eingriff und der Schutz suchenden Landbevölkerung die Tore verschloß, rettete sie sich zwar vor einer ähnlichen Niederlage, nahm aber gleichzeitig die Katastrophe der Gotländer billigend in Kauf.

Valdemarskreuz

Wer vom Österport weiter der Stadtmauer folgt, passiert den halbrunden Mühlenturm (Kvarntornet), die ehemalige, in die Mauer integrierte Teerkocherei und auf Höhe des Busbahnhofes den Kaiserturm (Kajsartornet) nahe des gleichnamigen Tores. Im nächsten Mauerabschnitt bis zum Südtor ist mit dem bemalten Muntheschen Haus wieder ein Zivilgebäude in die Verteidigungslinie eingeschlossen, noch interessanter sind jedoch die Zinnen, denen man ansonsten an der Visbyer Mauer nicht begegnet. Der Legende nach soll Valdemar Atterdag den Bürgern als Zeichen ihrer Unterwerfung befohlen haben, selbst eine Bresche in die Mauer zu schlagen und sie später als Erinnerung an dieses Ereignis mit 13 Zinnen wiederaufzubauen. Nach der ›Valdemarsmauer‹ gelangt man zum letzten der drei wichtigen Stadteingänge, nämlich zum **Söderport** (28), ab wo sich die Mauer wieder dem Meer zuwendet. Für den weiteren Spaziergang ist es günstiger, durch das Tor in die Altstadt zurückzukehren. Sofort links erstreckt sich der südliche Marktplatz (Södertorg), der von den Ausdehnungen größer als Stora Torget, aber wesentlich weniger eindrucksvoll ist. Vom Platz aus verläuft die Adelsgatan, eine betriebsame Fußgängerzone und Hauptgeschäftsstraße, nach Norden: Galerien, Modehäuser, Buchläden und sonstige Geschäfte bieten jede Menge Shopping-Möglichkeiten. Auf der Suche nach Sehenswürdigkeiten jedoch überquert man besser den Södertorg auf seiner ganzen Länge und folgt über die Straßen Artilleribakken, Visborgsgatan und Södra Slottsgränd wieder dem Verlauf der Stadtmauer. Zwar ist diese im unteren Bereich durch besonders dicke Mauern und einige aufragende Wandruinen auffällig, doch deutet sonst kaum noch etwas daraufhin, daß sich hier einst eine der größten Burganlagen des Nordens befand, die Visborg. Der von Erich von Pommern ab 1436 errichtete großartige Bau wurde 1679 von den Dänen in die Luft gesprengt und bietet seitdem als **Visborg-Schloßruine** (29) nur noch einen schwachen Abglanz seiner einstigen Größe.

Unterhalb der Burgruine geht es zunächst durch eine Grünanlage hinab zur breiten Uferstraße Skeppsbron, wobei man linker Hand das Gefängnis (Kriminalvårdsanstalt) passiert, in dem bereits mehrere prominente Verbrecher aus dem gesamten Königreich einsaßen. Jenseits der Uferstraße erhebt sich der moderne Komplex des Fährterminals, an dem oft auch Kreuzfahrtschiffe anlegen und das u. a. über eine Cafeteria, Zeitschriftenladen und Schließfächer verfügt. Auf dem Weg zurück zum Ausgangspunkt kommt man am Yachthafen, der Fischhalle, Fahrradverleih-Stationen, Straßencafés und mehreren Restaurants zu Wasser und zu Land vorbei, ein wunderbar-betriebsames Ensemble, das an warmen Sommertagen fast schon südländische Atmosphäre ausstrahlt. Beachtung verdient das rotgestrichene Holzhaus Tormanska Huset mit seinem interessanten Giebel, es enthält heute ein Selbstbedienungs-Café. Wenn Sie vom Hafenplatz (Hamnplan) über die Cramérgatan in Richtung Almedalen gehen, fällt Ihnen vermutlich das weiße Gebäude zur Linken auf. Hier wurde eine alte Brauerei auf äußerst gelungene Weise restauriert und zum modernen Heim der neuen gotländischen Hochschule umgestaltet, dem wichtigsten Lehrbetrieb der Insel.

Nach der langen Wanderung werden Sie sicher eine Erfrischung gebrauchen können. Gutes Wetter vorausgesetzt, ist dafür das nahe Visby havsbad ideal, wo sich Badegäste von der hölzernen Pontonbrücke direkt ins kühle Naß der Ostsee stürzen oder auf dem klei-

Das ›Kafé‹ in Visby

nen, aufgeschütteten Sandstrand die Sonne genießen.

Information: Gotlands Turistbyrån, Donnershus, Donners Plats, S-62102 Visby, ✆ 20 17 00, Fax 27 89 40; allgemeine Auskünfte über die Insel Gotland, Prospektmaterial, Landkarten, Buchung von Veranstaltungen, Insel-Rundfahrten und Geldwechsel, Mo–Fr 7–19 Uhr, Sa–So 7–18 Uhr geöffnet.

Hotels: Wisby Hotell, Strandgatan 6, 62124 Visby, ✆ 20 40 00, Fax 21 13 20; bestes und teuerstes Haus auf Gotland, zentral gelegenes, mittelalterliches Gebäude aus dem 13. Jh. mit allen modernen Annehmlichkeiten, 134 komfortable Zimmer, zwei gute Restaurants, Bar, Hallenbad, Wintergarten, Konferenzräume. Strand Hotel, Strandgatan 34, 62156 Visby, ✆ 21 26 00, Fax 27 81 11; First-Class-Hotel der Best-Western-Kette, mitten in der Altstadt in den

Gemäuern einer alten Brauerei gelegen, 110 Zimmer und Suiten, Schwimmbad und Sauna, Restaurant, Konferenzräume. Hotell St. Clemens, Smedjegatan 3, 62155 Visby, ✆ 24 80 80, Fax 24 80 89; gutes Garni-Hotel nahe der Domkirche, 30 Zimmer, schöner Garten. Värdshuset Lindgården, Strandgatan 26, 62156 Visby, ✆ 21 87 00, Fax 21 50 72; nahe dem Almedalen gelegenes, kleineres Hotel in einem Haus aus dem 17. Jh., gutes Restaurant. Hotell Gute, Mellangatan 29, 62156 Visby, ✆ 24 80 80, Fax 24 80 89; zentral in der Altstadt gelegen, 28 komfortable Zimmer, Sauna. Hotel Villa Borgen, Adelsgatan 11, 62157 Visby, ✆ 27 99 00, Fax 24 93 00; kleineres Hotel an der Haupteinkaufsstraße, komfortable Zimmer, hübscher Garten. Donnersplats Hotell, Donners Plats 6, 62157 Visby, ✆ 214945, Fax 21 49 44; nahe dem Almedalen gelegenes kleineres Mittelklasse-Hotel. Hamnhotellet, Färjeleden 3, 62122 Visby, ✆ 20 12 50, Fax 201270; einfacheres Mittelklasse-Hotel mit 40 Zimmern in modernen Gebäuden, außerhalb der Stadtmauer gegenüber dem Fährterminal gelegen, nur im Sommer geöffnet.

Camping: Norderstrands Familjecamping***, ✆ 21 21 57; 800 m nördlich der Visbyer Stadtmauer, ganzjährig geöffnet, 16 Hütten. Snäcks Campingplats***, ✆ 21 17 50; 4 km nördlich der Stadtmauer, ganzjährig geöffnet. Kneippbyn***, ✆ 29 61 50; 4 km südlich, Anfang Mai bis Anfang September geöffnet. Tofta Camping***, ✆ 29 71 02; 20 km südlich, Mitte Mai bis Ende August geöffnet.

Jugendherberge: Visby Vandrarhem, ✆ 26 98 42.

Restaurants: Donners Brunn, Donners Plats, Visby, ✆ 271090; wohl bestes Restaurant der Insel, das unlängst von der Zeitschrift Gourmet ausgezeichnet wurde, schwedische und gotländische Spezialitäten. Restaurant Rosengården, Stora Torget, ✆ 21 81 90; hübsches Café-Restaurant mit Rosengarten neben der St.-Karin-Ruine, gotländische und österreichische Spezialitäten. Medeltidskrogen Clematiskrogen, Strandgatan 20, ✆ 21 02 88; Restaurant unter den Gewölben eines Altstadthauses aus dem 13. Jh., mittelalterliches Ambiente und entsprechende Speisekarte. Källaren Köpmannen, Södra Kyrkogatan 1, ✆ 27 87 02; in einem mittelalterlichem Kaufmannshof gelegenes, exklusives Restaurant mit der rustikaleren Weinstube La Cave im Kellergewölbe. Bakfickan, Stora Torget, ✆ 27 18 07; kleines und vorzügliches Fischrestaurant, eins der besten der Insel. Restaurant Brinken, Södertorg 19, ✆ 21 44 13; traditionelles Lokal mit preiswerter Hausmannskost. Café Strandporten, Birgers Gränd 1, ✆ 21 71 77; gemütliches Gartenlokal unter Kastanienbäumen, Spezialität Safran-Pfannkuchen. Munkkällaren, Stora Torget, ✆ 27 14 00; charmantes Wirtshaus mit Terrasse, tägl. Lamm am Spieß, Pub, Salatbar und Nachtklub.

Einkaufen: Kunstgalerien, Kunsthandwerks- und Antiquitätenläden findet man in der gesamten Altstadt. Die beliebteste Einkaufsstraße innerhalb der Mauern ist die Adelsgatan, u. a. mit vielen Modegeschäften und einem gut sortierten Buchladen. Jenseits des Osttores ist das Östercentrum mit 75 Supermärkten und Geschäften aus 40 Branchen (u. a. Filialen der Ketten Åhléns, KappAhl und Domus mit Öffnungszeiten bis 20/22 Uhr) die wichtigste Einkaufsadresse, der angeschlossene Parkplatz verfügt über 2000 Stellplätze. Ein ähnlich großes Angebot besitzt das Södercentrum nahe dem Söderport, hier befinden sich u. a. der große Supermarkt ICA Atterdags (tägl. 8–21 Uhr), das Gourmetgeschäft Delikatessen mit gotländischen Spezialitäten und der Lebensmittelladen Signalen (tägl. 7–23 Uhr).

Museen: Gotlands Konstmuseum, St. Hansgatan 21, ✆ 24 70 90, geöffnet tägl. 11–18 Uhr, 1.9.–15.5. Di–So 12–16 Uhr, Eintritt SEK 20; Zeichnungen und Gemälde gotländischer Künstler der letzten hundert Jahre, Wechselausstellungen. Gotlands Naturmuseum, Hästgatan 1, ✆ 24 70 95, geöffnet tägl. 11–18 Uhr, 1.9.–15.5. Di–So 12– 16 Uhr, Eintritt SEK 20; Ausstellungen zu 400 Mio. Jahren Naturgeschichte, Aquarium, Flora und Fauna der Insel. Visby Bilmuseum, Skogsholm (Straße 148, 5 km nördlich der Stadt), ✆ 27 81 61, geöffnet in der Saison tägl. 10–18 Uhr, Eintritt SEK 30; alte Autos und Motorräder. Gotlands Veteranbilmuseum, Västerhejde, Kneippbygatan 8 (4 km südlich der Stadt), ✆ 26 46 66, geöffnet in der Saison tägl. 10–20 Uhr, Eintritt SEK 30; Oldtimer-Autos, Motor- und Fahrräder, Traktoren, Cafeteria.

Kirchenruinen, Stadtmauer und Mittelalterhäuser: Dalmanstornet, nördliche Stadtmauer, geöffnet in der Saison Mo–Fr 11–15 Uhr, Eintritt SEK 10; mittelalterlicher Verteidigungsturm. St. Drotten, Syskongatan, geöffnet in der Saison tägl. 10–18 Uhr, freier Eintritt; Kirchenruine aus dem 13. Jh. St. Nicolai, Smedjegatan, geöffnet in der Saison tägl. 10–18 Uhr, Eintritt SEK 10; Kirchenruine aus dem 13. Jh. St. Katarina, Sta. Katarinagatan, geöffnet in der Saison tägl. 10–18 Uhr, Eintritt SEK 10; Kirchenruine und Klosteranlage aus dem 13. Jh. Kruttornet, Norra Almedalen, geöffnet in der Saison tägl. 10–18 Uhr, Eintritt SEK 10; Verteidigungsturm aus dem 12. Jh., der älteste Schwedens. Kapitelhusgården, Drottensgatan 8, geöffnet in der Saison Mo–Fr 12–18 Uhr, freier Eintritt; Mittelalterhaus aus dem 13. Jh. mit schönem Garten.

Routen auf Gotland

Der Norden – Tropfsteinhöhlen, Kalksteinbrüche und Strandritterhöfe

Fårö–Wacholdersteppe, Steinsäulen und Dünen

Der Osten – Fliehburgen, Gräber und Räuchereien

Die Mitte – Landkirchen, Strände und Pferde

Der Süden – Grabhügel, Windgeneratoren und Mittelalterhöfe

Die gotländische Inselwelt

Am Folhammar-Raukfeld

Nordgotland – Tropfsteinhöhlen, Kalksteinbrüche und Strandritterhöfe

Die Route führt durch eine seen- und waldreiche Landschaft mit hoch aufragenden Kirchtürmen, vorgeschichtlichen Fundstätten und pittoresken Fischerdörfern und bietet eine Exkursion zu den Tropfsteinhöhlen von Lummelunda. Sie folgt den Spuren früher Kalkpatrone und Strandritter und lädt ein zu einem Besuch des Freilichtmuseums Bunge mit seinen mächtigen Bildsteinen.

Ausgangspunkt dieser Tour in den Norden ist **Visby,** das man am Nordtor (Norderport) über den Lummelundsväg (Straße 149) verläßt. Alternativ dazu können Sie die ersten 2 km über den Snäckgärdsvägen auch direkt am Meer entlang zurücklegen oder über die Parallelstraße St. Göransgatan, auf der man an der Trojaburg (s. S. 92f.) vorbeikommt. Wenn Sie die enge Küstenstraße nehmen, passieren Sie die schmale Sandbucht Norderstrand mit ihrem Campingplatz, das Feriendorf Gustavsvik und schließlich die Freizeitanlage von **Snäck.** Dieser inzwischen mehrfach umgebaute Komplex markierte in den 50er Jahren die ersten ernsthafen Bemühungen der Gotländer, den Fremdenverkehr anzukurbeln. In dem damaligen Hotel Snäckgärdsbaden mit seinem großen Swimmingpool wurde sogar zum erstenmal in Schweden ein Spielcasino eingerichtet, in dem Croupiers aus Deutschland und Monte Carlo für die gewünschte internationale Atmosphäre sorgten. Hinter Snäck stößt der Fahrweg auf die Reichsstraße 149, auf der man die Fahrt in den Norden fortsetzt.

Auf einem erhöhten Strandwall geht es nun durch einen schönen Kiefernwald und parallel zur Westküste weiter, bis man etwa 5 km hinter Visby linker Hand den Abzweig zum Naturreservat **Brucebo** passiert. In diesem Gelände zeigt sich die Schönheit der gotländischen Landschaft von ihrer lieblichen Seite, mit kleinen Bächen, Blumenwiesen, schattigen Wäldern, Lichtungen und einem artenreichen Vogelleben. Ein idealer Platz auch für Wanderer, die hier auf einem 2,5 km langen Pfad an den Klippen oberhalb des Meeres entlangspazieren können. Der Weg endet am altertümlichen **Själsö,** einem der wenigen Orte, in denen das ganze Jahr über Fischerei betrieben wird. Das nächste Fischerdorf, **Brissund,** ist nicht weit entfernt und wartet mit einem kleinen, kinderfreundlichen Sandstrand sowie zu Ferienhäuschen umgebauten Fischerbuden auf. Zwischen den genannten Siedlungen gibt es einen Promenadenweg, der im Sommer von Fahrradfahrern und Spaziergängern frequentiert wird. Nördlich von Brissund – rund 10 km hinter Visby und ab der Straße 149 ausgeschildert – lockt der **Krusmyntagården** mit einem botanischen Garten, der nicht nur 200 verschiedene Kräuter, sondern auch einen herrlichen Blick auf die tiefblaue Ostsee bietet. In dem angeschlossenen Restaurant werden gotländische Spezialitäten gereicht (Juni–August 9–18 Uhr, im Juli bis 20 Uhr; Di und Do ›Lammabende‹, ✆ 29 69 00).

An der Hauptstraße weist kurz darauf ein Schild nach links zu den Tropfsteinhöhlen **Lummelundagrottan,** die zu den meistfrequentierten Ausflugszielen der Insel gehören. Vor 1954 war das insgesamt ca. 10 km lange Höhlensystem nur Fachleuten bekannt, bis man 1959 einen Tunnel sprengte und einen kleinen Teil der Grotten der Öffentlichkeit zugänglich machte. Die recht kleinen Stalaktiten und Stalagmiten werden durch das tropfende Wasser eines unterirdischen Baches gebildet, der einen flachen See bei Martebo entwässert.

Zwar kennen deutsche Touristen aus ihrer Heimat größere und schönere Höhlensysteme, doch lohnt ein Besuch des Geländes (großer Parkplatz) wegen einiger alter Häuser, mehreren Cafeterien und Souvenirshops sowie einer schönen Wiese mit Zwiebelblumen. Im 17./18. Jh. versuchten Kaufleute aus Schweden und Deutschland, die Kraft des unterirdischen Wassers für die Eisenindustrie nutzbar zu machen, das entsprechende Erz förderte man auf den Stockholmer Schären. Diese Firmen konnten sich jedoch nicht lange halten, und heute erinnern nur noch die großzügigen Villen der ›Industriekapitäne‹ an dieses Intermezzo. Eine Hinterlassenschaft jener Zeit ist auch das Mühlrad Kvarnhjulet, das sich in einem separaten Gebäude befindet und mit einem Durchmesser von 10 m als größtes Skandinaviens gilt. Es wird vom gleichen unterirdischen Flußlauf angetrieben, der das Grottensystem geschaffen hat und ist für Mitteleuropäer die größte Attraktion bei der Lummelundagrottan (geöffnet 1. Mai bis 15. September 9–16 Uhr, in der Hauptsaison bis 18 Uhr, ✆ 27 30 50/ 27 31 36; geführte Rundgänge, daneben auch ›Grottenabenteuer‹ mit Gummistiefeln und Grubenlampen in die nicht erschlossenen Teile des Höhlensystems).

Auf der Straße 149 passiert man nach 5 km rechter Hand den Abzweig zur hübschen **Lummelunda-**Landkirche. Sie war im 18. Jh. die Gemeindekirche der Grubenarbeiter, deren Patron, der deutschstämmige Christoffer Neumann, im Chor beigesetzt wurde. Ansonsten ist das Gotteshaus wegen seiner schönen Kapitellbänder und interessanten Kalkmalereien den kurzen Abstecher wert. Noch interessanter sind die Kirchen von Martebo und Stenkyrka, so daß sich hier eine etwas größere Schleife empfiehlt, auf der man später zur Straße 149 zurückkehrt. Erste Station ist die Kirche von **Martebo,** die vor allem wegen ihrer Kapitellbänder zu den berühmtesten Gotlands gehört. An drei gotischen Portalen wurde in sonst seltener Vollständigkeit und mit z. T. köstlich-charmanten Darstellungen die Kindheitsgeschichte und Passion Christi in Stein gehauen. Eine Skulptur des hl. Dionysius an der Südwand, ein alter, vorchristlicher Bildstein, die Kanzel und Kalkmalereien gehören zu den weiteren Sehenswürdigkeiten dieser Kirche. **Stenkyrka,** der Name der nächsten Station, heißt in der Übersetzung schlicht ›Steinkirche‹, womit aber nicht annähernd die Monumentalität dieses Gotteshauses beschrieben ist. Schon von weitem ist der hochaufragende, weiße Galerieturm zu sehen, und man kann sich vorstellen, daß dieser in früheren Zeiten als Landmarke zur Orientierung der Seefahrer beigetragen hat. Nicht nur die mächtige Architektur, sondern auch die Einrichtung der Stenkyrka lohnen den Besuch: Zu den Hauptsehenswürdigkeiten zählen die edle Turmkammer mit ihren zwei Bogenöffnungen zum Inneren, äußerst interessante Kalkmalereien, ein romanischer Taufstein, ein Triumphkruzifix des 14. Jh. und im Chor ein Grabstein aus dem Jahre 1200, der älteste der Insel. Neben der Kirche steht der stattlichste Pfarrhof der Gegend. Daß man hier auch freigiebig war, bezeugt ein Sprichwort:

Kapitellband am Südportal von Martebo

Stenkyrka

»Gottseidank, jetzt bekommen wir gutes Essen«, sagte man im 18. Jh., wenn man nach Stenkyrka kam.

Achten Sie, wenn Sie vor der Kirche auf die Küstenstraße zufahren, auf das rekonstruierte Radkreuzgrab aus der Eisenzeit *(hjulkorsgraven)*, das nach nur wenigen hundert Metern links am Wegrand zu sehen ist. Von der Straße 149 ist anschließend der Abstecher nach **Lickershamn** empfehlenswert (ausgeschilderte Stichstraße nach links), einem kleinen Hafen und Fischerdorf, dessen Katen heute als Ferienwohnung vermietet werden. Die größte Sehenswürdigkeit der Ortschaft stellen die bizarren Kalksteinsäulen *(raukar)* dar, die die Vorgängerinnen der Ostsee aus dem Untergrund erodiert haben. Schon auf dem Anfahrtsweg nach

Lickershamn sieht man einige davon mitten im Kiefernwald stehen – ein augenfälliger Beweis für die Tatsache, daß die Küstenlinie früher einmal viel weiter landeinwärts verlief. Mit 7 m bis zum Boden bzw. 23 m zum Meer ist der Jungfruklint, der oberhalb der Steilküste thront und auf einem kurzen Spaziergang zu erreichen ist, der größte Rauk der Insel. Auch die Aussicht von oben ist herrlich: Weit geht der Blick an der Westküste nach Nordosten, wo die Steilküste hinter der Irebucht ins Meer abfällt. Wanderer können zudem vom Jungfruklint noch ein ganzes Stück durch eine schöne Wald- und Heidelandschaft oberhalb der Klippen gehen, an manchen Stellen auch zum Kieselstrand hinabsteigen und so manche verschwiegene Bucht entdekken. In Lickershamn lohnt es sich übrigens, die Kiesel- und ›Klappersteine‹ am Strand zu durchforsten: Selten sind die Chancen auf Funde von Fossilien so gut wie hier – zur Ausbeute gehören Trilobiten, Knopfkorallen, Muscheln usw., allesamt Relikte eines 400 Mio. Jahre alten tropischen Meeres.

Auf der Hauptstraße geht es nun weiter in Richtung Kappelshamn, wobei nach wenigen Kilometern erneut ein lohnender Abstecher zur Küste unternommen werden kann. Das Ziel ist die Bucht von **Ire,** deren Sandstrand von steilen Kalksteinklippen gesäumt wird und so das Badevergnügen mit einem fast schon dramatischen Naturerlebnis verbindet – ein idealer Ort auch zum Zelten (Campingplatz) oder für ein Picknick. Nahe der Abzweigung zur Bucht liegt direkt an der Straße 149 der **Ihre Gård.** Falls man mit Kindern unterwegs ist, sollte man diesen Bauernhof unbe-

Nordgotland

dingt besuchen, denn hier wird den Kleinen alles erläutert, was mit Schafzucht zusammenhängt, und natürlich stehen immer Exemplare des gotländischen Wappentieres zum Streicheln bereit. Täglich um 14 Uhr geben in der Wollspinnerei Handwerker eine Demonstration ihres Könnens. Auf dem Gelände sieht man einige kleine Ökohäuser des Architekten und Bauern Per Gate, die dieser in den letzten Jahren entwickelte und nun als Ferienhäuschen vermietet. Außerdem kann man auf dem Ihre Gård zu Pferd oder Pony Ausritte unternehmen, daneben gibt es ein Café, einen Kunsthandwerksladen und einen Minigolfplatz (✆ 22 48 20, tägl. 11–18 Uhr geöffnet).

Ein staubiges Gewerbe

Die gotländischen Kalksteinbrüche

Kalkofen in Fårösund

Bekanntermaßen besteht der Untergrund Gotlands überwiegend aus Kalkstein, im Südteil der Insel auch aus Sandstein. Da beide Gesteinsarten von ausgesuchter Qualität sind, lag es nahe, das Material gewerblich auszubeuten und zu exportieren. Hatte man in vorhistorischen Epochen fast nur organische Materialien verwendet, lernte man im frühen Mittelalter, Steine zu behauen und Mörtel herzustellen. Damit jedoch war die Grundlage geschaffen für die enorme Bautätigkeit, die sich noch während der romanischen Ära geradezu explosionsartig in Visby und auf dem Land entfaltete und zu dieser Zeit in Skandinavien einzigartig war. Die Bauherren der Kirchen, Packhäuser, Bauernpaläste und natürlich auch der Visbyer Stadtmauer verlangten nach stetem Nachschub, wodurch seit dieser Zeit eine richtiggehende insulare Industrie am Leben erhalten wurde. Über die bewundernswerte Arbeit der Steinmetzen, die das Dekor der Gebäude und Skulpturen herausschlugen, wird die Mühsal derjenigen oft vergessen, die mit nichts anderem beschäftigt waren, als das Grundmaterial – Kalksteinquader und Mörtel – herzustellen. Normalerweise brach man die Steine im Tagebau an geeigneten Stellen nahe der Baustelle, entweder an den *klintar* (Klippen), wie die ins Meer abfallenden Felswände genannt werden, oder im Inselinneren. In mühevoller Arbeit wurden dabei Keile in die natürlichen Risse des Gesteins getrieben und auf diese Weise größere Blökke aus dem Untergrund herausgelöst. Diese haute man dann mit Meißel und Hacke zurecht, beförderte die Quader zum Bauplatz und hob sie dort mit Hilfe einer von Ochsen gezogenen Winde hinauf.

Ebenfalls nahe der Baustelle errichtete man primitive Meiler, in denen der Kalk gebrannt wurde. Nachdem er mit Wasser gelöscht war, wurde er mit Sand und Wasser zu Mörtel verarbeitet. Größere Mengen des Kalkes wurden in Öfen gebrannt, eine Methode, die ab dem Moment bevorzugt wurde, als man begann, Kalk zu exportieren. Einen solchen Kalkofen füllte man zunächst mit dem Steinmaterial samt einer ausreichenden Menge Brennholz, dann mauerte man die Öffnung zu und zündete den Ofen an. Fünf Tage lang mußte das Feuer sorgfältig geschürt werden, ehe der Prozeß beendet war. Viele Arbeiter, die mit dem gebrannten Gestein in Berührung kamen, trugen dabei tiefe Wunden und schmerzhafte Blasen davon. Gelöscht wurde der Kalk in großen ›Kalkscheunen‹ im Hafen, wo das Endprodukt auch bis zur Verschiffung gelagert wurde. Hauptabnehmer von gotländischem Kalkstein und Löschkalk waren im 15. Jh. die deutschen Ostseestädte. Einen weiteren Aufschwung nahm das Gewerbe im 17. Jh., als gotländischer Kalkstein für die Palast- und Befestigungsbauten in ganz Schweden und den Nachbarländern sehr gefragt war. Dies war die Zeit, in der vor allem an der Nordostküste der Insel neue und größere Kalköfen errichtet wurden, die nicht selten 14 × 14 m maßen und bis zu 3 m dicke Wände hatten – einige der erhaltenen Exemplare erinnern mehr an Kirchenruinen als an Öfen. Deren Besitzer, die ›Kalkbarone‹, verlegten bald ihre Wohnsitze aus der Hauptstadt Visby zu den neuen Brennereien, wo mit der Zeit richtige kleine Industriesiedlungen entstanden. Ein gutes Beispiel dafür ist die ehemalige Kalkbrennerei in Bläse (s. S. 113), die ihren Betrieb im 19. Jh. aufnahm. In ihrer Blütezeit während der 20er Jahre gab sie nicht nur 140 Angestellten im strukturschwachen Nordgotland Brot und Arbeit, sondern trug auch zur Entstehung einer Gemeinde mit Arbeiterwohnungen, Schule, Geschäften und einer Post bei. Eine eigene kleine Eisenbahn brachte das gebrochene Rohmaterial von der Grube zur Brennerei, dort wurde es durch Luken in den Fabrikofen gehievt, mit Kohle vermischt und angezündet. Als im Zuge der Wirtschaftskrise und des Zweiten Weltkrieges der Preis für Steinkohle, die für den Prozeß als Heizmaterial notwendig war, in die Höhe schnellte, war die Kalkbrennerei nicht mehr lukrativ. Spätestens dann wurden alle Betriebe geschlossen, und der kürzlich errichtete neue Kalkofen bei Storugns muß eher als sentimentale Weiterführung einer alten gotländischen Tradition gesehen werden denn als ernstzunehmende Zukunftsperspektive. Ersetzt wurde dieser Erwerbszweig durch die Zementherstellung, die zu Beginn des 20. Jh. in den Vordergrund trat. Bereits 1885 wurde bei Visby die zweite schwedische Zementfabrik etabliert, 1917–19 folgten weitere Betriebe. Davon hat sich allerdings nur die Firma Cementa AB in Slite halten können, einer der wenigen gotländischen Industriebetriebe und mit rund 350 Angestellten der fünftgrößte Arbeitgeber der Provinz.

Ähnlich verhält es sich mit dem Export des ungebrannten Kalksteins. Der Bedarf an diesem Rohmaterial war durch die Industrialisierung Schwedens enorm hoch, insbesondere in den Zellulosebetrieben, aber auch in der Eisenindustrie und in den Zuckerfabriken. Exportiert wurde auch auf den Kontinent, hauptsächlich nach Deutschland. Um den Bedarf befriedigen zu können, wurden um die Jahrhundertwende viele neue Steinbrüche auf der Insel erschlossen. In rund 20 Betrieben, die größten davon in Storugns, Bläse, St. Olofsholm und Hide, wurde zeitgleich das begehrte Material abgebaut. Für die Gotländer bedeutete das zwar einen gewissen wirtschaftlichen Aufschwung, auf der anderen Seite war die Arbeit in den Steinbrüchen hart und gefährlich. Beim Heraussprengen des Gesteins hatte zwar zuerst Schwarzpulver, dann Dynamit die Keile ersetzt, beiden Methoden fielen aber viele Arbeiter bei Explosionsunglücken zum Opfer

Wer sich als Kontrast zum Naturerlebnis wieder der Inselkultur zuwenden möchte, sollte das kurze Wegstück (Richtung Tingstäde) zur südöstlich gelegenen Kirchenruine von **Elinghem** (Elinghems ödekyrka) zurücklegen, deren Seitenwände, Triumphbogen, Giebel, Taufstein und Altar noch wohlbehalten sind und die beweist, daß es perfekte Ruinenromantik auch außerhalb von Visby gibt. Die Kirche wurde wohl nach einem Brand im 17. Jh. aufgegeben und ist heute eine überaus beliebte Kulisse für Hochzeiten, im Sommer werden auch verschiedentlich Konzerte in dieser einmaligen Umgebung abgehalten. Daß man sich an einem uralten heiligen Platz befindet, wird an dem kreisrunden Mauerwall deutlich, der Elinghems ödekyrka umgibt: Er geht wahrscheinlich auf eine vorgeschichtliche Fliehburg oder einen heidnischen Kultplatz zurück. Um nicht wieder auf demselben Weg zurückfahren zu müssen nehmen Sie ab Elinghem am besten die Straße über Hangvar zurück zur 149.

Ein Blick auf die Inselkarte zeigt, daß die Route nach Kappelshamn eine weit in die Ostsee ragende Halbinsel durchschneidet, die das Ziel einer etwas längeren, aber durchaus empfehlenswerten Runde sein kann. Zunächst passieren Sie 2 km nördlich des Ihre Gård rechter Hand ein eigentümliches Moorgebiet, das **Stigmyr.** Dieses

oder wurden schwer verletzt. Alle anderen Tätigkeiten führte man nach wie vor mit Bohrern, Spaten und Hacken manuell aus. Zerquetschte Finger und gebrochene Hände waren als Berufskrankheiten so üblich, daß davon kaum noch jemand Notiz nahm, zersplitterte Fingernägel wurden mit Zangen entfernt, damit sie bei der Arbeit nicht hinderlich waren. Das Heben und Bewegen der schweren Quader führte zu ernsthaften Rückenschäden, so daß die Arbeiter gesundheitlich bald ausgebrannt waren, abgesehen von dem allgegenwärtigen Kalkstaub, der sich auf die Lungen legte. Zu allem Übel war die Beschäftigung im Tagebau nicht nur schlecht bezahlt, sondern wegen der Witterungsverhältnisse im Winter unmöglich, so daß in dieser Jahreszeit die Arbeitslosigkeit rasant anstieg. Unter den veränderten Bedingungen der heutigen Zeit konnten sich Produktion und Export von Kalkstein nur in Storugns halten. Dies war jedoch nur durch Rationalisierung und Konzentration möglich, so daß die heutige NordKalk Storugns AB in der Hierarchie der wichtigsten Arbeitgeber der Provinz mit weniger als 100 Angestellten gerade mal auf dem zwanzigsten Platz zu finden ist.

rund 100 Hektar große Gelände ist seit Jahrhunderten von menschlichen Eingriffen unberührt geblieben und bietet daher ein völlig ursprüngliches Landschaftsbild. Ein Großteil des Terrains nehmen flache Teiche, Moore und Schilfgras ein. Eingerahmt wird das Ganze von einer sogenannten Steinweide *(hällmark)*, d. h. daß hier die Erdschicht nur sehr dünn dem Kalkuntergrund aufliegt und der ›Wald‹ deshalb aus knorrigen und kleinwüchisgen Bäumen besteht. Hinter diesem landschaftlich interessanten Gebiet kommen Sie am Abzweig einer Schotterpiste vorbei, auf der Sie nach links zum 2 km entfernten Sigsarvestrand gelangen; dieses wunderschöne Fleckchen Natur ist noch ein echter Geheimtip und wie geschaffen für eine erholsame Picknickpause.

Über die 149 gelangen Sie an eine Kreuzung, an der es rechts nach Hangvar und links zum ca. 400 m entfernten Ökohof Tajnungs gård geht, an dem man ebenfalls eine Rast einlegen kann (Verkauf von Wolle, Schaffellen, Kunsthandwerk und anderen Produkten). Wanderer und Radler kommen direkt von hier am besten zum Hallhangvar-Naturreservat, während Autofahrer wenige hundert Meter weiter zu der empfohlenen Rundfahrt links abbiegen. Erste Station ist die Landkirche von **Hall,** die mit schönen Kirchhofsportalen, interessanten Kalkmalereien und einem

Bläse Kalkbruk

schlichten gotischen Taufstein aufwartet. Von dort aus führt eine Stichstraße ganz hinauf bis **Hallshuk,** das in großartiger Einsamkeit auf einer Steilklippe thront. Hier, im äußersten Nordwesten des Landes, sind eine Handvoll Fischerbuden samt Kapelle und Leuchtfeuer einzige Vorposten der Zivilisation, ansonsten ist man allein mit sich, der Natur und einer Vielzahl kleiner Wildkaninchen. Das Kap stellt den nördlichsten Punkt eines etwa 22 km^2 großen Gebietes dar, das sich bis zur Irebucht erstreckt und als Hallhangvar-Reservat naturgeschützt ist. In dem trotz seiner Schönheit bislang vom Massentourismus verschont gebliebenen Areal haben vor allem Wanderer phantastische Möglichkeiten und können auf markierten Wegen kahle Kalksteinflächen, windzersauste Kiefernwälder und die hohen Klippen an der Küste erkunden.

Auf der Rückfahrt zweigt man an der Kirche von Hall links ab und folgt wenig später dem Küstenverlauf der Bucht (Kappelhamnsviken) bis **Kappelshamn.** Der ansonsten wenig reizvolle Ort sei Selbstversorgern wegen seines Supermarktes, wegen des Blicks auf die Kalkfabrik von Storugns und auf Schiffe oder Fähren, die hier oft auf Reede liegen, empfohlen. Am Südende der Bucht verläßt man die 149 und folgt erneut der Küstenlinie, die nach ihrem historischen Haupterwerbszweig Stenkusten (Steinküste) genannt wird: Bereits im Jahr 1658 wurde hier der erste Kalkofen in Betrieb genommen. Die modernste Variante verkörpert heute die riesige Kalkfabrik der NordKalk Storugns AB mit ihren Förderbändern, dem voll rationalisierten Betrieb und dem modernen Ausschiffungshafen. Zurück in die Vergangenheit weist **Bläse Kalkbruk,** dessen beide Schornsteine und Abraumhalde schon von weitem zu sehen sind. Der Betrieb, der im 19. Jh. von der Familie Cleve errichtet wurde, erlebte seine Blütezeit in den 20er Jahren, als er mit etwa 140 Angestellten einer der größten Arbeitgeber auf Gotland war. Als Kalkbrennerei funktionierte Bläse Kalkbruk bis 1945, danach wurde nur noch ungebrannter Kalkstein verschifft. Doch auch diesen Produktionszweig verlegte man in den 50er Jahren nach Storugns, bis der alte Betrieb zum Denkmal erklärt und 1983 zum Museum umgewidmet wurde. Neben der typischen Architektur dokumentiert das Museum das harte Leben der Kalksteinarbeiter und ihrer Frauen, außerdem sieht man die Holzskulpturen des Arbeiters Georg Moberg und kann in der Bibliothek nach weiterem Material fahnden. Mit der reaktivierten historischen Eisenbahn – immerhin die längste Gotlands – sind Fahrten zum Steinbruch möglich. In der Saison stehen auf dem Gelände ein Café und ein Restaurant zur Verfügung.

Museum: Bläse Kalkbruksmuseum, Bläse, ✆ 22 46 62, geöffnet in der Saison Mo–Fr 10–18 Uhr, Sa–So 12–18 Uhr, Eintritt SEK 20; Fahrten mit dem historischen Zug tägl. 12.24 und 15.03 Uhr.

Bis Anfang 1997 war für Ausländer von Bläse aus eine Weiterreise entlang der Küste nicht möglich, da das gesamte nördliche Areal militärisches Sperrgebiet war. Parallel zu dessen ehemaliger Grenze fährt man nun am weißgekalkten **Groddagården,** einem gut erhaltenen Spielmannshof aus dem 18. Jh. (Museum), und an der Landkirche von **Fleringe** vorbei nach Südosten und stößt nahe der Kirche von **Rute** auf die Reichsstraße 148. Wie jede Landkirche auf Gotland sind auch diese beiden interessant, jedoch kein unbedingtes ›Muß‹. Gegenüber der Einmündung auf die Hauptstraße gibt es einen Rastplatz, an dem sich ein schönes, aber nicht originales Ringkreuz befindet – das echte Gegenstück konnten Sie im Visbyer Fornsal-Museum bewundern.

Von hier aus können Sie weiter in den Norden fahren, wobei sich ein Besuch der nachfolgend beschriebenen Orte Bunge und Fårösund auch im Rahmen eines Ausfluges auf die wunderschöne Insel Fårö (s. S. 124ff.) anbieten würde. Vor allem das Freilichtmuseum von **Bunge** gehört als eines der interessantesten Ausflugsziele auf Gotland ganz klar zum touristischen Pflichtprogramm. Wenige hundert Meter vorher geht es rechts zur gedrungen wirkenden Landkirche aus dem 13./14. Jh., die aus mehreren Gründen zu den bemerkenswertesten Nordgotlands zählt. An den Schießscharten in der Kirchhofsmauer und am massigen, fensterlosen Westturm wird die Verteidigungsfunktion der Kirche deutlich, die in unruhigen Zeiten quasi als Fliehburg für die Landbevölkerung gedient haben wird. Im Innern fallen die umfangreichen Kalkmalereien auf, die mit ihren Kriegsszenen und einer ungewöhnlichen Farbgebung auf Gotland einzigartig sind. Kunsthistoriker bringen sie mit dem Deutschen Orden in Verbindung, der die Insel 1398–1408 als Protektorat verwaltete und nennen daher den anonymen Künstler der Malereien ›Deutschordensmeister von Bunge‹.

Das Bunge-Museum, das sich in Sichtweite zur Kirche unmittelbar an der Straße 148 befindet, wurde auf Initiative des Volksschullehrers Erlandsson im Jahre 1911 gegründet. Hier wurden mehrere Bauernhöfe (z. T. aus dem 18. Jh.) von der ganzen Insel zusammengetragen, man findet Fischerhütten, verschiedene Mühlen, Sägen, Kalköfen und interessante Zäune, so daß das Freilichtmuseum als wichtigste Adresse zur Bewahrung der gotländischen Bauernkultur gelten kann. Daneben gibt es auf dem Gelände eine beachtliche Sammlung vor- und frühgeschichtlicher Denkmäler. Sofort rechts des Einganges sind z. B. mehrere restaurierte Grabtypen aus der Bronze- und Eisenzeit zu sehen. Noch mehr aber ziehen vis-a-vis, am jenseitigen Ende des Freiplatzes, die vier mächtigen Bildsteine die Aufmerksamkeit der Besucher auf sich. Der größte und bekannteste von ihnen (Hamars I) schildert die nordische Sage von Hild und zeigt u. a. ein voll aufgetakeltes Wikingerschiff und die kultische Erhängung eines Menschen, ein sogenanntes Hängeopfer. Außerhalb des Museums steht jenseits der Straße am großen Parkplatz ein hübsches Selbstbedienungscafé mit Garten zur Verfügung, dort findet man auch die Touristeninformation und etwas weiter entfernt eine Trojaburg sowie eine alte Schule, die ebenfalls als Museum eingerichtet wurde.

Information: Turistinfo Bunge, Bungemuseét, ✆ 22 11 12.

Museum: Kulturhistoriska Museet, Bunge, ✆ 22 10 18, geöffnet in der Hauptsaison tägl. 10–18 Uhr, in der Vor- und Nachsaison tägl. 10–16 Uhr, Eintritt SEK 40.

Nur 2 km sind es von Bunge bis zur Ortschaft **Fårösund,** die ihren Namen nach der Meerenge zwischen Gotland und der nördlichen Nachbarinsel trägt. Das 900-Seelen-Dorf verfügt über Banken, Bibliothek, Post und Krankenstation und ist ein für hiesige Verhältnisse wichtiger Zentralort. Mit einem kleinen Hotel, Restaurant, Yachthafen, der Fähre nach Fårö sowie Hütten-, Boots- und Fahrradvermietung spielt Fårösund auch für den Frem-

Schafstall *(lambsgift)* in Bunge

denverkehr eine zunehmend wichtigere Rolle.

Am Ende der Straße verweist ein monumentaler Kalkofen auf das wirtschaftliche Standbein vergangener Zeiten. Direkt daneben befindet sich die Fähranlegestelle, wo man sich mit der kostenlosen Autofähre zum gegenüberliegenden Ufer übersetzen lassen kann; längere Wartezeiten kommen nur in Ausnahmefällen vor.

Unterkunft: Fårösunds Hotell, Strandvågen 6, 62035 Fårösund, ✆ 29 70 60, Fax 26 50 09; modernes, kleines Hotel mit 15 Zimmern, direkt am Yachthafen gelegen, Fahrrad- und Bootsverleih. Fårösunds Stugor, Strandvägen 80, 62035 Fårösund, ✆ 22 16 94, Fax 22 12 74; kleine Anlage am Meer mit mehreren modern ausgestatteten Hütten (Du, WC), 1 km von Fårösund entfernt, Fahrradverleih.

Nach dem Besuch von Bunge und Fårösund geht es auf der schon bekannten Strecke zurück bis Rute. Falls Sie Zeit für einen interessanten Abstecher zur Ostküste haben, können Sie den Hinweisschildern in Richtung **Kyllaj** folgen. Auf der Straße passiert man eine Abzweigung, auf der man in wenigen Minuten nach links zum Bronzezeit-Grab Kauparve kommt, dann geht es am flachen See Fardumeträsk vorbei, bis schließlich das Ziel erreicht ist. Kyllaj entwickelte sich Mitte des 17. Jh. zu einem der be-

Als der Krimkrieg nach Gotland kam

Als Krimkrieg bezeichnet man jene Auseinandersetzung zwischen Rußland auf der einen sowie der Türkei, Frankreich und dem britischen Empire auf der anderen Seite, die sich 1853 an einem Ultimatum von Nikolaus I. entzündete. Der Zar hatte die Türkei aufgefordert, die russische Schutzherrschaft über die orthodoxen Christen des Osmanischen Reiches anzuerkennen, was die Hohe Pforte mit Unterstützung der Westmächte ablehnte. Als daraufhin ein russisches Korps in die Donaufürstentümer einrückte, erklärte die Türkei den Krieg. Er endete 1856 mit dem Pariser Frieden, in dem Rußland auf das Protektorat über die Donaufürstentümer und die orthodoxen Christen verzichten und einer Neutralisierung des Schwarzen Meeres zustimmen mußte. Trotz seines Namens blieb der Krimkrieg nicht auf das Schwarze Meer beschränkt, sondern fand auch in anderen Teilen Europas statt, z. B. 1855 auf Sardinien und vor allem in der Ostsee, wo das Zarenreich große Teile des Baltikums einschließlich Finnland beherrschte. Eine zentrale Rolle der russischen Vorverteidigung spielte das riesige Fort Bromarsund auf den Ålandinseln. Auf der Suche nach einer Operationsbasis gegen die Festung fiel der Blick der französischen und britischen Admiralität auf Gotland, genauer gesagt: auf den Sund zwischen den Inseln Fårö und Gotland. Für die Alliierten war dieser Naturhafen wegen seiner zentralen Lage in der Ostsee und seiner Größe, die einer ansehnlichen Flotte Schutz bieten konnte, ideal – er hatte nur den Schönheitsfehler, daß sich Schweden in diesem Konflikt neutral verhielt. In Stockholm wurde zwar schon im frühen 18. Jh. der strategische Wert des Fårösundes erkannt, und man errichtete einige Verteidigungsanlagen, ließ diese jedoch im Laufe der Zeit wieder verfallen. Die nicht ausreichend geschützte Meerenge wurde 1854 kurzerhand von den Franzosen und Briten zu ihrer Flottenbasis für Angriffe gegen Rußland umfunktioniert, obwohl sie in neutralen Gewässern lag.

Man kann nicht gerade behaupten, daß Fårösund unter den Kriegsjahren gelitten hätte; im Gegenteil blühte der vorher unbedeutende Ort dadurch erst richtig auf. Immerhin lagen hier damals insgesamt rund 200 Kriegsschiffe vor Anker, hinzu kamen etwa 160 Kohlenfrachter und 70 andere Boote. Tausende von Soldaten und Besatzungsmitgliedern wollten versorgt sein, so daß die gotländischen Bauern und

Kaufleute in Scharen nach Fårösund kamen und in einem vorher nie gekannten Ausmaß Lebensmittel wie Fleisch, Brot, Eier, Butter, Fisch, Bier usw. verkauften – natürlich zu Preisen, die um ein Vielfaches höher lagen als vor dem Krieg. Nicht nur die Geschäfte liefen gut: Auch gesellschaftlich war eine neue Zeit angebrochen. Die fremden Offiziere veranstalteten Bälle, an denen teilnehmen zu dürfen jedem Einheimischen einen Prestigegewinn bescherte, abgesehen von den Frauenzimmern, die zur ›Unterhaltung‹ der Franzosen und Briten angereist waren. Kein Zweifel: Der Hauch der großen weiten Welt streifte den Norden Gotlands. Angesichts des Aufschwungs geriet leicht in Vergessenheit, daß man das alles einem blutigen Handwerk zu verdanken hatte; geschossen wurde ja in weiter Ferne. Allein die russischen Kriegsgefangenen, die in der zum Gefängnis umfunktionierten Windmühle am südlichen Ortseingang einquartiert wurden, erinnerten an den Krieg. Vergessen wurde wohl auch, daß die Errichtung der Operationsbasis in Fårösund nach geltendem Recht zumindest fragwürdig war. Schweden hatte sich zwar in diesem Konflikt für neutral erklärt, der Nutzung des Sundes durch die französisch-britische Flotte aber noch nicht einmal widersprochen! Die Quittung für dieses nicht gerade ›neutrale‹ Verhalten kam in Form der Cholera, die von den fremden Soldaten und Matrosen eingeschleppt wurde und viele Todesopfer forderte. Sie war nach den Pestzeiten die letzte schlimme Seuche, unter der Gotland zu leiden hatte.

Als nach dem Ende des Krieges die Alliierten Fårösund verlassen hatten, dachten auch die Schweden über eine wirksame Küstenverteidigung nach und errichteten am Sund drei mit vielen Kanonen bestückte Batterien, die übrigens noch erhalten sind und ein gutes Bild der damaligen Festungsbauweise abgeben. Auch später unterhielt das Militär an dieser neuralgischen Stelle Verteidigungsstellungen und war mit Ausnahme der Zeit von 1919 bis 1937 immer präsent. Seit dem Zweiten Weltkrieg, als man die Truppenstärke enorm erhöhte und u. a. Kasernen, Werkstätten, Werftanlagen und ein Flugplatz samt Hangar errichtet wurden, stellt es zudem einen wichtigen Wirtschaftsfaktor dar. Analog zum militärischen Ausbau 1943–46 wuchs auch Fårösund, das damals die höchste Einwohnerzahl seiner Geschichte hatte. Inzwischen sind sowohl Truppenstärke als auch Bevölkerungszahl zurückgegangen, und nach den Umwälzungen im Osten hat man 1992 den militärischen Sperrbezirk enorm eingeschränkt und 1997 schließlich ganz aufgelöst. Aber immer noch ist *Fårösunds Marinbrigad* mit ihren 220 Angestellten der achtgrößte Arbeitgeber auf der Insel.

deutendsten Kalk-Exporthäfen Gotlands, woran noch einige imposante Kalköfen und die Reste einer Werft erinnern. Besonders sehenswert ist der pittoreske Strandritterhof (Strandridaregården), der wohl schönste der Insel. Der ›Strandritter‹ oder ›Strandvogt‹, der hier im 18. Jh. residierte, war mit der Küstenbewachung und der Zollerhebung beauftragt, außerdem repräsentierte er als ›Auge des Gesetzes‹ die Visbyer Behörden auf dem Land. Der berühmteste Strandritter von Kyllaj war Johan Ahlbom, ein Offizier Karls XII., der seine Stellung nutzte, um sich durch Heiratspolitik in den Besitz der größten Kalköfen zu bringen, er gilt als Prototyp eines ›Kalkbarons‹. Die einheimischen Bauern mußten die Strandvögte mit Wohnung und Unterhalt versorgen und werden auch sonst oft am Strandritterhof vorbeigeschaut haben: Schließlich waren die Gesetzeshüter mit einer Lizenz zur Branntwein-Destillation ausgestattet. Der Hof selbst besteht aus einem langgestreckten, weißgekalkten Gebäude mit Fachwerkgiebeln, sowie Nebengebäuden (Lager, Schuppen und Schnapsbrennerei). In dem Haupthaus ist noch die originale Möblierung und auf dem Hof der alte Ziehbrunnen erhalten. Der Strandritterhof wird heute als Museum genutzt.

Museum: Strandridaregården, Kyllaj hamn, ✆ 22 80 21, geöffnet in der Saison tägl. 13–17 Uhr, Eintritt SEK 15; Heim eines Strandritters und Kalkpatrons aus dem 18. Jh.

Der Abstecher lohnt sich im übrigen auch wegen der reizvollen Umgebung des Anwesens, die von vielen bizarren *raukar* dominiert wird. Vom Hof gelangt man auf einem Pfad zu einer Anhöhe mit ›Linnés Quelle‹, von der man eine prächtige Aussicht auf die Bucht, die vorgelagerten Schären und die Kalksteinsäulen genießt. Der Name geht auf einen Besuch des berühmten Botanikers Carl von Linné (1707–78) zurück, der 1741 notierte: »Zwischen dem Strandritterhof und dem Kalkofen von Kyllaj befand sich am Hafen ein Hügel, auf dem etliche große und dicke Kalksteine standen (...); wenn man etwas von ihnen entfernt war, sahen sie aus wie Büsten, Pferde oder Gott weiß was für Spukgestalten.« Im Tagebuch seiner Gotländischen Reise zeichnete Linné das merkwürdige Ensemble ab. Mit seiner Vermutung, daß die *raukar* ehemals zu einem ›Kalkberg‹ gehörten, den die damals noch höher stehende See ausgewaschen habe, wobei die härteren ›Wurzeln‹ stehengeblieben und »von des Meeres wogenden und brausenden Wellen« bis zur heutigen Gestalt geformt worden seien, hat er damals bereits sehr präzise die Entstehungsgeschichte der Kalksteinsäulen formuliert.

Für die Rückfahrt können Sie zwischen mehreren Wegvarianten wählen, wobei Sie sich die Kirche von Lärbro auf keinen Fall entgehen lassen sollten. Sie können zum einen von Kyllaj zur schönen Landkirche von **Hellvi** fahren und hal-

Der Strandritterhof in Kyllaj

ten sich wenig später rechts. Dieser Weg zur Straße 148 bringt Sie am Gräberfeld von **Lilla Ire** vorbei, einem der größten Gotlands mit mehr als 600 sichtbaren Grabstätten aus der Eisen- und Wikingerzeit. Kurz vor der Einmündung in die Hauptstraße ist die Hofanlage von **Takstens** einen Besuch wert. Sie dient seit einigen Jahren als Museum und besteht aus den beiden Herrenhäusern Lilla Takstens (18. Jh.) und Stora Takstens (19. Jh.), einer jüngeren Landschule und Nebengebäuden. Nicht nur die Häuser selbst und ihre original erhaltene Einrichtung, sondern das gesamte Ambiente mit Pferdeweiden, Sommergalerie und Café machen die Besichtigung zu einem schönen Erlebnis (in der Saison tägl. 10–18 Uhr geöffnet, Eintritt SEK 20).

Die zweite und kürzeste Variante verläuft hinter der Hellvi-Kirche links und vorbei am Hof von Hägvide, wo die einzigen Felszeichnungen Gotlands aufgefunden wurden (ein Abdruck befindet sich im Hof des Visbyer Fornsales). Kurz vor Lärbro passiert man dann das Gräberfeld **Domarlunden,** das wegen seiner Schiffssetzungen berühmt ist; u. a. sind hier nebeneinander fünf Steinschiffe, sozusagen Reling an Reling, aufgestellt worden. Und, um Ihnen die Wahl zu erschweren, sei auch noch ein dritter kleiner Abstecher genannt, bei dem Sie bereits vor der Hellvi-Kirche nach links abbiegen und an der Bucht von Vägume erneut nach links fahren. Nach 3,5 km auf z. T.

Opferquelle und Schleifsteine bei Bro

unasphaltierter Straße gelangen Sie nach **Barläst,** einem alten Verladehafen der Kalkindustrie mit imposanten Kalköfen und Wirtschaftsgebäuden aus dem 17.–19. Jh.

Daß es sich bei der schon von weitem sichtbaren Landkirche von **Lärbro** (1260–80) um ein besonderes Gotteshaus handeln muß, wird bereits von außen deutlich. Einmalig für die Bauernkirchen ist z. B. der oktogonale, mit Giebeln und Galerien versehene Westturm, neben dem noch ein zweiter, weißgekalkter steht. Dabei handelt es sich um den einzig komplett erhaltenen Verteidigungsturm *(kastal)* der Insel. Weiterhin besticht die dem hl. Olav geweihte Kirche durch ihren herrlichen Portalschmuck, im Innern durch Kalkmalereien, einen gotischen Altaraufsatz, einen mittelalterlichen ›Bischofsstuhl‹ aus Holz und interessanten Grabsteinen. Auf dem Kirchhof sind weitere Grabdenkmäler zu sehen, im moderneren Teil nördlich des Gotteshauses auch einige Dutzend Gräber ehemaliger KZ-Gefangener, die nach dem Zweiten Weltkrieg im Krankenhaus von Lärbro starben.

Zusammen mit Fårösund zählt Lärbro zu den beiden Hauptorten

des gotländischen Nordwestens, so daß man auch hier ein recht gutes Angebot an Serviceleistungen vorfindet. Auch eine Jugendherberge gibt es hier (✆ 22 57 86).

Der Weg von Lärbro zurück nach Visby folgt im wesentlichen der gut ausgebauten Straße 148. Wenn Sie vorher jedoch noch eine der schönsten Kirchenruinen außerhalb von Visby bewundern möchten, müssen Sie auf der 149 nach Norden und dann nach links in Richtung Hangvar fahren, wo Sie nach knapp 2 km am Abzweig zur **Ganns ödekyrka** vorbeikommen. Die inmitten eines Waldes gelegene Kirche stammt aus romanischer Zeit und wurde im 17. Jh. aufgegeben. Sie ist mit Ausnahme der Gewölbe und Dächer komplett erhalten und bietet im Sommer den edlen Rahmen für Freiluft-Gottesdienste.

Auf der Hauptstraße legt man nun ein etwas längeres Wegstück zurück, bis linker Hand der flache **Tingstädeträsk** auftaucht, einer der größten Seen der Insel. In seinem Schlamm entdeckte man eine merkwürdige Pfahlbau-Festung *(bulverk)*, die im Mittelalter zerstört wurde und aus der Wikingerzeit stammt, evtl. aber sogar noch älter ist. Die riesige Anlage (175 × 175 m) konnte einige tausend Menschen beherbergen, sie war mit mehr als zehntausend mächtigen Holzstäben im See verankert und durch ein System von Palisaden geschützt. Die Umrisse der ›Seefestung‹ sind bei windstillem Wetter vom Boot aus durch das Wasser zu sehen, im Winter auch durch die geschlossene Eisdecke. Ein Modell befindet sich außerdem im Fornsal-Museum.

Ab den 30er Jahren bis 1942, als der Flughafen Visby eingerichtet wurde, diente der Tingstädeträsk als Start- und Landeplatz der ersten regelmäßigen Flugverbindung mit Stockholm (mit Dornier-Wasserflugzeugen). Heute hat er für Visby als Süßwasserreservoir große Bedeutung, besonders natürlich in den trockenen Sommermonaten. Für Touristen vielleicht interessanter ist das Tingstädebadet neben der Straße. Falls die Temperaturen dies zulassen, könnten Sie sich hier durch einen Sprung ins Wasser erfrischen, daneben gibt es auf dem Gelände auch eine Cafeteria.

Einige hundert Meter weiter ragt rechts der Straße der 55 m hohe Galerieturm der Landkirche von **Tingstäde** empor, die ein weiteres gutes Beispiel der bäuerlichen Kirchenbaukunst abgibt. Sehenswert sind außen die romanischen Portale mit ihrem edlem Dekor, innen Kalkmalereien aus verschiedenen Epochen, ein Triumphkruzifix aus dem frühen 14. Jh. und ein romanischer Taufstein. Nordöstlich der Kirche sind die Überreste eines *kastal* (Verteidigungsturm) zu sehen und auf dem Kirchhof ein gut erhaltenes Treppengiebel-Portal, das einst zum Pfarrhof führte.

Bro, die nächste Station auf dem Weg nach Visby, bietet wieder ein Ensemble vorgeschichtlicher und mittelalterlicher Sehenswürdigkeiten. Bereits einige Kilometer vor der Kirche sieht man zur Linken weit draußen auf dem Feld zwei verwitterte Bildsteine stehen. Einer lokalen Legende zufolge handelt es sich dabei um die beiden ›Steinfrauen von Bro‹, die versteinert wurden, weil sie am heiligen Weihnachtstag Brot buken (nach einer anderen Version schwätzten sie während des Kirchgangs). Die Landkirche selbst wirkt von außen nicht besonders imposant, trotzdem war sie immer eine der wichtigsten der Insel. Schon in vorchristlicher Zeit muß sich hier ein Kultplatz befunden haben, darauf weisen mit Schleifrinnen versehene Steine hin, die vor der Kirchhofsmauer stehen und die man auch an einer nahen Quelle findet. Die Quelle selbst (ca. 300 m östlich der Kirche bei der alten Brükke) wurde seit erdenklichen Zeiten als ›heilige‹ Quelle oder Opferquelle verehrt. Diese Rolle übernahm später das Gotteshaus, das wegen seiner berühmten Reliquie (ein Stück des Heiligen Kreuzes) viele Pilger und Seefahrer anzog. Außen überrascht zunächst die Vielzahl an skulptierten Steinen, die noch von einer Vorgängerkirche stammen und in die Südfassade eingelassen worden sind. Auch die Wurzel eines Baumstammes, die als Teil einer Mauerklammer aus dem Turm ragt, ist nicht gerade ein gewöhnlicher Anblick. Links neben dem Hauptportal, das mit sehr schönen Kapitellbändern geschmückt ist, befindet sich der Eingang zu einer kleinen Kammer, wie man sie an manchen Landkirchen Gotlands findet. Diese sogenannten Hagioskope haben meist ein Fensterchen zum Kircheninnern; wahrscheinlich konnten hier Gläubige den Gottesdienst verfolgen, die aus irgendeinem Grund von der Gemeinde getrennt werden mußten, z. B. weil sie pestkrank waren. Der Anbau ist auch deswegen sehenswert, weil man in seinem Inneren zwei Bildsteine aus dem 5./6. Jh. eingemauert hat. Das Kircheninnere weist u. a. Kalkmalereien mehrerer Epochen, einen romanischen Taufstein und in der Chornische einen Stein auf, der früher vermutlich erhitzt wurden und als Wärmespeicher das Taufwasser temperieren sollte. Der lokalen Tradition zufolge handelt es sich bei dem Stein jedoch um jenes Brot, das die oben genannten ›Steinfrauen von Bro‹ gebacken hatten. In unmittelbarer Nähe der Kirche verdienen weiterhin die erhaltenen Kirchhofportale, ein prächtiges Treppengiebel-Portal etwa 100 m südlich und nördlich die schattige Laubwiese Beachtung.

Bei der Weiterfahrt passiert man nach kurzer Zeit linker Hand das monumentale, 3,5 m hohe Steinhügelgrab **Bro Stajnkalm,** eine sogenannte *röse,* in der in der Bronzezeit ein mächtiger Fürst bestattet wurde und die 38 m im Durchmesser mißt. Viele Spukgeschichten ranken sich um dieses Grabmal, dessenungeachtet haben die Einheimischen im Lauf der Zeit aber immer wieder etliche Steine zum Bau ihrer Häuser herausgeholt.

Ein kleines Stückchen danach entdeckt man auf einer Lichtung auf der anderen Straßenseite zwei in der Eisenzeit aufrecht gestellte Granitblöcke, sogenannte Bautasteine. Als **Bro ojkar** (Ochsen von Bro) floß auch dieses vorgeschichtliche Monument in die Legendenbildung um die Opferkirche ein: Ein reicher Bauer hatte der Kirche zwei Ochsen versprochen, wenn sein blinder Sohn das Augenlicht zurückerhielte. Kurz vor der Kirche konnte das Kind plötzlich wieder sehen, und als sparsamer Gotländer trat der Vater daraufhin trotz seines Versprechens wieder den Heimweg an, worauf die beiden Ochsen natürlich zu Stein verwandelt wurden.

Das nahe Visby ist auf der Straße 148 schnell erreicht; falls Sie jedoch noch etwas Zeit übrig haben, lohnt sich kurz vor dem Flughafengelände der Abstecher nach rechts. Die schmale, aber asphaltierte Straße bringt Sie zum Gehöft **Stora Hästnäs,** einem der am besten bewahrten mittelalterlichen Bauernhöfe der Insel. Das dreistöckige, malerisch von Efeu bewachsene Steingebäude, das vom Ende des 13. Jh. stammt, besitzt noch die alten Gewölbe samt Kamin und den charakteristischen Treppengiebel. Von hier aus können Sie am großen Golfplatz vorbei bis zur Uferstraße weiterfahren und über den Lummelundsväg nach Visby gelangen.

Chorgestühldetail in der Kirche von Bro

Die Insel Fårö – Wacholdersteppe, Steinsäulen und Sanddünen

Naturerlebnis pur bietet die eigentümliche Insel, die sich mit flachen Seen, einer kargen Wacholdersteppe, Steinäckern und skurrilen Kalksteinsäulen in vielerlei Hinsicht von Gotland unterscheidet. In ihrer Ursprünglichkeit war sie früher ein einsames Rückzugsgebiet der schwedischen Prominenz, heute locken mächtige Sanddünen und gute Badestrände immer mehr Touristen an.

Mit 139 km² ist Fårö der größte der gotländischen Trabanten. Es liegt der Hauptinsel am nächsten und ist wegen der Fährverbindung im Gegensatz zu den Karlsinseln oder Gotska Sandön sowohl für Wanderer und Radler als auch für Autofahrer bequem zu erreichen.

Trotz der Vielzahl an Schafen, die hier leben, bedeutet Fårö nicht, wie man meinen könnte, ›Schafsinsel‹. Denn im Gegensatz zu den Färöern oder anderen Gebieten mit ähnlichen Namen heißt auf Gotland das erwachsene Schaf eben nicht *får* oder *fär,* sondern *lamm* (bzw. *lamb*), Lämmer werden als *lambungar* (Schafsjunge, Schafskinder) bezeichnet. Vorstellbar ist, daß sich der Inselname von *fara* (reisen, fahren) oder wie im Englischen von *far* (entfernt) ableitet, Fårö demnach als ›Insel der Reisenden‹ oder ›entfernte Insel‹ gedeutet werden müßte.

Fårös Einwohner führten lange Zeit ein außerordentlich hartes Leben. Schafzucht, Fischerei und Robbenjagd waren die ökonomischen Grundlagen, während der karge Boden Ackerbau nur in bescheidenem Rahmen zuließ. Bewundernswert, wie man dennoch dem steinigen Untergrund Getreide und Kartoffeln abtrotzte, und es ist bezeichnend, daß letztere auf Fårö ›Steinackerbirnen‹ genannt werden. Die Rückständigkeit der Region, die selbst heute noch in einer auffallend hohen Prozentzahl an ›unmodernen‹ Wohnungen sichtbar wird, war nicht dazu angetan, die Menschen auf der Insel zu halten. Gab es 1940 noch gut 1400 Einwohner auf Fårö und lebten in den letzten Jahrhunderten immer mehr als 2000 Menschen hier, sind es nun gerade einmal 650. Darunter befinden sich viele Rentner, und die wenigen, die einer Arbeit nachgehen, pendeln nach Gotland. Vor allem hat Fårö unter einer hohen Frauenarbeitslosigkeit zu leiden, woran auch das kurzzeitige Aufblühen des Fremdenverkehrs während der Sommersaison nichts ändern kann.

Während die Kargheit des Landes und das Fehlen jeglicher Industrie für die Einwohner problematisch sind, liegt gerade darin der Reiz für die Tagesbesucher und diejenigen, die sich während der Sommermonate nach Fårö zurückziehen. Einer davon ist Ingmar Bergman, dem die Ursprünglichkeit der Insel oft als Kulisse für seine Filme diente. Auch Olof Palmes Witwe Lisbeth, der ehemalige Ministerpräsident Carlsson und andere prominente Zeitgenossen aus Politik, Wirtschaft, Kultur und Sport des Königreiches haben hier wenigstens für einige Wochen im Jahr ein abgeschiedenes Domizil gefunden.

Touristen bietet Fårö ein wohlbewahrtes, genuines Ambiente mit alten Fischerdörfern und schönen Binnenseen, phantastischen Rauk-Formationen, ausgedehnten Sand-

Fårö

stränden und einer kargen Steppenlandschaft, aus der nur wenige Wohnhäuser aufragen. Entlang der Hofgrenzen und zur Abtrennung der Schafweiden sieht man die charakteristischen Trockenmauern, die aus Kalksteinplatten (schwed.: *flisor*) und Feldsteinen aufgeschichtet sind – uralte Kunstwerke, die allein schon einen Besuch der Insel lohnen. Genauso typisch sind die altertümlichen, schilfgrasgedeckten Schafställe *(lambsgift)* und die Windmühlen, die sich hier und da über der Steppe erheben.

Natürlich ist es möglich, die Insel Fårö sozusagen als Anhängsel einer Fahrt in den Norden Gotlands ›mitzunehmen‹, wie es in der Sommersaison auch tagtäglich von vielen eiligen Touristen praktiziert wird. Und natürlich mag ein oberflächlicher Eindruck besser sein, als die Insel überhaupt nicht kennenzulernen. Trotzdem sei an dieser Stelle ein warnendes Wort gestattet: Fårö ist eine kleine Welt für sich, mit wenigen kulturellen und vielen natürlichen Höhepunkten. Der Erlebniswert dieser ursprünglichen Welt wird um so größer, je mehr Zeit man im Reisegepäck mitbringt. Schließlich will man die Kalksteinformationen, Seen, Sandstrände und Dünengebiete nicht abhaken, sondern zu Wanderungen, Vogelbeobachtung, Sonnenbaden und Schwimmen nutzen. Falls Sie es einrichten können, sollten Sie sich also einen ganzen Tag für Fårö reservieren, wobei Sie bei der An- oder Abreise zusätzlich den Besuch von Bunge und Fårösund einplanen könnten – auf diese Weise bliebe Ihnen bei der Nordgotland-Route mehr Spielraum für die anderen Höhepunkte. Diejenigen aber, für die Zeit keine Rolle spielt, können sich gut und gerne mehrere Tage auf Fårö aufhalten, ohne daß Langeweile aufkommen würde. Es gibt markierte Wanderwege, Fahrradrouten abseits des Autoverkehrs und inzwischen auch die ersten Feriendörfer mit Hüttenvermietung – der geeignete Ort, um richtig die Seele baumeln zu lassen.

Gotland verläßt man in **Fårösund** mit einer der beiden Autofähren ›Kajsa-Stina‹ und ›Bodilla‹, die im Wechsel zu jeder halben Stunde ablegen, in der Hauptsaison aber auch in kürzeren Intervallen. Die Überfahrt dauert nur eine knappe Viertelstunde, doch muß man evtl. Wartezeiten einkalkulieren und sollte bei der Tagesplanung vorsichtigerweise mit einer ganzen bis 1,5 Stunden für beide Fährstrecken rechnen. Die Fähren sind übrigens nach typischen Fårö-Figuren benannt, Bodilla Jacobsdottir war beispielsweise eine legendäre einheimische Fischerfrau (1765–1844), die ihre Fänge mit einem kleinen Boot die ganze Strecke von Helgumannen im Nordosten von Fårö bis hinunter nach Visby brachte.

Die Siedlung nördlich des Sundes heißt **Broa** (Brücke) und besteht aus zwei Gehöften, einem Kiosk, *lambsgift* und einer Windmühle. Wenn hier die Fahne auf halbmast steht, weiß man, daß einer der 650 Einwohner von Fårö gestorben ist. Da der südliche Teil der Insel seit April 1997 für Ausländer zugänglich ist, können nun auch Abstecher zu Sehenswürdigkeiten wie dem Friedhof der englischen Choleraopfer und zum Kap Ryssnäs unternommen werden. Viele Namen und Monumente in dieser Gegend gehen auf den Besuch einer russischen Flotte im Jahre 1808 und auf den Krimkrieg (s. S. 116f.) zurück. Die schönsten Gegenden der Insel liegen jedoch weiter nördlich, so daß es sich aus Zeitgründen empfiehlt, die 5 km bis zum Hauptort Fårö auf der gut ausgebauten Asphaltstraße zurückzulegen, die durch eine manchmal karge, manchmal recht liebliche Landschaft führt, gesäumt von Wacholderbüschen, windgepeitschten Kiefern, altertümlichen Gehöften und dem ein oder anderen schilfgedeckten *lambsgift*.

Fårö, der gleichnamige Haupt›ort‹ der Insel, bietet einige touristische Einrichtungen, u. a. das Fåröhus mit Café, Fremdenzimmern und Grillabenden (Lamm), Lebensmittelladen, Jugendherberge und

Robbenjäger auf verlorenem Posten

Schon seit ältester Zeit stellte die Jagd auf die ehemals sehr reichen Robbenbestände in der Ostsee einen wichtigen Teil der insularen Lebensgrundlage dar – das wissen wir aus Knochenfunden u. a. auf den Karlsinseln. Die lange Tradition in diesem Gewerbe führte dazu, daß sich auf Gotland und Fårö einerseits seltsam-archaische Fangmethoden noch bis weit in die Neuzeit hielten und daß die Robbenjäger andererseits bestimmte Techniken entwickelten, die es woanders in dieser Form nie gegeben hat. Wie aus längst vergangenen Jägergesellschaften der Steinzeit mutete z. B. der Brauch an, der bei der Zunft der Robbenjäger (die immerhin bis 1865 bestand) auf der südgotländischen Näs-Halbinsel üblich war: Der *kutbuss* (Robbenkerl; von gotländ.: *kuta* = Robbe, Seehund), der sein erstes Tier erschlagen hatte, wurde mit dessen Blut beschmiert und solchermaßen ›gekrönt‹ in die Zunft aufgenommen. Eine wichtige Fortbewegungsart bei der Robbenjagd war das *stångstikel* (Stangenspringen). Dabei wurde in der Art der heutigen Stabhochspringer eine bis zu 3 m lange Stange in vollem Lauf auf den Boden gesetzt, allerdings nicht mit der Absicht, möglichst hoch zu springen, sondern möglichst weit vorwärts zu kommen. Mit der gleichen Technik konnte man sich im Winter, wenn Treibeis die Ostsee bedeckte, auch von einer Eisscholle zur nächsten bewegen.

Daß die Robbenjagd auch eine gefährliche Arbeit sein konnte, beweisen die beiden bemalten Holztafeln in der Fårö-Kirche. Die größere der beiden Votivtafeln, die ›Stora Kutatavlan‹, berichtet über die abenteuerliche Reise von 15 Robbenjägern, die sich 1603 zu weit auf die zugefrorene Ostsee hinausgewagt hatten. Hinter ihnen brach das Eis, so daß sie hilflos auf einer Eisscholle über das Meer trieben. Die vierzehntägige Irrfahrt, während der sie sich nur von den erlegten Robben und von Schnee ernähren konnten, endete schließlich an der festlandschwedischen Schärenküste; alle Robbenjäger wurden gerettet. Zum Dank ließen sie später die ›Stora Kutatavlan‹ malen, die außer ihrer charmanten Naivität der Darstellung auch als Zeitdokument von Bedeutung ist, zeigt sie doch die zeitgenössischen Schiffe, Trachten und das Werkzeug der Robbenfänger, außerdem die Lage der Inseln Öland, Gotska Sandön, Fårö und Gotland sowie die einzige erhaltene Ansicht der Festung Visborg. Die ›kleine Seehundtafel‹ (Lilla Kutatavlan) berichtet von einem ähnlichen Wunder, das 1767 dem Robbenjäger Jens Långhamar und seinem Sohn Lars widerfuhr.

Strand. Ein Aufenthalt hier lohnt sich aber vor allem wegen der Kirche, die von allen gotländischen Landkirchen am häufigsten umgebaut und in ihrer mittelalterlichen Substanz verändert wurde: Sein heutiges Aussehen erhielt das T-förmige Gotteshaus im Jahre 1858, als man der Kirche mit großen Fensteröffnungen einen für gotländische Verhältnisse ungewöhnlich hellen Innenraum bescherte. Einige wenige Erinnerungen an ältere Epochen sind dennoch erhalten, wobei die zwei Gemälde, die beide ›Robbenjäger auf verlorenem Posten‹ zum Inhalt haben, sicher das größte Interesse der Besucher wecken.

Unmittelbar an der Kirche führt eine asphaltierte Straße in Richtung Lauterhorn und durchquert die Insel an ihrer schmalsten Stelle. Nach 2,5 km zweigt dabei links eine staubige und schlaglochreiche Piste ab, die durch eine schöne Seenlandschaft nach **Gamla Hamn,** dem alten Hafen, verläuft. Die Seen und Moore sind ein Relikt jener Zeit, als hier ein Sund den nördlichen Teil Fårös vom südlichen trennte. Durch die Landhebung wuchs die Insel zusammen, so daß selbst die ehemalige Bucht Farnavik heute von Meer und Wind abgeschnitten ist und inmitten einer friedlichen Waldlandschaft liegt. Das gleiche Schicksal teilte der Hafen, von dem aus bereits in der Eisen- und Wikingerzeit Handel getrieben wurde und von dem nur noch ein 90 m langer und

Am Strand von Sudersand

schmaler Binnensee übrig blieb. Vom Parkplatz am Ende der Piste gehen einige markierte Pfade in die naturschöne Umgebung, in der man u. a. die steinernen Überreste der alten St.-Olofs-Kirche (gotländ.: St. Äulas-Körka) entdeckt. Am reizvollsten ist jedoch eine 10-Minuten-Wanderung entlang dem ›Klapperstein‹-Strand zum Naturreservat, in dem sich einige der bekanntesten Rauk-Formationen Gotlands befinden. Gemeint ist dabei vor allem das Naturtor mit dem Namen ›Der Hund‹ oder ›St. Olofs-Tor‹, von dem es unzählige Abbildungen gibt – vorzugsweise bei Abendstimmung, wenn die Sonne kurz vor ihrem Untergang das Tor ausfüllt.

Von hier können nur Wanderer und Radler auf direktem Weg das nächste Ziel ansteuern, während Autofahrer erst zur Asphaltstraße zurück müssen, auf der die Fahrt in Richtung **Lauterhorn** fortgesetzt wird. Der Flurname Lauters bezeichnet ein weites Gebiet an einem der besten Naturhäfen Gotlands, in dem es sowohl recht große Häuser als auch ein Fischerlager und vorhistorische Grabmonumente gibt. Ab der Mitte des 17. Jh. stieg Lauters zum Zentrum der hiesigen Kalkbrennerei auf, wovon mehrere Öfen und Steinhäuser zeugen. Die Tatsache, daß Holz auf Fårö knapp war, und das Aufblühen dieses Wirtschaftszweiges führten dazu, daß früher noch als auf Gotland ausschließlich mit Stein gebaut wurde – ein Umstand, der schon Carl von Linné bei seinem Besuch 1741 als Besonderheit auffiel. Ein gutes Beispiel dafür ist am Wegrand der weißgekalkte Lauters Gård, den der lokale Kalkpatron Johan Blesell in den 1780er Jahren aufführen ließ. Am Ende der Bucht liegt schließlich Lauterhorn, ein Fischerhafen mit Seerettungsstation.

Kurz vor Lauterhorn biegt die enge, aber asphaltierte Straße (Achtung: nicht für Wohnmobile oder Busse geeignet!) nach Norden ab und verläuft parallel zum Ufer quer durch das Naturreservat **Digerhuvud.** Hier befindet sich innerhalb eines 50 m breiten und 3,5 km langen Küstenstreifens Gotlands größtes zusammenhängendes Rauk-Gebiet. Nicht die Dimensionen der einzelnen *raukar* – die sind eher bescheiden – machen die Fahrt zu einem Landschaftserlebnis, sondern die Häufung von mehreren Hundert der merkwürdigen, scheinbar einer Phantasiewelt entstammenden Kalksteinsäulen, die sich aus dem ›Klapperstein‹-Feld der Strandzone erheben. Nördlich des Reservates erreicht man die Bucht Aursviken, wo sich links der Straße die rund 15 Katen des *fiskeläge* **Helgumannen** dicht aneinander inmitten der abweisenden Natur ducken. Der Name des Ortes (der heilige Mann) und seiner kleinen Quelle *(Helig Mans källa)* geht wohl auf einen Prediger aus der Zeit der Christianisierung zurück, wahrscheinlich hat sich hier aber bereits in der Eisenzeit eine feste Siedlung befunden. Die fensterlosen Holzbuden, die sich über flachen Steinfundamenten erheben, hinterlassen mit ihren kleinen Eingängen auf der Giebelseite und den überstehenden Holzdächern einen sehr altertümlichen Eindruck, passend zur gesamten Szenerie.

Ein kleines Stückchen weiter, am oberen Ende des Bondansträsk, hält man sich an der Weggabelung links und fährt auf einer Stichstraße nach **Langhammars,** dem wohl beeindruckendsten Ausflugsziel auf Fårö. Schon der gut 2 km lange, unasphaltierte Anfahrtsweg lohnt den Abstecher: Kleine Teiche, Schafweiden, karge Steinäcker und der Langhammars Gård aus dem 17. Jh. begleiten einen, bis man schließlich den Parkplatz oberhalb des Naturreservates erreicht. Im Gegensatz zu Digerhuvud ist das geschützte Areal mit 400 m Länge recht klein, dafür sind die *raukar* um so größer (8–10 m). Die bizarren, grau-weißen Kalksteinsäulen, die Wind, Wetter und Wellen aus der Steilküste herausmodelliert haben, wirken wie überdimensionierte Masken, die vage an die Steinbildnisse der Osterinseln erinnern. Hier an einem schönen Sommertag durch die Rauk-Formationen und über den ›Klapperstein‹-Strand zu wandern, ist ein unbeschreibliches Erlebnis!

Während Fahrradfahrer ab dem Langhammars-Hof quer über die Insel nach Ringvide radeln können, müssen die motorisierten Reisenden einen kleineren Umweg in Kauf nehmen, für den die schöne Landschaft aber mehr als entschädigt. Zunächst passiert man linker Hand den schönen, renovierten Bauernhof von **Bondans,** der von 1783 stammt und in dessen Nähe sich immer viele der typischen Gotlandschafe aufhalten. Achten Sie bei der Weiterfahrt auch auf die kunstvoll aufgeschichteten Naturstein-Mauern, die auf beiden Seiten den Weg säumen. Knapp 7 km hinter Langhammars erreicht man dann wieder die breite Hauptstraße, auf der es nun parallel zur Küste in knapp 10 km zu den Stränden im Nordosten weitergeht. Auf dem Weg kommt man, nur wenige Fahrminuten hinter der Einmündung, nahe dem Alnäsaträsk vorbei, einem flachen, schilfbestandenen See, der mit seinem reichen Vogelleben ein Paradies für ornithologisch Interessierte ist. Auf der anderen Seite der Hauptstraße gelangt man auf einem schlechten Weg zur Bucht Alnäsaviken, die sich für eine Badepause eignet. Die Strände weiter nördlich sind jedoch von ungleich besserer Qualität, wobei den Anfang der breite und mehrere Kilometer lange Sandstrand von **Sudersand** macht, der als größter und bester von ganz Gotland bekannt ist. Dementsprechend findet man hier, vor allem an seinem östlichen Ende, eine ganze Reihe touristischer Einrichtungen (Geschäft, Cafeteria, Pensionat, Jugendherberge, Ferienhäuschen und Campingplatz), trotzdem ist es selbst in der Hauptsaison nie überfüllt. Wer nur ein kurzes Stück am Strand entlang oder durch die Dünen wandert, wird mit Sicherheit ein Plätzchen ganz für sich allein finden.

Mit Sudersand beginnt auch die Halbinsel Avanäs, die im wesentlichen aus Sand besteht. Nach intensivem Holzeinschlag, vor allem im 18. Jh., hielten keine Wurzeln mehr die dünne Humusschicht über dem Sand zusammen, so daß die Dünen zu wandern begannen. Die Flugsandfelder bedrohten die ohnehin nicht mit fruchtbarer Erde gesegneten landwirtschaftlichen Betriebe, und Hilfe war dringend notwendig. Ab dem Anfang des 19. Jh. leitete man deshalb erfolgreich Aufforstungsprogramme in die Wege, die die Wanderung der Dünen schließlich stoppen konn-

Rauk bei Langhammars

ten. Einzig das Naturreservat von **Ullahau,** in der Mitte der Halbinsel gelegen und mittlerweile von Kiefernwald umringt, kann mit seinen Inland-Sandflächen noch einen Eindruck von der damaligen Situation vermitteln. Dieses Gelände ist ein wunderschönes Wandergebiet, das man sich keineswegs entgehen lassen sollte, auch wenn an manchen Sommertagen die Hitze über Ullahau flimmert und der feine Sand das Gehen beschwerlich macht. Ein typischer Bewohner dieser Gegend ist der ›Ameisenlöwe‹, eine Larvenform der libellenartigen Ameisenjungfer. Er lebt im Sandboden in einer trichterförmigen Grube, aus der nur seine beiden Fangzangen herausschauen, und wartet darauf, daß eine Ameise in die Grube hineinrutscht.

Ein Besuch des Naturreservates ist von Sudersand aus möglich oder am Ende einer Rundfahrt, die um die ganze Halbinsel Avanäs führt. Wenn Sie dabei in der bisherigen Richtung der Küstenlinie folgen, können Sie als erstes auf einem kurzen, unasphaltierten Weg einen Abstecher nach rechts zur Avaeken unternehmen, einer fünfhundertjährigen, unter Naturschutz stehenden Eiche. Wieder auf der Hauptstraße, gelangen Sie schließlich nach Holmudden, dem östlichen Ende Gotlands, mit dem Leuchtfeuer **Fårö fyr** und einem großen Robbenschutzgebiet draußen im Meer. Auch hier gibt es einen herrlichen, von Kiefernwald gesäumten Badestrand mit hohen Sanddünen, Strandhafer und Distelgewächsen. Wegen seiner exponierten Lage ist das Wasser immer etwas kälter als an den anderen Stränden der Insel, zudem macht oft eine Unterströmung das Schwimmen zu einem Risiko, weshalb man es am Strand von Skalasand besser beim Sonnenbaden belassen sollte. Um die Runde zu vollenden, fährt man anschließend weiter in nördlicher Richtung zur Bucht Ekeviken mit der kleinen Siedlung **Skär,** deren Einwohner früher ein Fest feierten, wenn wieder einmal ein Schiff vor der Küste strandete. Denn die Ostsee ist dort berüchtigt für ihre Untiefen, Riffe und Sandinseln, die sich je nach Wind- und Wellenverhältnissen ständig verändern und so manchem Kapitän zum Verhängnis wurden. Die hiesigen Bewohner mußten von dem kärglichen Ertrag ihrer Steinäcker leben und betrieben außerdem Seehund-Jagd und Fischerei. In den Wintermonaten war die Not oft groß, und da kam ein mit Lebensmitteln beladener Frachter gerade recht: überliefert ist der Zusatz zum Gebet: »Gott, laß ein großes Schiff in der Nacht auf Skär stranden.«

Auf einer kleinen Piste gelangt man von Skär zum schönen Sandstrand von **Norsta Aura,** der bevorzugt von Nacktbadern aufgesucht wird. Aber auch sonst bietet der weitgespannte Bogen der Bucht Ekevik (gotländ.: Ajkesvik), den Sie bei der Weiterfahrt abfahren, manch gute Badegelegenheit. Früher war hier der Standort der wichtigsten Seenotrettungsstation von Fårö, woran am westlichen Ende ein kleines Museum erinnert. Von hier aus geht es wieder nach Süden, ganz nah am Naturreservat Ullahau vorbei (s. o.), bis man auf die bereits bekannte Straße stößt. Auf dieser gelangen Sie auch zurück nach Broa, dem Ausgangspunkt dieser Route.

Camping: Sudersands Camping *, ✆ 22 36 12; Mitte Mai bis Mitte September geöffnet. Strandskogen ***, ✆ 22 37 65; Campinghütten, Mitte Mai bis Mitte September geöffnet. Solhaga Campingplats **, ✆ 22 41 43; Anfang Juni bis Mitte August geöffnet.

Jugendherberge: Vandrarhem Fårö, ✆ 22 36 39.

Ostgotland – Fliehburgen, Gräberfelder und Fischräuchereien

Zu Besuch beim Stammvater aller Gotländer und in eindrucksvollen Landkirchen, Wanderung durch die größte Fliehburg des Nordens und zu verwunschenen Gräberfeldern im Kiefernwald, Kostprobe von geräuchertem Fisch und Wassersport am ältesten Seebad der Ostküste.

Will man den Besichtigungstag mit einigen sehenswerten Landkirchen beginnen, wählt man für die erste Etappe anstelle der Reichsstraße 147 – der schnellsten Verbindung zwischen Visby und Slite – eine schmalere, südlich verlaufende Parallelstraße, die östlich der Hauptstadt rechts von der 147 abzweigt und nach 10 km zur Kirche von **Endre** führt. Mit ihrem in das Gotteshaus integrierten Turm unterscheidet sie sich bereits äußerlich von den meisten anderen Landkirchen. Außen bestechen der Portalschmuck und in die Südfassade eingelassene Reliefsteine eines Vorgängerbaus, während das Innere mit einem romanischen Taufstein samt Deckel, einem ebenfalls romanischen Triumphkreuz, Kalkmalereien aus verschiedenen Epochen und einem gotischen Schnitzaltar aufwartet. Das ursprüngliche Flair der Kirche reizte in der Vergangenheit einen schwedischen Regisseur, hier alle neuzeitlichen Zugaben wie Bestuhlung etc. fortzunehmen, durch Kulissen das ›wahre‹ mittelalterliche Aussehen zu rekonstruieren und einen lateinischen Gottesdienst vom Ende des 13. Jh. filmisch in Szene zu setzen.

Nach dieser Ouvertüre gelangt man in wenigen Kilometern zur Landkirche von **Ekeby,** deren hoher Turm den Weg weist. Auch hier sind vorzügliche Kalkmalereien sowie ein Triumphkruzifix und ein Taufstein aus romanischer Zeit zu bewundern.

Auch die Kirche von **Källunge** sollte man auf keinen Fall versäumen. Schon von weitem zeigt sich ihre merkwürdige Silhouette über den Feldern, die am besten den Typus einer ›Sattelkirche‹ verdeutlichen kann: An einen riesigen Chor aus gotischer Zeit schließen sich im Westen ein kleines romanisches Kirchenschiff samt Turm an. Hier sind die Konsequenzen, die das Katastrophenjahr 1361 für Gotland bedeutete, deutlich zu sehen! Die Umbaupläne der romanischen Kirche waren erst zu einem Drittel verwirklicht, als Pest und Valdemar Atterdags Heerzug einen Schlußstrich unter die Bautätigkeit setzten; mit provisorischen Mauern verband man alte und neue Gebäudeteile und setzte das bereits fertige gotische Portal noch schnell in das romanische Langhaus ein. Übrig blieben vereinzelt sichtbare Fundamente und Steinquader auf dem Kirchhof, die von der Großartigkeit des Entwurfs künden. Schaut man sich die Kirche von außen an, beeindrucken vor allem die beiden Südportale mit ihrem Kapitellschmuck, auf dem auch einfache Gotländer – Bauarbeiter, Hirten und Musiker – zu sehen sind. Man betritt das Innere durch das ehemalige romanische Kirchenschiff, das gegenüber dem Chor wie eine Vorhalle wirkt und auch so genutzt wird. Zu diesem gelangt man durch einen Bogen, in dem die wohl ältesten Kalkmalereien der Insel (ca. 1200) ihren russisch-byzantinischen Einfluß nicht verleugnen können. Der dreischiffige Chor wirkt einerseits grandios, scheint aber für eine einfache Landkirche überdimensioniert zu sein. Wenn man vom Chor auf die Abmessungen des geplanten gotischen Gotteshauses schließen kann, dann dürfte den Bauherren hier eine wahre ›Bauernkathedrale‹ vorgeschwebt haben, die größer als viele skandinavische Domkirchen gewe-

Ostgotland

Slite
Bogevik
Boge
147
Lokrume
Hejnum
Klinte
Klinte-
berget
146
Fole
Vike Minnesgård
Vike
Tjälderviken
147
Bäl
Tjälder
Tjelvars grav
Vitviken
Majsterrojr
Åminne
Källunge
Vallstena
Gothemån
Ekeby
Botvaldvik
Gothem
Suderbys
Hörsne
alhem
Hässelby
Norrlanda Fornstuga
Kajsarskogen
Hammars
Liste ängar
Bjärs
Sandviken
Ganthem
Trullhalsar
Halla
Norrlanda
Anga
Garnudden
146
Hammarudden
Östergarns-
holm
Katthammars-
vik
Storgrunn
Vänge
Kräklingbo
Grogarns-
berget
Katthammarsvik
Hajdeby
Herrvik
Östergarn
Ala
Thorsburgen
Sysne
Gammelgarn
Sand-
viken
Sysne udde
Buttle
Ardre
143
Folhammar
Vitvät
Etelhem
Alskog
Ljugarn
N
0
5 km

Der Altaraufsatz in Källunge

sen wäre! Vornehmstes Inventarstück ist ein Triptychon vom Anfang des 16. Jh., das vermutlich in Lübeck gefertigt wurde. Der komplett erhaltene Flügelaltar, der die Krönung der Muttergottes zeigt, schmückte einst die Marienkirche in Visby. Weiterhin sieht man vor einem edlen, mittelalterlichen Sakramentsschrank die Kopie des berühmten ›Källunge-Wimpels‹ (das Original befindet sich im Visbyer Fornsal). Lange Zeit hatte diese bronzene Fahne auf dem Mast eines Wikingerschiffes Dienst getan, bis sie in christlicher Zeit auf die Kirchturmspitze versetzt wurde.

In einem Radius von nur wenigen Kilometern befinden sich um Källunge noch einige überaus sehenswerte Landkirchen, allen voran die von **Vallstena.** Doch sollte man einen Besichtigungstag nicht überfrachten, abgesehen davon, daß noch andere Kirchenbesuche im weiteren Verlauf zu absolvieren sind. Deshalb ist es an dieser Stelle besser, der Landstraße zu folgen, um dann wieder auf die Straße 147 einzubiegen.

Das nächste Ziel heißt **Slite,** das jeder Schwede als Geburtsort von Håkon Loob kennt, dem wohl populärsten Eishockeyspieler des Landes. Mit 1700 Einwohnern ist Slite nach Visby und Hemse die drittgrößte Siedlung der Insel und Zentralort für das gesamte nördliche Gotland. Obwohl schon im frühen Mittelalter gegründet, kann Slite jedoch nicht mit hübschen Gassen, alten Gemäuern oder ähnlichen Postkartenmotiven aufwarten. Statt dessen wird die ›Skyline‹ des Städtchens vom großen Cementa-Industriekomplex bestimmt, der im sonst so ländlichen Gotland wie ein Fremdkörper wirkt. Bei dem mitten im Ort liegenden Betrieb handelt es sich um eine der modernsten und energiesparendsten Zementfabriken Europas, die mit knapp 360 Angestellten immerhin fünftgrößter Arbeitgeber der Insel ist. Als sie 1919 eingerichtet wurde, übernahm sie das Erbe der Kalköfen in der Gegend, die bereits ab 1614 den gleichen Grundstoff verarbeiteten (s. S. 108f.). Aber erst durch die moderne Industrieanlage, die mittlerweile mehrfach umgebaut und völlig rationalisiert wurde, konnte Slite so richtig aufblühen. Dank des Betriebes entstanden Einrichtungen wie Post, Banken, Geschäfte, Arbeitersiedlungen mit Einfamilienhäuschen und Vorgärten sowie der große Hafen. Dieser ist übrigens der beste der Insel und dient auch als Ausweichquartier für Fähren und Kreuzfahrtschiffe, falls ein zu starker Westwind das Anlaufen von Visby unmöglich macht. Andererseits wird der Besuch von Slite manchmal durch den Grauschleier des allgegenwärtigen, feinen Kalkstaubs und den Lärm der Förderbänder beeinträchtigt. Lohnt es sich dann überhaupt, hierhin zu fahren oder Slite gar als Standort (Campingplatz, Jugendherberge, Hotel) zu wählen? Die Frage kann aus mehreren Gründen bejaht werden. Erstens ist da die erwähnte Infrastruktur, die auch für Touristen hilfreich sein kann, weil es so viele Geschäfte, Tankstellen etc. in Nordgotland nun auch wieder nicht gibt. Zweitens hält Slites Umgebung manche positive Überraschung bereit: den Sandstrand in der Badebucht südlich des Ortes (Badviken) und den neuen 18-Loch-Golfplatz, die vorgelagerten Inseln und Schären, von denen viele sehenswerte *raukar* aufweisen, oder den Binnensee Bogevik mit seinem reichen Vogelleben. Drittens schließlich hat auch Slite selbst durchaus etwas zu bieten, z. B. die moderne ›Stabkirche‹ von 1960 (eins der wenigen gotländischen Gotteshäuser aus jüngerer Zeit) oder der Hafen, in dem Frühaufsteher fangfrischen Fisch kaufen oder zu Angel- und Sightseeingtouren per Boot aufbrechen können. Die größte Sehenswürdigkeit ist aber die riesige Kalksteingrube, die sich jenseits der Straße 147 in den Untergrund frißt und die man von einem Parkplatz mit Info-Stand näher in Augenschein nehmen kann. Für besonders Interessierte werden auch Führungen über das Gelände angeboten.

Information: Turistinfo Slite, Slite Torget, 62030 Slite, ✆ 22 24 63.

Unterkunft: Slitebadens Hotell, Storgatan, 62030 Slite, ✆ 22 23 70; älteres Gebäude mit einigen einfachen Zimmern, Restaurant, Pub, schöner Garten. Organisation von Angeltouren.

Camping: Slite Camping & Semesterby ***, Strandvägen, 62030 Slite, ✆ 22 08 30, Fax 22 08 11, geöffnet Anfang April bis Ende September; 10 Gehminuten abseits des Zentrums am Strand gelegen, Hüttenvermietung.

Bei der Weiterfahrt geht es von Slite aus immer parallel zur Ostküste

Die Gutasaga

Das Epos der Gotländer

In den Sagas, einer der spezifischen nordischen Literaturgattungen, erfahren wir viel über die Geschichte und Geschichten der Skandinavier. So wie etwa die ›Heimskringla‹ von den historischen Anfängen Norwegens, die ›Grönlandsaga‹ über die Entdeckung und Besiedlung Grönlands oder die ›Landnamabok‹ über den Exodus der Wikinger nach Island berichten, so besitzen auch die Gotländer mit der ›Gutasaga‹ ein Geschichtskompendium, das tief in die ältesten Schichten der menschlichen Anwesenheit auf ihrer Insel eindringt. Vermutlich wurde das Buch um 1220 n. Chr. niedergeschrieben, liegt uns aber erst in der Überlieferung von etwa 1350 vor. Damals ging es darum, das altgutnische Recht, das sich in vielen Punkten vom altschwedischen unterschied, schriftlich zu fixieren. Als Anhang zu diesem *gutalagen* erscheint in der Handschrift dann die ›Gutasaga‹, die die staats- und kirchenrechtliche Stellung der Gotländer innerhalb des schwedischen Reiches beschreibt, daneben aber auch Nachrichten über die Geschichte Gotlands bringt und uralte Volksüberlieferungen enthält. Als historische Quelle sind solche Passagen von zweifelhaftem Wert, denn zwischen dem Zeitpunkt der Niederschrift im christlichen Mittelalter und den beschriebenen Ereignissen liegen viele Jahrhunderte. Über Gotländer in der damaligen Zeit heißt es: »Vor dieser Zeit und lange danach glaubten die Menschen an Haine und Hügel, heidnische Heiligtümer und Kultplätze und an heidnische Götter; sie opferten ihre Söhne und Töchter und Vieh zusammen mit Speise und Bier. Das taten sie nach ihrem falschen Glauben«. So richtig interessant wird es für den heutigen Leser aber, wenn am Anfang der ›Gutasaga‹ die sagenhafte Vorgeschichte der Insel und ihrer Bewohner beschrieben ist: »Gotland fand zuerst ein Mann, der Tjelvar hieß. Damals war Gotland so verzaubert, daß es an den Tagen versank und in den Nächten oben war. Aber dieser Mann brachte zuerst Feuer auf das Land, und danach

in südlicher Richtung. Dabei legt man die ersten Kilometer wieder auf der Straße 147 zurück und passiert südlich des Zentralortes eine schmale Landbrücke, die den Binnensee **Bogevik** vom Meer trennt. Der Namensbestandteil *vik* deutet schon daraufhin, daß hier die

versank es nie mehr.« Man kann nicht davon ausgehen, daß es sich bei diesem Tjelvar, der gewissermaßen als gotländischer Prometheus das Land erlöste und zum Stammvater aller Insulaner wurde, um eine historische Person handelt. Aber schwingt nicht in der Sage von dem ›verzauberten Gotland‹ die kollektive Erinnerung an jene Zeiten mit, in denen die wechselnden Wasserniveaus der Ostsee immer wieder neues Land an die Oberfläche brachten, oft aber auch Inselteile wieder in die Fluten zurücksinken ließen? Über das weitere Schicksal Tjelvars läßt uns die ›Gutasaga‹ im Unklaren. Auch über seine Frau wissen wir nichts, statt dessen steht lapidar geschrieben, daß Tjelvar einen Sohn mit Namen Hafthi hatte. Hafthis Frau wiederum hieß Hvitastierna (Weißstern), und »die zwei wohnten zuerst auf Gotland«. Das Ehepaar hatte drei Söhne, die Gute, Graip und Gunnfiaun hießen und von ihren Eltern jeweils ein Drittel der Insel bekamen. Damit erklärt die Saga die historische Dreiteilung der Insel mit jeweils einem Hauptthing in Nord-, Mittel- und Südgotland. Weiter heißt es: »Von diesen dreien vermehrte sich dann das Volk auf Gotland so lange Zeit hindurch, daß das Land sie nicht alle zu ernähren vermochte.« Scheinbar waren also Tjelvars Nachfahren so fruchtbar, daß die Insel mit der Zeit übervölkert wurde. Die Schilderung, wie die Gotländer die Krise meisterten, indem sie ein Drittel der Einwohner zur Auswanderung zwangen, ist von besonderem Interesse. Denn dieser Passus könnte ein Hinweis darauf sein, wie die Goten aus ihrer Urheimat vertrieben wurden und auf ihrem historischen Zug in den Süden gelangten: ›Da losten sie aus dem Lande fort jeden dritten Menschen, so daß sie alles haben und mit sich fortnehmen sollten (...). Danach wollten diese ungern fortgehen, sondern gingen zur Thorsburg und ließen sich dort nieder. Da wollte das Land sie nicht dulden, sondern sie vertrieben sie von dort. Dann zogen sie fort zur Insel Fårö und ließen sich dort nieder. Dort konnten sie sich nicht ernähren, sondern fuhren zu einer Insel bei Estland, die Dagö heißt, und ließen sich dort nieder und bauten eine Burg, die heute noch zu sehen ist. Dort konnten sie sich auch nicht ernähren, sondern zogen einen Fluß hinauf, der Düna heißt, und hinauf durch Rußland. So weit zogen sie, daß sie nach Griechenland kamen.«

nacheiszeitliche Landhebung eine ehemalige Bucht von der Ostsee abschnitt. Im Mittelalter wurden sieben Kanäle angelegt, die als *sjuströmmar* (sieben Ströme) für die Fischerei von Bedeutung waren. Die Ausbeute an Karpfen, Hechten, Aalen, Lachsen und anderen

Tjelvars Grab

Fischen nahm so gewaltige Dimensionen an, daß im 17. Jh. gesetzliche Regelungen getroffen werden mußten, wer hier zu welcher Zeit wieviel Fisch herausholen durfte – selbstredend sicherte sich der Gouverneur ebenfalls einen Anteil an den Fängen. Inzwischen ist der Reichtum versiegt, und von den ›sieben Strömen‹ sind nur schmale, schilfbestandene Rinnsale übriggeblieben. Der Damm, der rund 200 m westlich der Autostraße durch den See führt, wurde beim gotländischen Eisenbahnbau angelegt und hat heutzutage keine Funktion mehr. Ansonsten ist der Bogevik-See ein Vogelparadies und lockt alljährlich viele ornithologisch interessierte Laien und Fachleute an.

An der nächsten Wegkreuzung biegt man links auf die Straße 146 ab, die nach etwa 1,5 km zunächst zum Klinteberget führt, einer schönen Ansammlung von Klippen und *raukar,* die den ehemaligen Küstenverlauf markieren. Anschließend gelangt man zur Bucht von **Tjälder** (Tjälderviken), wo sich der kurze Abzweig nach links zum Vike Minnesgård lohnt. Die von einem hohen Zaun umfriedete Hofanlage umfaßt mehrere Gebäude, u. a. einen mit Schilfgras bedeckten Holztrakt aus dem 18. Jh. und ein steinernes Herrenhaus aus dem 19. Jh. Der Vike Minnesgård, zu dem auch ein herrlich duftender, dreihundertjähriger Kräutergarten gehört, ist der Öffentlichkeit im Sommer als Museumshof zugänglich (tägl. 10–18 Uhr).

Einige hundert Meter weiter kann man rechter Hand auf einem unasphaltierten, aber problemlos befahrbaren Waldweg einen Ausflug in die Vorgeschichte unternehmen. Nach gut 1,5 km erreicht der Weg das bronzezeitliche **Tjelvars Grab,** das zwar nicht die größte, mit seiner idealen Linienführung aber sicher eine der schönsten Schiffssetzungen Gotlands ist (16 m lang, 4 m breit). Außerdem hat es für die Geschichte der Insel seine ganz besondere Bedeutung, da hier der Tradition nach Tjelvar, der Stammvater aller Gotländer (s. S. 140f.), beigesetzt worden sein soll.

Zurück auf der Küstenstraße, passiert man die weitgeschwungene Bucht **Vitviken,** in die der Gothembach (Gothemån) mündet. Das Flüßchen ist zwar der größte Wasserlauf Gotlands, kann aber trotzdem im Sommer völlig austrocknen. Der kinderfreundliche Sandstrand der Vitviken ist ein beliebtes Ausflugsziel, dessen touristische Aktivitäten in der Freizeitanlage von Åminne gebündelt werden, wo man u. a. einen Campingplatz, Hüttendorf, Restaurant, Swimmingpool und Kiosk vorfindet.

Camping: Åminne Fritid ***, Åminne, 62030 Slite, ✆ 3 40 11, Fax 3 43 23, geöffnet Anfang Mai bis Ende August; 16 Hütten.

Wer dem Bad in der Ostsee einen weiteren Abstecher in die Bronzezeit vorzieht, sollte kurz vor der Brücke über den Gothembach rechts auf dem Waldweg zur **Majsterrojr** fahren, die wie Tjelvars Grab mehr als 1 km von der heutigen Küste entfernt liegt. Diese Röse (Steinhügelgrab) thront herrlich auf einem Steilabhang und hat mit 4 m Höhe und einem Durchmesser von 33 m grandiose Ausmaße.

Das nächste Ziel auf dem Weg in den Süden ist die Kirche von **Gothem,** deren gotischer Galerieturm zu den höchsten der Insel zählt. Auch die wehrhafte Kirchhofsmauer mit ihren drei Portalen und Überreste des rechteckigen Verteidigungsturmes *(kastal)* sind erhalten, so daß das Gotteshaus all das besitzt, was im Mittelalter zu einer gotländischen Landkirche gehörte. Das Innere ist u. a. wegen der sehr gut bewahrten Kalkmalereien interessant, die wohl um das Jahr 1300 entstanden sind. Einige Fahrminuten weiter östlich liegt eine der schönsten gotländischen Küstenlandschaften mit Mooren, Buchten und Inseln. Dazu zählt auch der schilfreiche See von Storsund, ein Naturschutzgebiet mit reichem Vogelleben und z. T. seltenen Pflanzen.

Die Hauptroute folgt von Gothem jedoch weiter der Straße 146, auf der man durch einen ausgedehnten Kiefernwald mit dem schönen Namen Kajsarskogen (Kaiserwald) kommt. Dort gelangt man auch zu einem mit der ›Ewigkeitsschleife‹ markierten Abzweig nach links, der geradewegs in den Wald hineinführt. Wer sich für Vorgeschichte interessiert, sollte diesen ca. 5 km langen Abstecher nicht verpassen, denn er führt zu den **Trullhalsar** (Zauberhügel), einem wunderschön gelegenen eisenzeitlichen Gräberfeld. Schon auf dem Anfahrtsweg taucht man tief in die Vergangenheit ein, da immer wieder große bronzezeitliche Grabhügel zwischen den Bäumen auftauchen und sich auf einem Feld zur Rechten schließlich das erdbedeckte Grab von Bjärs erhebt, mit 6 m Höhe und einem Durchmesser von 55 m das größte der Insel. Auch in Hammars, einem ehemaligen *fiskeläge* am Strand, könnte ein Stopp bzw. Picknick

Trullhalsar

eingelegt werden; in dessen Nähe sind eine gut erhaltene Wassermühle (1 km Fußweg) und die Wiese *Liste ängar* sehenswert, einer der orchideenreichsten Plätze Gotlands. Anschließend kommen Autofahrer den Trullhalsar recht nahe, müssen aber die letzten 350 m zu Fuß gehen. Im mystischen Halbdunkel einer Waldlichtung entdeckt man dort einen Friedhof mit ca. 350 kreisrunden Gräbern, die etwa 200 Jahre vor der Wikingerzeit angelegt worden sind; bei einem Spaziergang stößt man noch auf andere Grabformen *(domarringar)*. Angesichts des lichten, mit Heidekraut durchsetzten Kiefernwaldes will man nicht glauben, daß die Ostsee nur 500 m entfernt ist; als das Gräberfeld angelegt wurde, wird sie sich aber in unmittelbarer Nachbarschaft zu dieser heiligen Stätte befunden haben!

Während Wanderer und Radler weiter dem Waldweg folgen können, müssen Autofahrer auf der gleichen Strecke wieder zur Straße 146 zurückkehren. Dort entscheiden nun Ihre Zeit und Ihre Kondition über den weiteren Routenverlauf. Die kürzere Strecke ist natürlich die 146, die einen schnell zum nächsten Ziel Kräklingbo bringt. Wer sich aber noch nicht müde geschaut hat, kann einen äußerst interessanten, landeinwärts gerichteten Bogen abfahren, auf dem u. a. weitere Kirchen zu besichtigen sind. Sollten Sie sich dazu entschließen, halten Sie sich an den ausgeschilderten Weg nach Hörsne, der rechts abzweigt und nach etwa 1 km zunächst den Hof von Burs passiert. Dort sind in der **Norrlanda Fornstuga** mehrere Gebäude z. T. in Fachwerktechnik aus dem 17./18. Jh. samt dazugehöriger Einrichtung in einem Freilichtmuseum bewahrt. Der Initiator der Anlage war der bekannte gotländische Dichter Gustav Larsson, der 1924 eine alte Scheune aufkaufte und hierhin transportieren ließ (im Sommer tägl. 8–19 Uhr geöffnet, Eintritt SEK 2).

Weiter geht es an der Kirche von **Hörsne** (u. a. schönes Portal) vorbei nach **Dalhem,** dessen Kirche als eine der größten und interessantesten der Insel gilt. Schon von weitem ist ihr hoher, gotischer Galerieturm mit Wasserspeiern und Fialen zu sehen, daneben verdient der Portalschmuck auf der Südseite mit seinen ungewöhnlichen Motiven Beachtung. Im dreischiffigen Innenraum wird den meisten Besuhern angesichts der kompletten Ausmalung wohl zunächst der Atem stocken. Sie sind das Resultat einer gutgemeinten, aber in der Ausführung nicht immer überzeugender ›Restaurierung‹ aus den Jahren 1899–1914. Immerhin ist das Mittelalter nicht gänzlich getilgt worden, sondern behauptet sich mit schönen Glasfenstern im Chorfenster und originalen Einrichtungsgegenständen. Auch in unmittelbarer Nähe der Kirche ist die alte Zeit unverfälscht bewahrt: Zwei Steinkreuze (das eine etwa 200 m nördlich, das andere an der Weggabelung im Südwesten) mögen als Versammlungspunkte der ersten Christen gedient haben. Am südlichen Ortsausgang sieht man sich unvermittelt in eine ganz andere Zeit versetzt: Hier ist ein Stück des ehemals umfassenden gotländischen Eisenbahnnetzes erhalten geblieben, auf dem nun in der Saison So, Mi und Do der Museumszug Dalhemståget verkehrt. Die Reise dauert nur 20 Minuten und lohnt sich vor allem für Touristen mit Kindern und Schnauferlfans (Fahrpläne, Preise und weitere Infos unter ✆ 38043). Zusätzlich erinnern das alte Bahnhofsgebäude samt Café und Wartesaal sowie andere Relikte an die große Zeit der gotländischen Züge.

Am Bahnhof Hässelby folgt man weiter der Landstraße zunächst in südlicher Richtung, dann hält man sich links und fährt nach Osten auf **Ganthem** zu. Schauen Sie auch hier in die Landkirche hinein, die u. a. ein Triumphkreuz und einen Taufstein, beides aus romanischer Zeit, zu ihren Kunstschätzen zählt.

Noch interessanter ist die Kirche von **Norrlanda**, insbesondere wegen ihrer drei ungewöhnlich großen Kirchhofsportale und dem Kapitellschmuck des Südportals. Kurze Zeit später stoßen Sie wieder auf die Straße 146, auf der es nun weiter nach Süden geht.

Vorbei am romanischen Kirchlein von Anga – einem der kleinsten Gotlands – gelangt man bald darauf nach **Kräklingbo,** dessen Kirche zwar keinen Westturm be-

Die Albatross-Affäre

Das Albatross-Museum und der Friedhof der Östergarn-Kirche erinnern an ein Intermezzo des Ersten Weltkrieges, das damals als Albatross-Affäre in die internationalen Schlagzeilen geriet. Auf seiner dritten und letzten Expedition war der deutsche Minenleger ›Albatross‹ am 1. Juli 1915 in Danzig gestartet, eskortiert von einem Panzerkreuzer und fünf Torpedobooten. Der Auftrag war, zwischen Gotland und der baltischen Küste Minenfelder zu legen. Die Russen, gegen die diese Aktion gerichtet war, hatten jedoch verschlüsselte Telegramme decodiert und kannten daher die Position des Schiffes – schnell rüsteten sie zum Gegenschlag. Schon am nächsten Tag tauchten vier russische Kreuzer auf und eröffneten das Feuer. Während sich die kleine deutsche Eskorte zur Kampfformation ordnete, floh die ›Albatross‹ in einer Zick-Zack-Linie in Richtung gotländischer Küste – verfolgt von den feindlichen Kreuzern. Von mehreren Treffern schwer beschädigt, gelangte das fast manövrierunfähige Schiff dennoch in schwedische Gewässer, die zunächst Schutz versprachen. Denn Schweden hatte im Ersten (wie auch im Zweiten) Weltkrieg eine neutrale Position bezogen, die alle Kampfhandlungen auf seinem Territorium ausschloß. Als die ›Albatross‹ mit schwerer Schlagseite zwischen Katthammarsvik

sitzt, dafür aber zwei bemerkenswerte Portale und im Innern neben sehr frühen Kalkmalereien Einrichtungsgegenstände von der romanischen bis zur barocken Epoche. An der Kreuzung nahe der Kirche verläßt man nun die Straße 146 und fährt nach links in östlicher Richtung auf Östergarn zu, jene Stelle, an der Gotland am breitesten ist. Wenige Kilometer hinter der Kreuzung verweist rechter Hand ein Schild auf den Weg zur **Thorsburg,** eine der wichtigsten prähistorischen Sehenswürdigkeiten der Insel. Unterwegs passiert man den Hof von Hajdeby aus dem 19. Jh., auf dessen Gelände mehrere der merkwürdigen Schwertschleifrinnen zu sehen sind und wo im Sommer Schaffelle verkauft und Kaffee ausgeschenkt wird. Der Hof liegt mitten in jener Region, in der Anfang der 90er Jahre einer der schlimmsten Waldbrände Schwedens wütete, doch haben sich inzwischen Heidekraut und kleine Baumschößlinge ihren Lebensraum zurückerobert. Bis zur Thorsburg fährt man gut 10 Minuten auf einer unasphaltierten Piste, ein Weg, der sich jedoch unbedingt

und der Insel Östergarnsholm auf Grund lief, schien man daher noch mit einem blauen Auge davongekommen zu sein. Die Russen stellten das Feuer jedoch nicht ein, sondern schossen mit schwerem Kaliber einfach über die flache Insel hinweg, wo das schwedische Leuchtturm-Personal vor den Granaten Schutz suchen mußte. Bis sich die vier Kreuzer schließlich wieder zurückzogen, hatte die ›Albatross‹ über 20 Treffer abbekommen, 28 Mann verloren das Leben. Inzwischen war natürlich längst die schwedische Küstenwache alarmiert worden, die allerdings mit den schlechten Verkehrsverhältnissen im damaligen Gotland zu kämpfen hatte. 40 Mann einer bewaffneten Einheit wurden per Sonderzug von Visby nach Roma geschickt, ab da gelangten sie per Fahrrad zum Kampfschauplatz. Als die Schweden ankamen, hatte sich der Pulverdampf bereits verzogen, und es ging nur noch darum, die 51 zum Teil schwer verletzten deutschen Überlebenden zu bergen. Man internierte sie in Roma, wo in der Zuckerfabrik ein provisorisches Lazarett eingerichtet wurde, später brachte man sie nach Visby. 1917, zwei Jahre später, verließ der letzte überlebende ›Albatross-Mann‹ Gotland. Die toten Soldaten waren in einem Massengrab an der Östergarn-Kirche beigesetzt worden. Natürlich sorgte die Verletzung der Neutralität in der schwedischen Öffentlichkeit für Aufsehen und diplomatischen Wirbel. Der Botschafter des Zaren wurde einberufen und eine offizielle Protestnote nach St. Petersburg gesandt.

lohnt. Die größte Fliehburg Skandinaviens erstreckt sich hinter den Steilhängen eines natürlichen Felsplateaus mit einem Umkreis von 5 km. In ihren Dimensionen ist sie so riesig, daß sie vielen tausend Menschen samt Vieh Schutz bot. An einigen Stellen wurde auf 2 km Länge eine bis zu 7 m hohe und 20 m breite Trockenmauer (ohne Mörtel) aufgeschichtet, die früher wohl noch mit Palisaden bestückt war. Die Arbeitsleistung für dieses Bauwerk muß mindestens so hoch gewesen sein wie in späteren Jahrhunderten für die Visbyer Wehrmauer. Archäologen wiesen nach, daß die Fliehburg nach der Zeitenwende errichtet, in der Völkerwanderungszeit repariert wurde und sogar noch in der Wikingerzeit in Benutzung war. In der Gutasaga (s. S. 140f.) ist zu lesen, daß sich in der Burg auch jene verschanzten, die man wegen Übervölkerung der Insel verbannt hatte. Brandspuren beweisen, daß man sie mindestens einmal erobert oder gebrandschatzt hat. Wer genügend Zeit hat, kann das Terrain auf mehreren Wanderwegen erkunden und dabei auch die Natur des bis zu 68 m hoch gelegenen Plateaus intensiver kennenlernen. Die ältesten *raukar* Gotlands, Grotten, Strandwälle der Ancylussee und Quellen, dazu eine überreiche Flora und Fauna – man kann die Thorsburg gut zum Inhalt eines ausgefüllten Tagesprogrammes machen! Für eine oberflächliche Besichtigung sollten Sie wenigstens bis zur eindrucksvollen Mauer auf der Südseite (Ardre luke) fahren, wo es Infotafeln und einen Parkplatz gibt. Dem Volksglauben nach soll in einer Grotte in der Nähe der Wikingergott Thor gewohnt haben (Svartstuen) und an anderer Stelle (Trullhögen) beigesetzt worden sein. Der andere mit dem Wagen erreichbare Eingang zur Burg (Tjängvide luke) liegt im Norden; dort kann man leicht zum eisernen Aussichtsturm wandern, der einen schönen Rundblick ermöglicht.

Wieder auf der Hauptstrecke, kommt man vor Östergarn auf Höhe eines mächtigen Kalkofens zu einem Abzweig, der links nach Katthammarsvik führt. Rechts der Straße befindet sich etwas weiter im Gelände der Östergarnsberget, eine von hohen Klippen begrenzte ehemalige Insel, die eine prächtige Aussicht bietet. Wanderer, die die alte Steilküste inspizieren, treffen dort auf viele Grotten und Höhlen, die bis zu 10 m tief in das Gestein reichen. Bevor Sie zum Hafen von Katthammersvik hinunterfahren, lohnt sich unweit der Abzweigung außerdem ein Besuch des Albatrossmuseums (s. S. 146f.).

Museum: Albatrossmuseet, Katthammarsvik, ✆ 5 20 20, geöffnet in der Saison Mo–Do 18–20 Uhr, Sa–So 15–17 Uhr, freier Eintritt; Dokumentation der Albatross-Affäre und Heimatkunde.

Nach dem Besichtigungsprogramm ist **Katthammarsvik** für eine Erholungspause wie geschaffen. Die Straße endet am Parkplatz unmittelbar am kleinen Hafen, wo Holzstapel und der charakteristische Geruch eine der besten gotländischen Fischräuchereien (Katthammarsvik Rökeri, ✆ 5 23 75) ankündigen. Zudem lädt der kleine Sandstrand mit Liegewiese zu einem Picknick und einem erfrischenden Bad in der Ostsee ein. Seit dem 17. Jh. war die Siedlung übrigens ein wichtiger Standort der Kalkbrennerei. An diese große Zeit erinnern noch zwei prächtige Höfe der Kalkpatrone, die heute Kost und Logis anbieten und mit ihrem originalen Ambiente auch sonst den Besuch lohnen: Der Katthamra Gård aus dem 17. Jh. ist zu einer Jugendherberge umgebaut worden; während der Hof Borgvik aus dem 18. Jh. ein gutes Restaurant, ein Pensionat und ein kleines Museum der Geschichte der Kalkbrennerei beherbergt.

Restaurant: Kalkpatrongården Borgvik, Katthammarsvik, ✆ 5 20 06.

Von Katthammarsvik führt ein schmaler, unasphaltierter Weg rund um die Halbinsel Östergarnslandet, deren östlichsten Punkt der Hafen von Herrvik markiert. In ihrer Gesamtheit ist die Route nur für Fahrradfahrer und Wanderer passierbar, während Autofahrer etwas umständlich auf drei Stichstraßen die Ziele Grogarnsberget, Herrvik und Sysne ansteuern können. Zum Grogarnsberg geht es ab Katthammarsvik in rund 2,5 m parallel zur Küste; wo sich schließlich die als Berg bezeichnete, 30 m hohe Kalksteinklippe erhebt. Es liegt auf der Hand, daß man in alten Zeiten deren strategisch günstige Lage als Fliehburg nutzte. Zusammen mit der Thorsburg und zwei weiteren Anlagen bildete der Grogarnsberg ein ausgeklügeltes Verteidigungssystem, dessen Überreste noch sichtbar sind. Aber nicht nur deswegen sollte man die Klippe besteigen: Oben eröffnet sich ein herrlicher Blick auf die Insel Östergarnsholm, das blaue Meer und die Sandbucht. Der weitere Weg nach Herrvik ist sehr steinig und deshalb für Radler nicht das reinste Vergnügen, entschädigt wird man jedoch durch eine phantastische Landschaft und die stete Nähe des Meeres. Motorisierte Besucher kehren vom Grogarnsberg nach Katthammarsvik zurück und folgen der Beschilderung nach **Östergarn.** Auch dort lohnt ein Besuch der Landkirche, die u. a. schöne Kapitellbänder, ein romanisches Triumphkreuz und Kalkmalereien aus dem Jahre 1211 aufzuweisen hat.

Die Stichstraße nach **Herrvik** ist 3,4 m lang und endet in einem idyllischen Fischerdorf samt Leuchtfeuer, Wetterstation und großem Hafen. Östlich der Bucht erstreckt sich das niedrige, mit Orchideen, Kiefern und Heidekraut bewachsene Kalksteinplateau Kuppen – ein ideales Wandergebiet. Der 6,7 km lange und ebenfalls ziemlich steinige Pfad nach Sysne folgt weiterhin der Küste und passiert den ›Albatross sten‹, ein Denkmal, das anläßlich der Strandung des Minenlegers ›Albatross‹ (s. S. 146f.) errichtet wurde. Autofahrer hingegen fahren auf gleicher Strekke wieder nach Östergarn zurück und biegen vor der Kirche nach links in südlicher Richtung ab. Auf kurvenreicher Straße gelangt man dabei nach gut 3 km zur wunderschönen Bucht Sandviken (Naturreservat), die sich fast als Dreiviertelkreis zur Ostsee öffnet. Der lichte Strandwald und der feine Sandstrand waren Anlaß genug für viele Schweden und Einheimische hier ihre Ferienhäuschen zu errichten, auch ein einfacherer Campingplatz ist vorhanden. Im Osten der Bucht liegt malerisch das kleine *fiskeläge* **Sysne,** wo Sie sich in der Sysne Fiskbutik Krabben und geräucherten Fisch besorgen oder zu einer Wandertour entlang der Halbinsel Sysne udde starten können.

Auto- und Fahrradfahrer verlassen die Bucht auf der nach Westen führenden Asphaltstraße, die das turmlose Kirchlein von **Gammelgarn** passiert. Kurz vor Ende dieser Route werden die meisten inzwischen von einer gewissen Kirchenmüdigkeit erfaßt worden sein, doch ist die Investition der wenigen Fahrminuten mehr als lohnend. Das Gotteshaus hat seinen rechteckigen Verteidigungsturm bewahrt, die eigentliche Attraktion sind jedoch die Kapitellbänder am Südportal, wo die Geschichte von Adam und Eva, Kain, Abel und Noah mit viel Charme und Liebe zum Detail ausgebreitet wird.

Auf der letzten Etappe kommt man durch einen dichten Kiefernwald, schön zwar, aber ohne besondere Highlights. Hinter Ardre stößt man auf die Straße 143, die einen geradewegs zum Endpunkt der Route bringt, nach **Ljugarn.** Obwohl mit 300 Einwohnern nur von bescheidener Größe, stellt der sympathische Badeort mit seinen Cafés, Hotels, Campingplatz, Jugendherberge und Ferienhäusern nicht erst seit heute das touristische ›Ballungszentrum‹ an der Ostküste dar. Schon in den 20er und 30er Jahren war Ljugarn eine bei den vornehmen Stockholmern sehr beliebte Sommerfrische und verfügte damals über sechs Hotels. Davon übriggeblieben ist noch das Badpensionatet Ljugarn, das 1921 als erste gotländische Pension außerhalb von Visby seinen Betrieb aufnahm. Mit Post, Arzt, Touristenbüro, Konditorei, Tankstelle, Pub und einigen Restaurants ist der Ort für den Ansturm der Besucher gut gerüstet. Aktivurlauber finden hier Minigolf-, Beachvolleyball-, vier Tennis- und in der Umgebung drei Golfplätze.

Das größte touristische Kapital ist natürlich der lange und kinderfreundliche Sandstrand, der zum Baden, Windsurfen und Wandern einlädt. Wer in Ljugarn der Hauptstraße Storvägen bis zum Ende (Wendehammer) folgt, vorbei an hübschen Holzhäusern aus den 20er Jahren, gelangt zum Hafen Nybroen und zu einem kleinen *fiskeläge,* dessen Hütten teilweise als Ferienwohnungen vermietet werden. Dort befinden sich auch eine Fischräucherei sowie ein aufgedocktes Boot, das als Flüchtlingsschiff diente und heute im Sommer ein Café beherbergt. Wer sich für die (Natur-)Geschichte der Gegend interessiert, sollte am Hafen den Strandritterhof besuchen, der wie in Kyllaj den Wohn- und Lebensraum eines sogenannten Strandvogtes dokumentiert. Angeschlossen sind ein u. a. mit Schmuggelwaren bestücktes Zollmuseum und eine Fossiliensammlung, daneben werden Satellitenfotos von Gotland, Luftaufnahmen von gotländischen Stränden und Inseln sowie Karten und Zeichnungen von Ljugarn gezeigt.

Nur 2 km nördlich des Ortes befindet sich das Rauk-Gebiet von **Folhammar,** das man über die Uferpromenade Strandvägen erreicht. Auf dem Weg passiert man das Strandcafé und den Campingplatz von Vitvät sowie das gleichnamige *fiskeläge,* in dem man auf altertümliche, aus Kalkstein erbaute und mit dicken Steinfliesen gedeckte Katen stößt. Die *raukar*

Der beliebte Badeort Ljugarn

selbst können es hinsichtlich ihrer Größe nicht mit denen auf Fårö aufnehmen, bilden aber zusammen mit dem Strandwald und alten Uferwällen ein unbedingt sehenswertes Ensemble (s. Abb. S. 15), in dem sich herrlich spazieren läßt. Und für Frühaufsteher gibt es kaum einen besseren Platz, um den Sonnenaufgang zu beobachten!

Information: Turistbyrån Ljugarn, an der Weggabelung der Straßen 143/144 vor dem Ortseingang gelegen, ✆ 49 34 60.

Unterkunft: Badpensionatet Ljugarn, 62016 Ljugarn, Box 193, ✆ 49 32 05, Fax 49 33 08; schöne Pension in einem Holzhaus von 1921 mit parkähnlichem Garten, 22 Zimmer, Restaurant, 50 m zum Sandstrand, Fahrradverleih. Frejs Magasin & Lövängen Pensionat, 62016 Ljugarn, Storvägen, ✆ 49 30 11, Fax 49 30 30; renovierte Holzhäuser im Ortszentrum mit 28 Zimmern unterschiedlichen Standards, Vermietung von Ferienhäuschen.

Camping: Ljugarns Campingplats **, ✆ 49 31 17, geöffnet Anfang Mai bis Ende August.

Jugendherberge: Vandrarhem Ljugarn, ✆ 49 31 84.

Museen: Strandmagasinet, Nybroen, ✆ 49 33 01, geöffnet in der Saison tägl. 14.30–17 Uhr, freier Eintritt; Heimatmuseum. Strandridaregården, Ljugarn hamn, ✆ 49 33 01, geöffnet in der Saison tägl. 14.30–17 Uhr, Eintritt SEK 10; Strandritterhof mit Zollmuseum und geologischer Sammlung, Führung Mo 19 Uhr.

Mittelgotland – Landkirchen, Sandstrände und Inselpferde

Die Fahrt geht durch fruchtbares Bauernland mit Äckern und Weiden, aber auch dichten Kiefernwäldern, schilfbestandenen Seen, Sandstränden und Steilküsten zum Zentrum der Insel in Roma. Sie schließt Besuche bei den Eisenzeit-Menschen, den robusten Inselpferden und Pippi Langstrumpf in der Villa Kunterbunt ein.

Den Auftakt zu dieser Route von Visby an die Südost- und die Westküste bilden Besuche bei vier Landkirchen. Wer wenig Zeit hat, kann auch direkt von Visby über die Straße 143 nach Roma fahren. Mit größeren Zeitreserven oder eventuell an einem Zusatztag sollte man die Besichtigung der schönen Landkirchen auf keinen Fall versäumen. Über eine kleine Landstraße erreicht man von Visby aus die Kirchen von **Västerhejde** und **Stenkumla**, die über ein interessantes romanisches Triumphkreuz (Christus mit Schuhen) verfügt. Ein kurzer Verbindungsweg führt von Stenkumla zur turmlosen Kirche von **Träkumla** (gotischer Schnitzaltar, romanisches Triumphkreuz und Taufstein) und zur Kirche von **Vall** (gotischer Galerieturm, drei schöne romanische Portale, berühmter Taufstein) und anschließend weiter nach Roma.

Der langgestreckte Ort **Roma** ist mit ca. 1100 Einwohnen der fünftgrößte Gotlands. Seine Wurzeln reichen bis weit in vorhistorische Zeiten zurück, immer befand sich hier das Hauptthing von Mittelgotland. Aufgrund ihrer zentralen Lage spielte die Stadt bis in die Neuzeit eine wichtige Rolle für die insulare Infrastruktur, und es ist kein Wunder, daß in der großen Epoche des Eisenbahnbaus nicht Visby, sondern Roma Hauptverkehrsknotenpunkt war: Hier kreuzten sich die beiden Linien Visby–Roma–Hemse–Burgsvik und Hablingbo–Klintehamn–Roma–Slite, es führten also tatsächlich fast alle Wege nach Roma. Die 1894 gegründete Zukkerrübenfabrik *(sockerbruk)* war der erste landwirtschaftliche Industriebetrieb der Insel und ist bis heute der größte geblieben.

Am Nordende der Ortschaft befindet sich die kleine Gemeindekir-

Allee bei Roma-Kloster

Visby
147
Hejdeby
Endre
Ekeby
Ostsee
140
Kneippbyn
Vibble
Högklint
Fridhem
Ygne
Väster-
hejde
Suderbys
Träkumla
143
Dalhem
Militär-
übungs-
platz
Stenkumla
142
Roma
Vall
Romakloster
Tofta
Gnisvärd
Hogrän
Björke
Sjon
Toftastrand
Eskelhem
Nystugu
Atlingbo
Gervide
Mästerby
Viklau
Vänge
Påviken
Väte
Guldrupe
Västergarn
Sanda
Vivungs
Utholmen
Hejde
Kovik
But
Rannarve
Klintehamn
Klinte
142
Mulde
Lojstahaid
Gannarve
Etelhem
Vallhagar
Fröjel
Russpark
141
Lojstahallen
Djupvik
Lojsta
140
Gerum
Lilla Karlsö
Lye
Eksta
Levide
Stånga
Linde
Fardhem
Sproge
Burs
Hemse

che; unmittelbar südlich davon führt eine der schnurgeraden Linden-Alleen zum ›Königshof‹ (Kungsgård) und zur Ruine des Roma-Klosters. Diese Anlage wurde 1164 von Zisterziensermönchen als erstes gotländisches Kloster aufgeführt und hatte lange Zeit architektonische Vorbildfunktion. Daneben war das Kloster größter Grundbesitzer und landwirtschaftlicher Arbeitgeber der Insel und besaß zudem auch auf Öland und im Baltikum Ländereien. Nach der Reformation zog die (dänische) Krone in den 1520er Jahren das Kloster ein und funktionierte es in einen ›Königshof‹ um, wobei die alten Gebäude mit Ausnahme der Kirche teils niedergerissen, teils stark verändert wurden. Das Gotteshaus selbst wurde als Stall genutzt und als solcher noch 1741 von Carl von Linné folgendermaßen beschrieben: »... ein herrliches Kloster, von Marmor gebaut, das jetzt in einen Viehstall verwandelt, also das prächtigste Viehhaus von Schweden ist. Jetzt blöken Ochsen und Kühe, wo früher Mönche und Nonnen sangen, jetzt stinkt es nach Mist und Fäkalien, wo früher duftender Weihrauch parfümierte ...«.

Unter dem (schwedischen) Inselgouverneur Johan Didrik Grönhagen schlug 1733 auch das letzte Stündlein für die ehemalige Klosterkirche. Grönhagen hatte vor,

Russ – Die Inselpferde

Durch Knochenfunde wissen wir, daß die Russ – der Name könnte vom deutschen Wort ›Roß‹ abgeleitet sein – bereits in der Jungsteinzeit auf Gotland als Haustier gehalten wurden. Ursprünglich ist die Pferderasse wohl aus Osteuropa hierhin gekommen. Die wie alle Inselpferde kleinen und besonders stämmigen Tiere streifen in Herden, von einem Hengst geführt, durch das Freigehege, das man zu ihrem Schutz angelegt hat. Denn nach einer ›Nutzung‹ über Jahrtausende hinweg, in der die wildlebenden Tiere immer wieder eingefangen und als Reit- und Zugpferde eingesetzt worden waren, sank ihr Bestand ab dem 19. Jh. rapide. Ein Grund dafür war, daß man auf der Insel begann, größere Rassen zu züchten; außerdem wurde gleichzeitig der natürliche Lebensraum der Russ immer weiter eingeschränkt, und die Landwirtschaft, die zunehmend auf Maschinen zurückgriff, hatte keinen Bedarf mehr für die robusten Tiere. Schließlich wurde die Population auch dadurch dezimiert, daß mehr als 2000 Exemplare nach England, Belgien und Deutschland exportiert wurden, wo sie als Zugtiere in den Stollen der Kohlebergwerke ein erbärmliches Leben fristeten. Um die Jahrhundertwende gab es nur noch wenige Hundert echte Russ, und 1930, als man das letzte Wildpferd einfing, betrug ihre Gesamtzahl nur noch knapp 40. Zu diesem Zeitpunkt begriff man endlich, daß die Tiere – immerhin die einzige einheimische Pferderasse Schwedens – ähnlich wie die Landkirchen zum Kulturerbe der Insel gehörten. Durch neugeschaffene Freiräume und ›Fortpflanzungshilfe‹ von Shetlandpferden wurde ein Aussterben der Rasse in letzter Minute verhindert, und inzwischen hat sich der Bestand wieder auf 7000 bis 8000 Stück erholt. Dazu trug natürlich der Stellenwert bei, den Reiten als Freizeitsport in der Industrienation Schweden erlangte; vor allem als Pony für Kinder sind die Russ im ganzen Königreich populär.

Etwa 80 halbwilde Tiere leben gegenwärtig im Russpark auf der Lojstahajd, und zwar das ganze Jahr über im Freien. Ende Juli werden die Russ zusammengetrieben und prämiert – ein Ereignis, das regelmäßig viele Pferdebegeisterte aus dem In- und Ausland anlockt.

Roma als Nachfolgerin von Visby zur Hauptstadt der Insel zu machen und den Königshof in eine wirkliche Residenz zu verwandeln. Nach seinen Anweisungen wurde das prächtige Herrenhaus mit den beiden Seitenflügeln aufgeführt – das Baumaterial dazu lieferte die Kirche. Von dem ehemaligen Bau sind also nur noch Ruinen übriggeblieben, aber selbst diese sind eindrucksvoll genug. In der Sommersaison geben sie alljährlich einen vorzüglichen Rahmen für die Shakespeare-Theater-Festspiele und Konzerte ab, die meistens am Mittwochabend stattfinden (Info ✆ 5 00 31). In letzter Zeit wurde auch Grönhagens kungsgård, der lange Zeit leer stand, renoviert und in ein Kulturzentrum mit Kunsthandwerk, Geschäft und Café verwandelt.

Nach dem Besuch der Klosterkirche findet man über eine der Alleen wieder zurück zur Straße 143 und verläßt Roma, vorbei an der Zuckerfabrik, in südlicher Richtung. Nach wenigen Kilometern, kurz vor Sjonhem, geht es rechts ab in Richtung Vänge, wobei die Straße eine in der Eisenzeit (500 v. Chr.–500 n. Chr.) intensiv genutzte Gegend durchquert. Viele Relikte der Epoche sind noch erhalten, z. B. eine Fliehburg, Gräberfelder, Hausfundamente und Ackerbegrenzungen, doch werden Laien diese nur schwer im Gelände ausmachen können. Da trifft es sich gut, daß man am **Gervide**-Hof über zwei Fundamenten den Versuch einer Rekonstruktion gewagt hat, näm-

Gervide-Hof

Bei Lojsta-Schloß

lich ein mit Torfsoden gedecktes Wohnhaus und einen mit Schilfgras gedeckten Stall. Bisweilen werden in diesem Ambiente urige Eisenzeit-Dinner abgehalten oder sonstige Aktivitäten mit mehr oder weniger historischem Hintergrund veranstaltet. Zum Eisenzeit-Hof, der frei zugänglich ist, weist die ›Ewigkeitsschleife‹ von der Straße aus nach links, am Parkplatz findet man auf Infotafeln weitere Erklärungen.

Nach dem Abstecher in die Vorzeit kehrt man in **Vänge** ins Mittelalter zurück, nämlich zu der Landkirche mit ihrem bemerkenswert reichen Bestand an romanischer Kunst. Da die anderen Attraktionen dieser Route etwas weiter westlich an der Straße 142 liegen, nimmt man am besten den schmalen Verbindungsweg, der einige hundert Meter vor der Kirche über Guldrupe nach Väte führt. Sollten Sie über dem Besichtigungsprogramm inzwischen durstig geworden sein, können Sie ja in die Brauerei Vivungs hineinschauen, die die kleinste des Königreichs ist. Im angeschlossenen Pub werden neben Leicht- und Starkbier auch gotländische Speisen angeboten.

In **Väte** lohnt sich erneut der Besuch einer Landkirche und zwar vor allem wegen des Portalschmuckes und einer Vielzahl von skulptierten Steinen an der Südfassade. Im Innern gibt es Kalkmalereien verschiedener Epochen zu sehen, außerdem ein schönes Triumphkreuz und einen Taufstein, beides aus romanischer Zeit.

Ab Väte folgt man dann der Straße 142 in den Süden und gelangt als nächstes zur Landkirche von **Hejde,** die wegen ihrer Glasmalereien berühmt ist. Noch weiter südlich, nach einer schönen Fahrt durch dichten Kiefernwald, taucht der weiße Galerieturm der Kirche von **Lojsta** auf, die ebenfalls Glasmalereien (13. Jh.) besitzt, desweiteren einen gotischen Schnitzaltar, ein Triumphkreuz und viele Kalkmalereien. Doch die Kirche ist nicht die einzige Sehenswürdigkeit, mit der Lojsta aufwarten kann. Wenige hundert Meter südlich der Kirche z. B. steht am Straßenrand die ›tausendjährige‹ Eiche, die eigentlich nur noch als äußere Hülle erhalten ist. Grüne Blätter an der Krone verraten aber, daß sie immer noch lebt und deshalb den Beinamen ›ältester Baum Gotlands‹ zu Recht trägt. Hinter dem Baumskelett mit seinen 8 m Umfang erstreckt sich die alte Laubweide des Kirchspiels *(Lojstas prästäng),* auf der im Sommer unzählige Orchideen blühen.

Das gesamte landschaftlich reizvolle Gebiet, das sich westlich der Straße erstreckt, trägt den Namen **Lojstahajd** und besitzt mit 82 m ü.d.M. den höchsten ›Berg‹ der Insel. Außerdem beheimatet die Gegend jene robuste Wildpferderasse (Russ), die früher die gesamte Insel bevölkerte (s. S. 156). Wer sich für diese größte einheimische Tierart interessiert, sollte gegenüber der Lojsta-Kirche die Asphaltstraße in die Lojstahajd hineinfahren (Hinweisschild: Russparken). Nach einigen Minuten erreicht man das etwa 5 km^2 große Freigehege, auf den Infotafeln am Parkplatz ist angegeben, in welchem Teil des Geheges man in welcher Jahreszeit die halbwilden Pferde am ehesten beobachten kann. Diese sind jedoch ziemlich scheu und von der Straße aus nur selten zu sehen.

Eine Sehenswürdigkeit ganz anderer Art liegt östlich der Straße 142: Man fährt ab der Lojsta-Kirche einige hundert Meter zurück und biegt am Hinweisschild Lojsta Slott rechts ab. Der schmale Fahrweg verläuft durch eine wunderbare, für Gotland untypische Landschaft mit mehreren tiefen Seerosen-Teichen, bewaldeten Hügeln und Erosionstälern. Nach einer Kurve taucht rechter Hand eine große Wiese auf, die im Festtagskalender der Gotländer als Veranstaltungsort einen sicheren Platz hat: Insbesondere zu Mittsommer wird hier bis zum frühen Morgen getanzt, getrunken und gefeiert. Zur einen Seite wird die Wiese von der Lojstahalle begrenzt, einem großen Holzgebäude, dessen Dach aus Schilfgras fast den Boden berührt. Diese Halle wurde 1931 über den ausgegrabenen Fundamenten eines eisenzeitlichen Hofes errichtet, in dem Menschen und Tiere zusammenlebten. Die Abmessungen und die Position der Holzpfähle, die die Dachkonstruktion tragen, sind also archäologisch gesichert. Kaum vorstellbar, daß in solch dunklen Gebäuden mit nur einem Rauchfang, erfüllt vom Gestank der Tiere, die

Die ›Olympischen Spiele‹ von Gotland

Wer zufällig am zweiten Wochenende im Juli die Wiese Stångmalmen in Stånga passiert, wird Zeuge eines sportlichen Großereignisses, das inzwischen als ›Olympische Spiele‹ von Gotland *(Gutarnas olympiad)* im ganzen Königreich bekannt ist und per Videoaufzeichnung selbst zu den versprengten gotländischen Emigranten-Gemeinden in den USA gelangt. Zwar wurden diese Spiele erstmals 1924 abgehalten, doch geht ihr Ursprung viel weiter zurück. Ausgetragen wird der ›Gotländische Fünfkampf‹ *(Gutnisk femkamp)*, zu dem neben 100-Meter-Lauf und Hochsprung auch so exotische Disziplinen wie *varpa* (Steinwurf), *pärk* (ein Ballspiel) und *stångstörtning* (Baumstammwerfen) gehören. Ziel des Wettbewerbs ist es, sich in einer Runde jeweils für die nächste Disziplin zu qualifizieren. Am Schluß bleiben zwei Sportler übrig, die den Gesamtsieger im *ryggkast* unter sich ausmachen, einer Art Ringen, bei der man den Gegner auf den Rücken werfen muß.

Die wohl populärste aller gotländischen Sportarten ist der auch *varpkastning* genannte Steinwurf. Seine Wurzeln hat er vermutlich in der Wikingerzeit, in der man ebenfalls Steine möglichst weit und möglichst genau auf ein Ziel zuwarf; einerseits als Training in kriegerischen Zeiten, andererseits aber auch als friedliches Kräftemessen. Die Regeln sind relativ einfach: Zwei Spieler oder zwei Teams zielen über eine Distanz von 20 m (Frauen 15 m) mit einem runden, diskusähnlichen Stein auf einen Stock, der zusammen mit anderen Stäben in einer langen Reihe in das Spielfeld gesteckt wurde. Wer dem ersten Ziel am nächsten kommt, hat den Stab gewonnen, wobei allerdings ein bereits liegender Stein vom nächsten Werfer weggekickt werden kann. Aus diesem Grund sind die Steine auch recht schwer (bis zu 5 kg), was ein Besucher, der die unglaubliche Präzision gotländischer Varpa-Spieler gesehen hat, kaum zu glauben vermag. Diese versetzen den Stein außerdem beim Abwurf per Daumen in eine Rotation, damit er sich bei der Landung in den Boden gräbt und folglich nicht mehr wegrollen kann. Sieger ist die Mannschaft, die zuerst 12 Stäbe gewonnen hat. Der Sport kommt in mehreren Variationen vor. Beim *centimeterkastning* gibt es normalerweise 36 Würfe (3 × 12), bei denen jedesmal der Abstand zum Stab gemessen wird. Am Schluß zählt man die Einzelergebnisse zusammen, und wer auf die wenigsten Zentimeter kommt, hat gewonnen. Mittlerweile kann das tausendjährige Varpa jedoch nicht mehr mit ›Steinwurf‹ übersetzt werden, da fast überall ein Eisendiskus das ursprüngliche Spielgerät ersetzt hat.

Viele Zuschauer zieht auch das *pärk* oder *pärkspelet* an, ein Ballspiel, das – grob vereinfacht – wie Tennis ohne Tennisschläger aussieht. Vermutlich kam der Sport durch einen Kaufmann im Mittelalter auf die Ostseeinsel, der in Nordfrankreich das Spiel *Jeu de paume* beobachtet hatte, mit dem damals Adelige ihre Kräfte maßen. Das gotländische Pärk, das wiederum in zwei Abarten vorkommt, wird mit zwei Mannschaften von jeweils sieben Spielern ausgetragen. Der Ball ist ungefähr so groß wie ein Tennisball und besteht aus einem Netzgeflecht mit dünner Lederhaut. Ziel der aufschlagenden Mannschaft ist es, den Ball mit der bloßen Hand so hart in das 200 × 70 cm große Feld zu schlagen, daß der Verteidiger keine Möglichkeit mehr hat, ihn wieder ins Spiel zu bringen. Lange Zeit sah es so aus, als ob Fußball das Pärk völlig verdrängen würde, doch inzwischen hat das Interesse stark zugenommen. Mittlerweile melden alljährlich rund 70 Mannschaften ihre Teilnahme in Stånga an.

Am spektakulärsten ist sicher das *stångstörtning,* bei dem es gilt, einen 26 kg schweren und 4,5 m langen Baumstamm so weit wie möglich zu werfen. Wer denkt da nicht sofort an das *Tossing the Caber* der schottischen Highland-Games? Tatsächlich sind Gotland und Schottland die einzigen europäischen Regionen, in denen sich dieser Sport erhalten hat, wenn auch mit unterschiedlichen Regeln. Während in Schottland ein dünnerer und längerer Stamm geworfen und der Abstand zum Werfer gemessen wird, muß auf Gotland der Stab zuerst in eine senkrechte Position gebracht werden. Außerdem ist das Stabende für die Messung entscheidend, das der Werfer in der Hand gehalten hat. Das hat Schotten und Gotländer jedoch nicht gehindert, sich seit 1891 wechselseitig im Baumstammwurf Konkurrenz zu machen; 1969 konnte zum erstenmal ein Schotte im *stångstörtning* gewinnen.

Neben diesen Sportarten, deren Ausübung einen gewissen Grad an Training und Professionalität voraussetzt, sieht man während der Stånga-Spiele auch weitere Wettbewerbe, deren Ursprung z. T. ebenfalls sehr alt ist, an denen aber jeder teilnehmen kann. Da versuchen z. B. auf einem hochgebockten Baumstamm zwei Kontrahenten, sich mit Kissen aus der Balance zu bringen. Unterdessen stehen sich an anderer Stelle zwei gegenüber, deren Füße und Hände mit Schlaufen an einem langen Seil befestigt sind und die nun alles daran setzen, ihren Gegner durch Hüpfen und Ziehen zu Fall zu bringen.

Glasmalerei in der Kirche von Lye

reichen Gotländer gelebt haben sollen! Aber als Fernhandelsleute horteten sie in ihren Truhen Sesterzen und trugen die neueste Mode. Nach diesem Eindruck von den primitiven Wohnverhältnissen der Völkerwanderungszeit lädt die Hügel- und Seenlandschaft hinter der Wiese zu einem kleinen Spaziergang ein – wer sich richtig die Füße vertreten möchte, kann das auf den beiden markierten Pfaden (1,5 und 4 km lang) tun. Nur wenige Minuten von der Lojstahalle entfernt entdeckt man dabei einen fast völlig von Wasser umgebenen Hügel mit den kargen Überresten einer Verteidigungsanlage. Aufgrund von Waffenfunden vermutet man, daß sich hier die Vitalienbrüder, Seeräuber vom Schlage eines Klaus Störtebeker, um 1400 zu ihrem Kampf gegen den Deutschen Ritterorden verschanzt hatten.

Bei der Weiterfahrt folgen Sie ab der Lojstahalle der kleinen Landstraße in der bisherigen Richtung und gelangen zur Kirche von **Etelhem** (schöner Taufstein), dann, weiter südlich, zur Landkirche von **Lye.** Diese besitzt nahezu alles, wofür die gotländischen Landkirchen berühmt sind, insbesondere einen spätgotischen Schnitzaltar und hervorragende Glasmalereien aus dem 14. Jh., die nach langer Restaurierungszeit ab Juni 1997 wieder am ursprünglichen Platz zu bewundern sind.

Von Lye aus können Sie anschließend auf der 144 direkt nach Stånga (s. u.) weiterfahren. Der Weg über Garde, Ljugarn, Alskog und zurück nach Lau ist jedoch landschaftlich und kulturell der interessantere und lohnt den zeitlichen Mehraufwand auf alle Fälle. Den ersten Halt sollte man dabei an der Landkirche von **Garde** einlegen, die von außen durch ihren hohen Turm und die großen Kirchhofsportale besticht. Noch berühmter jedoch sind die Kalkmalereien im romanisch-byzantinischen Stil, die zu den ältesten der Insel gehören.

Weiter geht es nach Norden, wo bei **Alskog** (Hinweisschild nahe der Kirche) der Gute-Zoo Besucher anlockt, der einzige Tierpark der Insel. Das großzügig angelegte Terrain erstreckt sich inmitten einer alten Kulturlandschaft mit Haingrenzen, Hausfundamenten und Gräberfeldern aus der Eisenzeit. Dazwischen tummeln sich rund 500 Tiere aus aller Welt, u. a. Lamas, Zebras, Strauße, Kamele, Antilopen und eine sehr seltene südamerikanische Affenart. Natürlich ist auch die einheimische (gotländische und schwedische) Fauna vertreten, die sich den Kleinsten im Kinderzoo handzahm präsentiert. Wer also Wildkaninchen, Igel, Gotlandschaf, Russ oder Linderö-Wildschwein aus nächster Nähe betrachten möchte, ist im Gute-Zoo genau richtig (im Sommer tägl. 10–18 Uhr geöffnet).

Zur Fortsetzung dieser Route biegen Sie etwa 3 km vor Ljugarn (s. S. 150) rechts ab in Richtung Lau, und durchqueren bald darauf das Gräberfeld **Gålrum,** eins der reichsten Gotlands. Hier wurden von 1500 v. Chr. bis zur Zeitenwende Tote beigesetzt. Die meisten der über 100 Bodendenkmäler sind jedoch recht flach und nur sehr schwer auszumachen, daneben sieht man jedoch auch einige äußerst imposante Grabmonumente. So erhebt sich direkt links am Wegrand das 4 m hohe Steinhügelgrab Digerrojr (große Röse), das während der älteren Bronzezeit angelegt wurde und 30 m Durchmesser erreicht. Genauso eindrucksvoll sind auf der anderen Straßenseite die Reste von sieben Schiffssetzungen, die alle in Nord-Südrichtung ›segeln‹. Hier ist es nicht die bescheidene Dimension der Schiffssetzungen, sondern die Größe der Findlingsblöcke, die überrascht. Und nahe dem Parkplatz ist sogar ein Bildstein aus dem 8. Jh. zu sehen, der jedoch nicht ursprünglich auf dem Gräberfeld stand, sondern 1924 nach dort versetzt wurde.

Hinter dem Gräberfeld kommt man der Ostküste recht nahe, die man bei Snausarve schließlich auf einer kurzen Stichstraße erreichen kann. Dort lockt die Bucht Lausvik mit einem kleinen Badestrand und mit reichem Vogelleben: Im Herbst und Frühjahr halten sich am Südende der Bucht sowie auf den drei vorgelagerten Inseln unzählige Zugvögel auf. Direkt hinter dem Abzweig hält man sich an der Weggabelung rechts, um der Kir-

Kalkmalereien in Garda

Eine Flotte von Totenschiffen

An vielen Stellen Gotlands sieht sich der Besucher mit teils großen, teils kleineren Steinmonumenten konfrontiert, deren Umrißlinien deutlich das Oval eines Schiffes wiedergeben. Erstaunlich ist dabei die Variationsbreite dieser Schiffssetzungen *(skeppssättningar):* Mal sieht man sie wie in Gnisvärd als mächtige, 46 m lange Gebilde im Wald, mal thronen sie wie in Gannarve auf Weiden mit weiter Sicht übers Meer. Schiffe unterschiedlicher Größe können nah beieinander liegen oder, wie in Domarlunden, zu fünft Reling an Reling aufgestellt worden sein. In Rannarve ›segeln‹ vier Steinschiffe von jeweils 9 m Länge und 4 m Breite in einer geraden Linie, wobei der Hintersteven des einen mit dem Vordersteven des nächsten Bootes identisch ist. Genauso erstaunlich ist die Vielzahl dieser Steinschiffe: Rund 350 sind bisher auf Gotland entdeckt worden, mehr als irgendwo sonst auf der Welt! Und es gibt wohl keinen, den diese Flotte von Schiffssetzungen, allesamt Zeugen aus grauer Vorzeit, nicht beeindrucken würde.

Was aber können uns diese Monumente erzählen? Auf der Suche nach Fakten bleibt vieles im Dunkel der Geschichte verborgen und gibt Raum für eigene Gedanken und Spekulationen. Fest aber steht, daß es sich bei den Schiffssetzungen um Gräber handelt, die allesamt in die jüngere Bronzezeit (1000–500 v. Chr.) datiert werden können.

Aus der Bronzezeit sind gerade auf Gotland ja auch andere Grabformen erhalten, insbesondere die großen Steinhügelgräber (Röse, gotländ.: *rojr*), in denen die Fürsten in einer Grabkammer beigesetzt wurden. Aber ab etwa 1000 v. Chr. scheinen sich die Grabsitten geändert zu haben. Durch archäologische Untersuchungen wissen wir, daß man nun die Toten verbrannte, wahrscheinlich auf einem Holzgestell innerhalb oder außerhalb der Schiffssetzung. Anschließend wurden die Knochen gekreuzt und in einer Urne beigesetzt. Daneben fanden sich oft einige bronzene Beigaben, z. B. ein kleines Rasiermesser, eine Pfeilspitze oder eine Pinzette. Die Urne plazierte man in eine Kiste aus Steinen, die meistens wie eine Hütte oder ein Haus geformt war, entweder in oder nahe an der Schiffssetzung. Welcher Ritus dabei aber genau ausgeübt wurde, kann heute nicht mehr geklärt werden. Für die eigentlichen Monumente jedenfalls nahm man große Findlinge aus Granit oder Kalksteinblöcke von beträchtlichem Gewicht, stellte diese aufrecht und ordnete sie zumeist in Nord-Süd-Richtung an, parallel zum damaligen Küstenverlauf.

Der Wechsel der Grabform vom Steinhügelgrab zur Schiffssetzung muß als Ausdruck eines veränderten geistigen Hintergrundes gesehen werden. Denn es besteht ja ein erheblicher Unterschied, ob man den Toten sozusagen im ›Bauch der Erde‹ beisetzt, oder ihn mit einem Totenschiff fortgleiten läßt. Vielleicht erklärt sich dieser Wechsel durch die steigende Bedeutung der Seefahrt, die dann auch das Totenreich jenseits des Meereshorizontes ansiedelte. Die Gotländer waren ja immer ein seefahrendes Volk und benutzten Boote sowohl für die Binnen- als auch für die Hochseefahrt, sowohl für friedliche Fahrten als auch für kriegerische Unternehmungen. Traditionell hatten sie also die besten nautischen Fähigkeiten, denn als Insulaner konnten sie nie unter Land fahren, sondern mußten immer über die offene See, also ohne Sichtkontakt zur nächsten Küste, navigieren. Stets sind deswegen die Gotländer auch die bevorzugten Lotsen im Ostseeraum gewesen. Gegenüber den anderen Völkern der Region mußte bei ihnen das Schiff also im materiellen wie im religiösen Sinn eine noch größere Bedeutung haben. Auf die Frage, wie die tatsächlichen Schiffe der damaligen Zeit ausgesehen haben, brachte ein Moorfund im dänischen Hjortspring wertvolle Hinweise: Das dort konservierte Schiff war 13 m lang und wurde von 20 Mann (10 an jeder Seite) gepaddelt; es bestand aus einem Holzgestell, das zwei miteinander verbundene ›Kufen‹ aufwies und deswegen einem Schlitten ähnlich sah. Ansonsten waren diese Schiffe mit Fellen und Häuten bespannt und wurden gepaddelt, wie heute z. T. noch bei den Inuit üblich. Es wäre aber ein Fehler, die Dimensionen eines tatsächlichen Bronzezeit-Schiffes über die mächtigen Steinblöcke einer Schiffssetzung erschließen zu wollen – dazu sind einige einfach zu groß.

Jedenfalls wurde das Schiff, das den toten Fürsten ins Jenseits brachte, gleichzeitig zum vornehmsten heiligen Symbol der jüngeren Bronzezeit! Bei allen seefahrenden Völkern aller Kulturen und Zeiten hatte das Boot (Floß, Kanu, Schiff) eine wichtige religiöse Bedeutung. Ob Ägypter oder Griechen, Minoër oder Römer, Polynesier oder Inkas – immer konnte der Abstand zwischen irdischer und göttlicher Sphäre mit einem magischen Boot überbrückt werden, kam man in das Totenreich nur über einen Wasserweg! Seit erdenklichen Zeiten ist also das Schiff ein Todessymbol. Daneben aber – und beide Dinge ergänzen sich – wurde das Schiff oft auch als Vagina-Symbol gesehen. Es ist kein Zufall, daß sich die Gläubigen im ›Schoß‹ der ›Mutter‹ Kirche, in einem ›Kirchenschiff‹, versammeln. Tod und Fruchtbarkeit, Wegfahren und Wiedergeburt – beides verkörpert das Schiff.

Welchen konkreten Glauben die Gotländer der Bronzezeit mit ihrer Flotte von Totenschiffen verbanden, ob sie vielleicht an ein Leben nach

che von Lau einen Besuch abzustatten. Und auf dem Weg dorthin entdeckt man rechter Hand erneut zwei herrliche Schiffssetzungen, die von Bandeläins Käppå. Die kleinere der beiden wurde 1990 archäologisch untersucht, wobei man eine Steinkiste fand, gefüllt mit menschlichen Überresten sowie einer bronzenen Pinzette, einem Rasiermesser und einem weiteren Messer. Die Datierung dieses Männergrabes ergab etwa das Jahr 900 v. Chr.

Daß man anschließend an der turmlosen Kirche von **Lau** anhält, versteht sich von selbst, besitzt diese doch den größten und wohl edelsten Innenraum aller gotländischen Landkirchen. Die riesige, dreischiffige Halle weist einige Besonderheiten auf, die man in der sakralen Architektur der Insel sonst nicht findet, u. a. die vielen Eingänge. Im Inneren fällt zunächst das Triumphkruzifix aus dem 13. Jh. auf, das mit einer Höhe von 6 m und einer Breite von ca. 4 m als größtes seiner Art gilt. Auch der spätgotische Altaraufsatz und der romanische Taufstein verdienen eine Erwähnung, ebenso der mittelalterliche Eisenleuchter und die Kalkmalereien. Weithin berühmt

dem Tod jenseits des Meereshorizontes glaubten, werden wir nie erfahren. Fest steht jedoch, daß die spezifische Grabform der Schiffssetzung auf Gotland erfunden wurde und sich von hier aus schnell bis ins Baltikum und nach Schweden, Öland, Bornholm, Schonen und Norddeutschland verbreitete. In Schonen schließlich und nicht im Ursprungsland selbst erreichte sie dann auch ihre monumentalste Steigerung: die mehr als 60 m lange Schiffssetzung Ales stenar, die nahe beim schonischen Kåseberga über der Steilküste thront. Zum Ende der Bronzezeit mußten die Steinschiffe schließlich steinernen Kisten für die Ganzkörperbestattung weichen, die aber ebenfalls schiffsförmig sind.

Ganz wurde die Vorstellung von der mythischen Überfahrt ins Jenseits wohl nie aufgegeben, denn in der jüngeren Eisenzeit taucht das Boot, das nun nicht mehr gepaddelt, sondern gerudert wird, als heiliges Zeichen an den Bildsteinen auf. Und in der Wikingerzeit dominiert es als Segelschiff dann nicht nur die Bildsteine: Schließlich entstammen die phantastischsten Wikingerfunde norwegischen Grabhügeln (Oseberg, Gokstad, Tune), in denen Könige samt ihrer Boote von Grabhügeln bedeckt wurden. Sogar die ›richtigen‹ Schiffssetzungen erleben in dieser Epoche eine Wiederauferstehung, z. B. in Lindholm Høje nahe dem jütländischen Ålborg – zweitausend Jahre nach ihrer Erfindung auf Gotland!

ist das Gotteshaus auch wegen seines phantastischen Echos – hier ein Konzert gregorianischer Gesänge mitzuerleben, ist etwas ganz Besonderes! In unmittelbarer Nähe der Kirche erheben sich die Gemäuer einer Ruine, die mit ihren Gewölben und Räumen immer noch einen Eindruck von der Pracht des ehemaligen Pfarrhofes vermitteln kann.

Wer keine Strecke doppelt fahren möchte, sollte von Lau nach Stånga den etwas längeren Weg über När und Burs wählen. Dabei ergibt sich in När die Möglichkeit zu einem Abstecher nach **Närshamn,** dem größten Fischerhafen an der Ostküste, der wunderbar in der tiefen Bucht von Närsholmen liegt (Badestrand). Und in **Burs** ist wieder einmal eine Landkirche die größte Sehenswürdigkeit, die u. a. mit schönem Chorportal, bemalter Holzdecke, gotischem Altaraufsatz, Glasmalereien, einem Scheibenkreuz aus dem 13. Jh. und einer einzigartigen, bemalten Chorbank aus Kalkstein aufwartet.

Einige Kilometer weiter nordwestlich wartet an der Straße 144 ein weiterer Höhepunkt der sakralen Baukunst: die Kirche von **Stånga.** Dank des Turmes, der neben denen von Öja, Gothem, Rone und Dalhem der höchste der Insel ist, kann man die Kirche kaum verfehlen. Die eigentliche Überraschung wartet jedoch an der Südfassade, wo scheinbar planlos lebensgroße Figuren eingefügt wurden. Diese waren wahrscheinlich für ein monumentales Westportal vorgesehen und sind nach den Ereignissen von 1361 provisorisch an ihren jetzigen Platz gesetzt worden. Auch das Portal selbst lohnt eine eingehende Betrachtung, einerseits wegen der skulptierten Umfassung, andererseits wegen der originalen, eisenbeschlagenen Holztür. An dieser hängt sogar noch ein mittelalterlicher Meßstab, dessen Inschrift lautet: »Dies ist eine rechte gotländische Elle!« Im Innern der Kirche sind u. a. ein Triumphkreuz und ein romanischer Taufstein sehenswert.

Von Stånga aus geht es nun auf schmalen und z. T. idyllischen Straßen quer über die Insel bis zur Westküste. Die erste Etappe bringt Sie zur Straße 142, wo die kleine, sehr hübsch gelegene Kirche von **Linde** auf Besucher wartet. Ihre Kalkmalerei ›Schwätzen während des Gottesdienstes‹ erinnert fast schon an einen Comic Strip. Wenn Sie dann dem Weg folgen, der unmittelbar an der Kirche vorbeiführt, gelangen Sie über Gerum (oder alternativ über Fardhem und die Straße 141) nach **Levide,** dessen Gotteshaus einen sehr sehenswerten Innenraum besitzt. Weiter westlich stoßen Sie auf die Kirche von **Eksta,** an der es rechts nach **Fröjel** geht, das bereits an der Küstenstraße 140 liegt. Der Flurname, der als ›Heiligtum der Freya‹ interpretiert werden kann, verweist darauf, daß sich an diesem Ort ein uralter Kult- und Versammlungsplatz befand. Dafür sprechen auch die Überreste einer vorhistorischen Fliehburg und die Ausgrabungen, bei denen man im nahen Vallhagar die Fundamente eines ganzen eisenzeitlichen Dorfes nachgewiesen hat. Nach Einführung der neuen Religion funktionierte man den heidnischen Kultplatz in einen christlichen um und baute jene Landkirche, deren Besuch man auf keinen Fall versäumen sollte. Denn sie bietet nicht nur ein herrliches Triumphkreuz, schöne Kirchhofsportale und auf dem Friedhof eine vorchristliche Trojaburg-Steinsetzung, sondern wenige Meter entfernt auch die Überreste eines Verteidigungsturmes, von dem sich ein weiter Blick auf die Ostsee und hinüber zur Insel Lilla Karlsö ergibt.

Der Weg in den Norden führt nun fast immer am Meer entlang, und obwohl die Straße 140 eine der verkehrsreichsten der Insel ist, bietet sie dennoch herrliche Natureindrücke. Kaum ist man in Fröjel in den Wagen gestiegen, zwingt einen nach etwa 1 km eine der schönsten Schiffssetzungen Gotlands erneut zum Anhalten. Das 29 m lange und bis zu 5 m breite Steinmonument **Gannarve** liegt unmittelbar links des Weges (Parkplatz) auf einer Weide, hinter der

Die Überreste des Kastals in Fröjel

sich die Karlsinseln in der Ostsee abzeichnen. Wenn dann auch noch Pferde oder schwarzwollige Schafe die Szenerie bevölkern, hat man ein ideales Inselbild, in dem Kultur und Natur harmonisch vereint sind. Die wunderbar geschwungene Linienführung der bronzezeitlichen Schiffssetzung geht auf eine Rekonstruktion der 30er Jahre zurück, aber die Abmessungen insgesamt, die Anzahl und die Lage der Steine sind original.

Unterkunft: Gannarve Gård, Fröjel, 62020 Klintehamn, ✆ 244076; herrlich gelegener Bauernhof mit Fremdenzimmern, Café mit gotländischen Spezialitäten, Reit- und Badegelegenheit.

Von Gannarve aus ist man, vorbei am Naturreservat Mulde, in wenigen Minuten in **Klintehamn,** dem mit knapp 1500 Einwohnern viertgrößten Ort Gotlands. Ein hübsches Stadtbild mit schmalen Gassen, Holzhäuschen und Gärten haben zusammen mit der beachtlichen Infrastruktur (Tankstellen, Bank, Geschäfte, Hotels, Campingplatz, Jugendherberge) aus dem ehemaligen Fischerdorf eine wichtige touristische Anlaufstation entstehen lassen, auch wenn der erste Eindruck von dem hohen Getreidesilo und dem großen Ausfuhrhafen für Holz bestimmt ist. Im Hafen legt übrigens die Personenfähre ab, die während der Sommersaison Besucher zur nahegelegenen Insel Stora Karlsö bringt (s. S. 198ff.). Wenn Sie das Städtchen für eine Erfrischungspause nutzen möchten,

Fridhem

Prinzessin Eugénies Sommerresidenz

Warum die Gegend unterhalb des Högklint schon früh vermögende Bürger aus dem nahen Visby, aber auch aus Stockholm und anderen schwedischen Städten anzog, ist angesichts der wunderbaren Natur leicht zu verstehen. Schon Anfang des 19. Jh. entstanden hier repräsentative, rot oder gelb gestrichene Holzvillen, von deren Veranden man den Blick auf die Ostsee genießen und schnell zum Sandstrand gelangen konnte. Wirklich geadelt wurde dieser Landstrich aber erst, als 1862 Prinzessin Eugénie (1830–89), die einzige Tochter Oskars I. und Schwester Oskars II. hierhin zog. Gotland war der Prinzessin von einigen Aufenthalten her bekannt, doch ausschlaggebend für ihren Umzug war nicht die schöne Landschaft, sondern Eugénies schlechte Gesundheit. Immer wieder von Lungenbeschwerden geplagt, hatten Ärzte ihr geraten, im Sommer das trockene und warme Klima der Ostseeinsel aufzusuchen.

Während einer Reise in die Schweiz konkretisierten sich die Vorstellungen der Prinzessin, wie ihr neues Domizil auszusehen habe, und sie beauftragte den Architekten A. W. Edelswärd, die Pläne zu zeichnen. Schließlich entstand 1861/62 das mächtige Holzgebäude der Vil-

können Sie am Barlastkajen die Badesachen auspacken oder über die Fußgängerbrücke zur Halbinsel Varvsholm spazieren, wo es ebenfalls Schwimmmöglichkeiten gibt. Auch Kulturinteressierte kommen nicht zu kurz: Biegt man im Ortszentrum links auf den Kustvägen

la Fridhem im ›Schweizer-Stil‹, der damals in Norwegen und Schweden modern war. Fridhem diente später als Vorbild für weitere Bauten auf der Insel. Vor allem das Schnitzwerk der Veranda, mit der sich die dreistöckige Holzvilla dem Meer zuwendet, wurde an vielen Bürgerhäusern auf dem Land nachgeahmt. Neben dem Haupthaus entstanden ein Wirtschaftsgebäude, ein Badehaus sowie ein Stall für die Pferde und Kutschen der Prinzessin.

Gleichzeitig bepflanzte man das große Grundstück mit seltenen Baumarten und formte das Gelände in einen Landschaftspark mit Spazierwegen, Terrassen, einem Pavillon und einem kleinen Wasserfall um. Nur einen angenehmen Sommeraufenthalt mit Aussicht auf den Högklint und das Meer zu haben, war der künstlerisch und religiös ambitionierten Prinzessin jedoch zu wenig. Innerhalb kurzer Zeit versammelte sie einige der wichtigsten schwedischen Künstler, Autoren und Musiker der damaligen Zeit um sich, so daß Fridhem in jedem Sommer eine kleine Künstlerkolonie beherbergte. In diesem ›schwedischen Worpswede‹ führte Eugénie mit ihren Gästen befruchtende Gespräche, man arbeitete zusammen und machte mit Pferd oder Esel Ausflüge in die Umgebung und zum nahen Högklint.

Daneben waren oft auch Anhänger der damaligen Erweckungsbewegung anwesend, die nicht nur Bibelstunden abhielten, sondern auch auf die soziale Verpflichtung eines jeden Einzelnen hinwiesen. Solche Gedanken fielen bei der Prinzessin auf fruchtbaren Boden, und davon wiederum konnte Gotland nur profitieren. Beispielsweise gründete sie nahe der Villa zwei Kinderheime mit Lehrerinnen für Jungen und Mädchen, desweiteren ein Armen-Krankenhaus in Visby und ein Altersheim für bedürftige Frauen. Finanziert wurde ihr soziales Engagement u. a. durch den Verkauf von Schmuck, den sie von ihrer Großmutter Désirée, der Gemahlin Karl XIV. Johan, geerbt hatte.

Bis zu ihrem Tod weilte die Prinzessin Eugénie oft und gerne in Fridhem. Ihr Neffe, Prinz Oskar, übergab schließlich 1927 das Haus samt Park dem KFUM (Christlicher Verein Junger Männer), dessen Vorsitzender er damals war. Seitdem ist Fridhem als Heimstätte für verschiedene soziale Einrichtungen und als Fremdenpension genutzt worden.

ein und folgt, immer der ›Ewigkeitsschleife‹ nach, der Zickzacklinie des Banvallsvägen, gelangt man auf einem schmalen, unasphaltierten Waldweg nach etwa 2 km zur Schiffssetzung von **Rannarve.** Hier liegen auf einer friedlichen Lichtung vier steinerne Schiffe schnur-

gerade hintereinander – eine richtige kleine Armada. Und wenige Meter dahinter unterstreicht ein Hügelgrab der späten Bronzezeit zusätzlich die religiöse Bedeutung dieser Stätte.

Unterkunft: Kuskstationen Hotell & Restaurang, Donnersgatan, 62020 Klintehamn, ✆ 24 00 33; kleine Bed & Breakfast-Unterkunft im Ortszentrum, Restaurant mit gotländischen Spezialitäten. Pensionat Warfsholm, Varvsholm, 62020 Klintehamn, ✆ 24 00 10; hübsches Holzhaus mit Hotelbetrieb, Jugendherberge und Campingmöglichkeit, Café und Bar, auf einer Halbinsel nördlich des Zentrums gelegen, geöffnet Mitte Mai bis Ende August.

Folgt man ab Klintehamn der Küstenstraße 140, passiert man nach wenigen Minuten linker Hand das Museumsdorf **Kovik,** in dem ca. 20 Strandschuppen, ein Hebebaum-Leuchtfeuer, alte Boote, Bootsverdecke und viele Inventarstücke aus ganz Gotland zusammengetragen und als Fischereimuseum bewahrt wurden (ständig geöffnet, kein Eintritt). Eine Strandkapelle von 1965 erinnert an die vielen Fischer, die ihr Leben auf dem Meer lassen mußten.

Der nächste Ort an der Küste, gegenüber der ›äußeren‹ Insel (Utholmen) gelegen, heißt **Västergarn.** Er war in der Wikingerzeit und im frühen Mittelalter einer der wichtigsten des Landes und z. T. sogar eine starke Konkurrenz für Visby. Von der Hauptstraße aus kann man die alte Bedeutung freilich nicht erschließen, und selbst

wer sich in der kleinen Siedlung auf Spurensuche begibt, wird heutzutage nicht mehr allzuviel vorfinden. Immerhin sind noch einzelne Überreste des ehemals 1 km langen sowie 3 m breiten und hohen Verteidigungswalles zu sehen, am besten zwischen dem Hof Övide gård und der Kirche. Die Wehranlage legte sich damals halbkreisförmig um den vorzüglichen Naturhafen, der nun wegen der Landhebung und Versandung als schilfbestandener See Påviken im Inland liegt. Er ist ein beliebter Aufenthaltsort von zahlreichen Wasservögeln, deren Artenreichtum man am Westufer des Sees am besten vom Aussichtsturm aus beobachtet. Daß Påviken einer der Haupthäfen des wikingischen Gotland war, belegen die mehr als 10 000 Einzelfunde, die hier aus der Erde geholt wurden. Das Gotteshaus, das sich innerhalb des Walls befindet, zählt zu den kleinsten der Insel, da es eigentlich nur aus dem Chor einer geplanten, viel größeren gotischen Kirche besteht. Dafür sieht man in seiner nächsten Nachbarschaft noch die Ruinen einer romanischen Kirche von durchaus beeindruckenden Dimensionen.

Kurz hinter Västergarn erstreckt sich die weitgeschwungene Bucht von **Tofta,** deren feiner Sandstrand (s. Abb.) im Sommer stark frequentiert wird. Mit seinen Campingplätzen, Hotels und Freizeiteinrichtungen ist Tofta Strandbad das größte touristische Zentrum der Insel und in der Hochsaison kann es hier bis-

Sonnenuntergang bei Högklint

weilen recht eng werden. Wer sich nicht unbedingt direkt am Ufer aufhalten oder in das Getümmel der Tretboot- und Wasserskifahrer stürzen muß, findet in den weiten Dünenfeldern aber immer noch ein ruhiges Plätzchen. Den besten Zugang zum Strand hat man vom großen Parkplatz am Campingplatz links der Straße; dort gibt es auch einen Lebensmittel- und Fast-Food-Laden, einen Kiosk sowie Minigolf- und Tennisplätze. Auf der anderen Seite der Straße befindet sich das renommierte Hotel Toftagården, auf dessen Gelände im Vikingabyn wikingisches Leben samt Gebäuden, Tieren und Handwerk nachgestellt wird. Ab und zu veranstaltet man auch Wikinger-Dinner im entsprechenden Ambiente (im Sommer tägl. 10–17 Uhr geöffnet, ✆ 29 71 00).

Unterkunft: Hotell Toftagården, Tofta, 62198 Visby, ✆ 29 70 00, Fax 26 56 66; sehr schöne Hotelanlage im Kiefernwald mit Hotelzimmern und Holzhäuschen, gutes Restaurant, Swimmingpool, Trimm-dich-Pfad, 500 m zum Sandstrand. Smågårde Hotell & Pensionat, Tofta, 62198 Visby, ✆ 26 50 06, Fax 26 50 61; hübsches Hotel inmitten eines Parks mit Café, Restaurant, Sauna, auf dem Weg nach Gnisvärd gelegen, 900 m zum Sandstrand. Tofta Strandpensionat, Tofta, 62198 Visby, ✆ 29 70 60, Fax 26 50 09; direkt am Sandstrand gelegenes Hotel mit 78 Zimmern (Du/WC) in ebenerdigen Hoteltrakten sowie Ferienhäuser mit Selbstverpflegung, gutes Restaurant, Fahrradverleih.

Das nördliche Ende der Bucht markiert das idyllische Fischerlager **Gnisvärd** (s. Abb. S. 22), zu dem man auf einer rund 2 km langen Asphaltstraße gelangt. Die meisten der rund 40 pittoresken Fischerbu-

den sind heute zu Ferienhäuschen umgebaut, wer jedoch früh genug auf den Beinen ist, kann im Morgengrauen noch einige Fischer beim Anlanden von Flunder oder anderem Fisch beobachten. Das *fiskeläge* taucht schon 1450 in den Annalen auf, wenn auch die Holzhäuschen fast alle jüngeren Datums sind. Am ältesten ist eine kleine Steinbude aus dem 18. Jh. Die ebenfalls steinerne kleine Fischerkapelle stammt aus den 1830er Jahren und ist heute bei den Gotländern ein sehr beliebter Schauplatz für Trauungen oder Taufen.

In Gnisvärd sollte man unbedingt der bisherigen Richtung folgen, auch wenn der Waldweg zurück zur Hauptstraße recht schmal ist. Auf ihm aber passiert man rechter Hand die größte Schiffssetzung Gotlands (45 m lang, 7 m breit), die in fast mystischer Atmosphäre eine Waldlichtung besetzt. Wer dort ein wenig spazieren geht, wird noch auf weitere Relikte aus der Bronzezeit stoßen, u. a. auf eine weniger gut erhaltene, aber mit 37 m Länge ebenfalls sehr große Schiffssetzung sowie auf eine noch ältere Steinsetzung auf der anderen Straßenseite.

Wieder auf der Straße 140, kann man gleich rechts der schönen Landkirche von Tofta einen Besuch abstatten. Anschließend passiert man auf dem Weg nach Norden zur Linken das Tofta Skjutfält, das seit über 100 Jahren vom Militär zu Schießübungen genutzt wird, und etwa 7 km vor Visby eine kleine Stichstraße, die nach rechts zum Herrenhof von **Suderbys** abgeht. Das Anwesen, das bereits von der Hauptstraße aus zu sehen ist, hat eine lange Tradition, der heutige Bau jedoch wurde Mitte des 19. Jh. aufgeführt. Sein gepflegter Garten mit altem Baumbestand war damals ein beliebtes Ziel der Visbyer Sonntagsausflügler, später wurden hier eine Landwirtschaftsschule und eine Schnapsbrennerei installiert. Der Herrenhof, der zwischenzeitlich einem deutschen Leutnant gehört hatte, ist nun zu einem Restaurant- und Hotelbetrieb umgebaut worden, wobei das Haupthaus mit seinem edlen Interieur einen vorzüglichen Rahmen für ein gepflegtes Abendessen abgibt. In der Halle der ehemaligen Schnapsbrennerei wird Kunsthandwerk verkauft, und der Garten mit seinen Obstbäumen, Rosen und anderen Blumen reizt zum Lustwandeln. Kulturinteressierte werden schließlich im benachbarten Feld zwei Bildsteine entdecken, deren Zeichnung allerdings vollständig verwittert ist.

Unterkunft: Suderbys Herrgård, Västerhejde, 62148 Visby, ✆ 29 70 60, Fax 26 48 67; einfacheres Mittelklasse-Hotel mit 40 Zimmern (Du, WC, TV) im modernen Trakt, Essen im schönen Haupthaus.

Kurze Zeit später sollte man links von der 140 abbiegen, um auf einer schmalen Asphaltstraße zur wohl eindrucksvollsten Küstenszenerie in der Umgebung von Visby zu gelangen. Ein erster Abstecher führt zum *fiskeläge* **Ygne** (s. Abb. S. 10/11), wo es auf Holztreppen oder steilen Pfaden hinunter zum ›Klapperstein‹-Strand geht. Hier sind es aber weniger die Handvoll Katen und Boote, die zum Besuch der Siedlung reizen, als vielmehr die hohen Kalksteinklippen, von denen die Bucht eingesäumt wird. Zur eindrucksvollsten, nämlich der ›hohen Klippe‹ **Högklint,** können Sie anschließend auf einer Stichstraße nördlich von Ygne gelangen. Das zum Naturreservat erklärte, völlig kahle Plateau, das sich unvermittelt 50 m hoch aus der Ostsee erhebt, gibt eine weite Aussicht auf Visby, die nahen Villen und die Steilküste im Süden frei; ein herrlicher Platz für ein Picknick oder zum Beobachten des Sonnenuntergangs! Zur Seeseite hin führt eine steile Holztreppe hinunter zu einer Grotte in der Klippe, die im Volksmund Räuber Liljas Höhle heißt. Viele romantische Geschichten ranken sich um diesen Ort, die mit der historischen Person des Räubers kaum etwas zu tun haben. In Wirklichkeit war Lilja ein Kleinkrimineller, der zum Tode verurteilt und später zu einer lebenslangen Haftstrafe begnadigt worden war.

Anschließend kommt man mit dem Wagen direkt unterhalb von Högklint an mehreren hochherrschaftlichen Anwesen vorbei, die die Popularität dieser Gegend bei den reichen Schweden und Visbyer Bürgern belegen. Das bekannteste Gebäude ist dabei die Holzvilla **Fridhem,** in der im 19. Jh. Prinzessin Eugénie, die einzige Tochter Oskars I., eine kleine Künstlerkolonie um sich scharte. Das Haus dient heute als Pension mit angeschlossenem Café (✆ 29 60 18).

Nur wenige Fahrminuten weiter wird es in der Freizeitanlage von **Kneippbyn** so richtig turbulent – ist diese doch eines der populärsten Ausflugsziele bei in- und ausländischen Touristen. Denn wer würde Gotland verlassen wollen, ohne Pippi Langstrumpfs Villa Kunterbunt (Villa Villekulla) einen Besuch abgestattet zu haben?! Tatsächlich steht dort das bunt bemalte Holzhaus, das für die Verfilmung von Astrid Lindgrens berühmten Kinderbuch erstellt wurde, doch ist es inzwischen in einen ziemlich überlaufenen Vergnügungspark integriert, der als ›Sommarland‹ mit zahlreichen Attraktionen wie Piratenschiff, Ritterburg, Mini-Eisenbahn, Pippi-Langstrumpf-Theater, Kanu-See usw. aufwartet. Wegen des hohen Holzzaunes ist es unmöglich, ein Erinnerungsfoto der Villa Kunterbunt zu schießen, ohne vorher den stolzen Eintrittspreis für das ›Sommarland‹ bezahlt zu haben. Wer mit Kindern reist, wird es schwer haben, ihnen den Vergnügungspark vorzuenthalten, so daß man sich am besten von vorneherein einen halben Tag Zeit für die Besichtigung von Kneippbyn reserviert. Dies um so mehr, als das benachbarte ›Vattenland‹ mit vier Swimmingpools und großer Wasserrutschbahn ebenfalls besucht sein will. Weiter gehören zu der Freizeitanlage ein großer Campingplatz mit zahlreichen Wohnwagenstellplätzen und Hüttenvermietung sowie Restaurant, Pub, Diskothek und Freiluftbühne. Den Personentransport zum nahen Visby besorgt der historische Doppeldecker, der bis 3.15 Uhr am frühen Morgen jede halbe Stunde nach Visby (entweder zum Hafen oder zum Österport; SEK 10, Kinder SEK 5) fährt. In wenigen Minuten, vorbei am Oldtimer-Museum, ist man ab Kneippbyn wieder auf der Straße 140, die in 2 km zur Hauptstadt und zum Ausgangspunkt dieser Route zurückführt.

Südgotland – Grabhügel, Windgeneratoren und Mittelalterhöfe

Zum gotländischen Südkap mit Kalksteinklippen und eigentümlicher Steppenlandschaft, Abstecher zur größten schwedischen Windkraftanlage, Baden an hübschen Sandstränden und Wandern durch eine karge Küstenszenerie, Besuch mächtiger Landkirchen, mittelalterlicher Bauernhöfe und der höchsten Grabhügel der Insel.

Zusammen mit der Insel Fårö im Norden und den vorgelagerten Inselchen Lilla und Stora Karlsö stellt der südliche Teil die landschaftlich interessanteste Region Gotlands dar. Anders als im ›Hohen Norden‹ befinden sich hier jedoch auch bedeutende kulturelle Sehenswürdigkeiten, u. a. einige der schönsten Landkirchen der Insel. Die vorgeschlagene Route hat ihren Ausgangspunkt in Visby und folgt im wesentlichen der Westküste bis hinab zur Südspitze. Sie endet in Hemse, das verkehrsgünstig an der Kreuzung der Straßen 141, 142 und 144 liegt und ab wo man bequem weitere Ziele ansteuern oder nach Visby zurückkehren kann.

Die erste Etappe von Visby nach Fröjel über die Küstenstraße 140 wurde (in umgekehrter Richtung) bereits am Ende der Route durch Mittelgotland vorgestellt. Wer diesen Teil der Insel nicht zweimal besuchen und/oder das Ausflugsprogramm mit zwei der interessantesten gotländischen Landkirchen beginnen möchte, sollte alternativ ab der Hauptstadt die schmale und wenig befahrene Strecke von Stenkumla über Eskelhem und Mästerby nach Klinte wählen. Die Highlights sind dabei die Kirche von **Eskelhem,** deren frühgotisches Triumphkreuz von 1250 zu den berühmtesten Kunstschätzen Gotlands zählt, und die Kirche von **Mästerby,** deren Apsis mit den am vollständigsten erhaltenen romanischen Kalkmalereien der Insel geschmückt ist. Nahe der Kirche von **Klinte** lohnt sich die Auffahrt auf den Klintberget, der eine prächtige Aussicht über das fruchtbare Bauernland bis hin zur Ostsee bietet.

Südlich von Klinte stoßen Sie nahe der Kirche von **Fröjel** auf die Küstenstraße 140, die Sie nach wenigen Kilometern rechts in Richtung **Djupvik** (gotländ.: Djauvik) verlassen. Dieses idyllische *fiskeläge* wartet mit den bekannten, z. T. in Ferienwohnungen umgebauten

Visby
143
140
Stenkumla
Roma
Tofta
Vall
Björke
Norra Gnisvärd
Gnisvärd
Hogrän
Toftastrand
Sjonhem
Eskelhem
Mästerby
Atlingbo
Ostsee
Viklau
Vänge
Väte
Skansudde
Västergarn
Guldrupe
Sagholmen
Sanda
Hejde
Olmyr
Buttle
142
Klintehamn
Klintberget
Klinte
141
Lojstahaid
Etelhem
Fröjel
Lilla Karlsö
Sandhamn
Russpark
Lojsta
Lye
Djupvik
Naturres.
Bodarna
Gerum
Eksta
Skannsudd
Levide
Linde
Stånga
Naturres.
Stora Karlsö
Fardhem
Hammar-udd
Sproge
Hemse
Burs
Mästermyr
Rone
Kvarnåkershamn
Silte
Alva
Tomtbod
Petes museigård
Hus
Sandskallen
Hablingbo
Petesvik
Eke
Rone-hamn
Uggårde Rojr
Havdhem
Ronnings
Ytter-holmen
Nisse-viken
Grötlingbo
Gans-viken
Nisseviken
Bölske
Grötling-boudd
Inner-holmen
Näs
Kattlundsgård
Fidenäs
Näsudden
Fide
Bodudd
Burgs-viken
Wind-kraftwerk
Västergårde
Öja
Ostsee
Valar
Burgsvik
Sandar
Hundlausar
Faludden
Killingholm
Bottarvegården
Yttre Stockviken
Grumpvik
Hamra
Vamlingbo
Ajnviken
Kättelviken
Vändburg
Muskmyr
Sundre
Holmhällar
Heligholmen
Hoburgen
Sandvik
Riv-viken
Barshageudd
N
0
5 km
Südgotland

Katen auf und bietet außerdem eine Fischräucherei, Kiosk, einen kleinen Sandstrand und natürlich den Hafen, wo im Sommer die Personenfähre nach Lilla Karlsö (s. S. 196f.) abgeht. Versäumen Sie nicht, bevor Sie hinunter zum Hafen fahren, linker Hand einen Blick auf die Wiese zu werfen, auf der eine kleine, aber sehr schöne Schiffssetzung aus der Bronzezeit direkt oberhalb des Ortes liegt.

Auf zwar asphaltierten, aber schmalen und z. T. auch schlechten Straßen kann man ab Djupvik direkt der Küste folgen und dabei eine der schönsten Landschaften der Insel erleben. Nirgendwo ist man auf Gotland den Karlsinseln näher, aber auch sonst ist das Naturschauspiel mit seinen windzerzausten Krüppelkiefern, ›Klapperstein‹-Stränden und duftenden Kräutern außerordentlich beeindruckend. Insbesondere in den Morgenstunden, wenn die weißen Steilküsten von Lilla und Stora Karlsö von der Sonne angestrahlt werden, kann man sich kaum einen schöneren Weg denken, aber auch die Abendstimmung ist reizvoll, wenn die tiefstehende Sonne die Ostsee in ein goldenes Licht taucht. Die Straße führt mitten durch ein Naturreservat, so daß die Passage nicht immer möglich ist (Brutzeiten der Wasservögel). Hinter dem Kap Hammarudd, der äußeren Spitze der Halbinsel, geht es mehrere Kilometer schnurgerade durch Wald und Felder, bis man wieder auf die 140 stößt.

Hinter **Sproge,** der nächsten Kirche mit einem hohen Westturm, und dem Abzweig zur Kirche von **Silte** muß die persönliche Vorliebe über das nächste Besichtigungsziel entscheiden. Wer die gotländischen Landkirchen kennen und schätzen gelernt hat, wird sich die von **Hablingbo** nicht entgehen lassen wollen, die vor allem wegen ihres romanischen Nord- und der beiden gotischen Südportale berühmt ist. Eher an alter Bauern- und Fischerkultur Interessierte biegen vorher rechts ab und machen einen Abstecher zu **Petes museigård,** dessen Hauptgebäude aus Stein und Holz von 1750 stammt und dessen zeittypische Einrichtung noch erhalten ist. Der Hof kann in der Saison tägl. 12–18 Uhr besichtigt werden (✆ 48 70 54, Eintritt SEK 20, Cafeteria). Von dort aus bleibt man auf der küstennahen Straße und gelangt bald zur Siedlung **Nisseviken** an der gleichnamigen Bucht mit Sandstrand, Bademöglichkeit und Vermietung von Ferienhütten. In Näs schließlich kommen beide Wege wieder zusammen (angesichts der kurzen Entfernung ist es jedoch ohne weiteres möglich, Hablingbo in das Programm einzubeziehen). Hier bietet sich ein Abstecher auf die Halbinsel Näsudden an.

Die Natureindrücke, die man dort gewinnen kann, sind nicht

Altarflügel in der Kirche von Silte

Die Halbinsel Näsudden ist ein idealer Standort für Windgeneratoren

sensationell, aber durchweg schön: **Näsudden** ist ein flaches, oft von Stürmen heimgesuchtes und fast menschenleeres Land mit Schaf- und Rinderweiden, einigen Weizenfeldern und karger Alvar (s. S. 18). Ab und zu passiert man einen Bauernhof, an dem Schaffelle und -wolle verkauft werden, oder man kehrt in dem netten Café Näsduken ein, dem eine Sommerboutique mit Verkauf von Textilhandwerk, Kunst sowie Honig, Senf und anderen gotländischen Waren angeschlossen ist. Die eigentliche Sehenswürdigkeit der Halbinsel sind seit 1984 jedoch die derzeit insgesamt 63 modernen Windgeneratoren, die mit einer Jahresleistung von 57 Mio kw/h das größte europäische Windkraftwerk darstellen. Es ist schon ein besonderes Erlebnis, an einem windreichen Tag die 6 km lange schmale Straße abzufahren, umgeben von einem Wald hoher Säulen, deren surrende Rotorblätter ein futuristisch-belebtes Bild abgeben. Am Hauptaggregat Vattenfall, unschwer zu erkennen am 70 m hohen Turm und den zwei Rotorblättern, kann man sich in einem Besucherzentrum (tägl. 10–17 Uhr geöffnet) über Technik und Leistung dieser sanften Energieproduktion informieren. U. a. erfährt man dort, daß die derzeitige Anlage den Strombedarf des gesamten Südens einschließlich der Gemeinde Hemse (2300 Haushalte) deckt und daß eine Ausweitung der Windfarm in Zusammenarbeit mit der EU geplant ist. Das Projekt ist sicher eines der zukunftsträchtigsten von Gotland. Es hat bereits jetzt Arbeitsplätze geschaffen und scheint auf der abgelegenen Halbinsel selbst die Schafe nicht zu stören, die friedlich unter den Rotoren grasen. Vor allem aber konnte die schwedische Serienwerkstatt Windworld AS hier wichtige Erfahrungen sammeln und den technologischen Abstand zu den dänischen Marktführern verringern. Die stete Brise, die über die Halbinsel weht, ist bereits ab 5 m pro Sekunde als Startwind der Turbinen nutzbar; abgesehen davon, daß sie ja zum Nulltarif zur Verfügung steht.

Nach diesem Abstecher geht es zurück zur Küstenstraße 140 und weiter in den Süden. Hinter **Fidenäs** kommt man an einer der vielen alten Laubweiden Gotlands, *Fide prästänge,* vorbei, die einen großen Bestand an Eichen, Eschen, Birken und Haselbäumen aufweist. Hier ist Gotland nur 2 km schmal, hinter dem Isthmus verbreitert es sich wieder zur Halbinsel Storsudret (der Große Süden). Am ›Eingang‹ zur Halbinsel liegt an der gleichnamigen Bucht die Ortschaft **Burgsvik,** mit 400 Einwohnern die größte des Südens und mit einem guten Hafen ausgestattet. Außer von der Landwirtschaft lebten die Menschen hier stets auch von den vielen Sandsteinbrüchen der Umgebung. Wegen seiner guten Qualität wurde dieses Gestein schon in vorgeschichtlicher Zeit genutzt, vor allem aber seit dem Mittelalter als Baumaterial und Dekor von Kirchen. Damals entwickelte sich Burgsvik zu einer der wichtigsten Adressen für die gotländischen Bauhütten und Steinmetzen. Nach einem Niedergang dieser Industrie stieg im 19. Jh. infolge der rasanten Entwicklung der Landwirtschaft die Nachfrage nach Schleifsteinen stark an, und wieder gab es für die Bauern der Region einen Nebenerwerb – vor allem nach Gründung der Schleifstein-Gesellschaft Gotland im Jahre 1873. Das benötigte Material wurde im Tagebau südlich von Burgsvik gefördert, wo Bauern und Tagelöhner im Frühling, Sommer und Herbst schufteten und aus dem abgebauten Gestein anschließend manuell die Schleifsteine fertigten. Schleifsteinproduktion und -export sind immer noch ein wirtschaftlicher Aktivposten Gotlands, doch erfolgt die Herstellung heutzutage maschinell; das dazu benötigte Gestein wird außerdem nicht mehr in der Umgebung von Burgsvik abgebaut, sondern im Kirchspiel Grötlingbo. Wenn Sie sich den alten Ausschiffungshafen dieser lokalen Industrie anschauen möchten, fahren Sie vom Burgsviker ›Zentrum‹ (Konditorei, Supermarkt, Tankstelle) rechts ab, bis Sie zum 300 Jahre alten Magazingebäude gelangen, in dem sich heute ein Hotel und Restaurant befinden. Auch sonst lohnt sich der kurze Abstecher, denn in unmittelbarer Nähe kann man baden, windsurfen, angeln oder sich Fahrräder oder Boote ausleihen.

Information: Tourist Information, Hoburgsvägen 37, 62010 Burgsvik, ✆ 49 78 45, Fax 49 78 90.

Unterkunft/Restaurants: Värdshuset Björklunda, 62010 Burgsvik, ✆ 49 71 90, Fax 49 78 50; schönes Anwesen 2 km nördlich von Burgsvik, gemütliche Zimmer (Du, WC) im Haupthaus, im Nebengebäude einfachere Unterkunft in Familienherberge, gutes Restaurant mit gotländischen Spezialitäten. Wärdshuset Guldkaggen, Hamnen, 62010 Burgsvik, ✆ 49 73 09, Fax 49 73 11; 300 Jahre altes Magazingebäude am Hafen mit rustikal eingerichtetem, aber sehr gutem Restaurant (gotländische Küche), einfache Zimmer.

Camping: Fidenäs Camping***, ✆ 48 39 10, geöffnet Anfang Mai bis Mitte August.

Nachdem man die drei Mühlen von Hundlausar passiert hat, ist ein nächster Halt etwa 5 km südlich von Burgsvik angebracht, wo direkt an der Straße 142 der **Bottarvegården** liegt, eine typisch südgotländische, repräsentative Hofanlage aus dem 17. Jh. Ihre 40 m lange Scheune ist mit Schilfgras gedeckt und das Haupthaus mit Dachziegeln aus Sandstein. Die Gerätschaften und Einrichtungsgegenstände stammen zum größten Teil aus dem 19. Jh. Die restaurierten Gebäude dienen heute als Museumshof, der mit jährlich Zehntausenden Besuchern zu den wichtigsten Ausflugszielen der Insel gehört (✆ 49 90 08, geöffnet in der Saison tgl. 10–17 Uhr, Eintritt SEK 20). Die Betreiber des Hofes bieten in der Saison auch Unterkünfte oder Essen in ihrer Gästgiveri (✆ 49 71 90) an und organisieren Theaterabende. In der Nähe des Bottarvegården entdeckt man außerdem einen dreihundertjährigen Walnußbaum, einen der größten Schwedens.

Bei der Weiterfahrt gelangt man rund 3 km hinter dem Museumshof zur Landkirche **Vamlingbo,** die wegen ihrer Wandmalereien weithin berühmt ist. Von außen macht das Gotteshaus einen großzügigen, blockhaften Eindruck. Das merkwürdige Aussehen des westlichen Teils kann dadurch erklärt werden, daß der Turm, einer der mächtigsten des Landes, 1817 nach einem Blitzschlag einstürzte und man die Steinmassen einfach als stützende Mauern verbaute. Im Innern erlebt der Betrachter eine geräumige, vom Reichtum der Gemeinde zeugende, dreischiffige Halle. Ein schöner romanischer Taufstein, ein gotischer Altaraufsatz aus dem 14. Jh., nachmittelalterliche Epitaphien und vor allem das großartige Gemälde ›Seelenwägung Kaiser Heinrichs‹ zählen hier zu den wichtigsten Kunstschätzen. In unmittelbarer Nähe der Kirche erhebt sich mit zwei Seitenflügeln der stattliche Pfarrhof, der 1779 erbaut wurde.

Von Vamlingbo ist es nun nicht mehr weit bis zum gotländischen Südkap bei Hoburgen, das man auf der Straße 142 recht zügig erreichen kann. Je weiter man sich dem Ziel nähert, desto karger wird die Natur; Wald sieht man hier unten

Von Teufeln und Heiligen

Kaiser Heinrichs Seelenwägung

Die Kalkmalerei an der Nordwand der Vamlingboer Kirche, die die ›Seelenwägung des Kaiser Heinrich durch den Erzengel Michael‹ darstellt, ist eines der bedeutendsten Kunstwerke der Insel und wurde von einem unbekannten Meister um 1250 in Szene gesetzt. Aufgrund dieser Darstellung bekam der Maler, der noch in weiteren Landkirchen tätig war, von den Kunsthistorikern den Namen ›Michaelsmeister‹. Typisch für ihn ist die Eleganz seiner Figuren, die Treffsicherheit in Komposition und Detail und nicht zuletzt der unnachahmliche ›Zackenstil‹ der Gewandfalten. Die riesige Komposition in Vamlingbo wird von der dynamischen Gestalt des Erzengels Michael überragt, der nach christlicher Auffassung am Tag des Jüngsten Gerichts die guten und bösen Taten eines Menschen aufwiegt. Besondere Sorgfalt legte der Künstler auf die Darstellung der Teufel, die in allerlei skurrilen Gestalten die Szenerie bevölkern und entweder die Waagschale mit den bösen Taten beschweren und nach unten ziehen, oder die Schale, in der sich die gute Seele des Kaisers befindet, nach oben drücken wollen. Dazwischen sieht man den hl. Laurentius mit einem goldenen Kelch. Und in einer separaten Szene wird der Kaiser auf dem Totenbett dargestellt, auch er mit einem Goldkelch in der Hand.

Welche Geschichte verbirgt sich hier, die der Künstler in Vamlingbo so wirklichkeitsgetreu wie möglich darstellen wollte? Die Malerei illustriert eine Legende, in der der deutsche Kaiser Heinrich II. die Hauptrolle spielt. Heinrich, der eine sogenannte Josephs-Ehe führte (also impotent war), hatte seiner Gemahlin Kunigunde von Luxemburg Untreue vorgeworfen und verlangt, daß diese zum Beweis ihrer Unschuld eine Feuerprobe ablegen solle. Tatsächlich schritt die Kaiserin über die glühenden Pflugscharen und bestand das Gottesurteil unverletzt. Heinrich II. wurde dadurch in tiefe Gewissenskonflikte gestürzt und schenkte noch auf dem Totenbett als Vergebung für seine Sünde dem Merseburger Laurentius-Kloster einen goldenen Kelch. Nach der Legende machte sich im Moment des Sterbens eine Heerschar von 6666 Teufeln auf den Weg, die Seele des sterbenden Kaisers zu erlangen. Sie füllten die Schale der bösen Taten mit den Pflugscharen der verhängnisvollen Feuerprobe, und fast schien es, als sei Kaiser Heinrichs Seele für immer verloren. Da kam im letzten Moment der hl. Laurentius hinzu, dessen Kloster vom Kaiser beschenkt worden war. Sein in die Waagschale geworfener Goldkelch gab den Ausschlag für die ewige Errettung der Seele.

Das also ist der Inhalt der Kalkmalerei, doch wird sich jeder Betrachter fragen, wie dieser Stoff ausgerechnet nach Gotland kam. Wahrscheinlich haben die Bauernhändler auf ihren Fernfahrten zum Kontinent ähnliche Darstellungen in Kirchen gesehen, da die Legende damals überall in Europa sehr populär war. Dies wiederum steht im Zusammenhang mit einer Kampagne, die unmittelbar nach Heinrichs II. Tod (1024) begann. Sie zielte auf die Heiligsprechung des letzten Sachsenkaisers ab, die dann im Jahre 1140 auch tatsächlich erfolgte. Nirgendwo jedoch wurde die Seelenwägung monumentaler dargestellt als in Vamlingbo. Dort war der anonyme Künstler außer an der Geschichte selbst vor allem wohl am hl. Michael als Schutzpatron der Kirche interessiert. Dazu paßt, daß nach einer merkwürdigen lokalen Tradition die Einheimischen sogar das Grab (!) des Erzengels in Vamlingbo vermuteten – noch im 17. Jh. hört man von entsprechenden Opfergaben und Wallfahrten. Ob nun diese Überlieferung durch die Malerei inspiriert wurde oder umgekehrt, kann nicht mit Sicherheit gesagt werden. Fest steht jedoch, daß sich die Legende von Kaiser Heinrichs Seelenwägung über Vamlingbo auf ganz Gotland verbreitete, wo das gleiche Motiv um 1300 in mehreren anderen Kirchen kopiert wurde – freilich nie in der Qualität und Größe des Vorbildes.

nicht mehr, statt dessen die karge Steppe des Alvar, nur überragt von Wacholderbüschen und vereinzelten Windmühlen. Da Sie diese charakteristische Landschaft auch auf der Rückfahrt genießen können, sollten Sie kurz hinter Vamlingbo den ungemein reizvollen Küstenweg der Landstraße vorziehen und dazu nach rechts auf die Bucht **Kättelviken** zufahren. Dabei bewegen Sie sich direkt unterhalb der alten Strandwälle und passieren einige alte Gruben, in denen früher die Bauern als Nebenerwerb Sandstein abbauten und zu Schleifsteinen verarbeiteten. Einer dieser Steinbrüche ist in der Saison noch als Stenmuséet in Betrieb, ein ›lebendes‹ Museum, in dem die alten Gerätschaften zu ihrem ursprünglichen Zweck eingesetzt werden (Verkauf von Schleifsteinen, kein Eintritt).

Die nächste und letzte Station auf dem Weg in den Süden ist schließlich das von drei Seiten von der Ostsee umgebene Kap **Hoburgen,** ein beeindruckendes Areal mit skurrilen *raukar,* Grotten, Felsvorsprüngen und Kieselsteinküste. Genau 176 km südlich des Leuchtturms von Fårö ist Gotland wirklich zu Ende. Und allein schon aus diesem Grund sind in der Saison der große Parkplatz, das Restaurant Majstregården und der Kiosk immer sehr gut frequentiert, doch bleibt noch genügend Platz für einsame Spaziergängen am Strand oder über das grasbewachsene Plateau zum Leuchtturm nahe den unvermeidlichen Radargeräten. Die größte Attraktion ist eine Hoburgsgubben genannte Felsformation, mit Sicherheit der meistfotografierte Rauk des Landes. Von einem Hinweisschild aus (und von nur dort!) erkennt man im berühmten Fels den pausbäckigen Kopf eines sagenhaften Trolls mit großer Nase, spitzbübisch geschürztem Mund und wehenden Haaren. Dahinter kann man zu weiteren *raukar* wandern oder auf das Kap hinaufklettern, wo sanfte Grasmulden Schutz vor der steten Brise bieten – allesamt perfekte Plätze für ein geruhsames Picknick oder ein kleines Mittagsschläfchen.

Auf dem Weg zurück in den Norden kommt man auf der Straße 142 zunächst am Kirchhof von **Sundre** vorbei, auf dem sich übrigens der besterhaltene Verteidigungsturm der Insel erhebt – mit weiter Aussicht über den ›Großen Süden‹. Das benachbarte frühgotische Gotteshaus aus dem 13. Jh. besitzt Kalkmalereien aus verschiedenen Epochen, ein schönes Triumphkruzifix und weitere Holzarbeiten. Außen fallen die beiden kreisrunden, rötlichen Sandsteine an der Südwand auf, vielleicht eingemauerte Säulentrommeln oder vorchristliche Opfersteine. Der Sage nach gab es hier früher zwei leuchtende Karfunkelsteine aus dem Besitz eines Drachens, der in einer Grotte bei Hoburgen wohnte. Der Dänenkönig Valdemar Atterdag ließ bei seinem Heerzug die Edelsteine schließlich herausbrechen und als Ersatz zwei Mühlsteine einfügen.

Wenige hundert Meter hinter der Kirche zweigt rechts eine Schotterpiste ab, auf der Wanderwillige und Fahrradfahrer zum Kap Barshageudd gelangen, das sogar noch ein wenig weiter südlich liegt als Hoburgen. Der Weg führt vorbei am Naturreservat Muskmyr, einem System von Mooren und Teichen, das der Vogelwelt als Brut- und Ruheplatz dient. An der Küste schließlich wartet eine herrliche Landschaft mit alten Uferwällen, Strandwiesen, niedrigem, lichten Kiefernwald und guten Sandstränden. Wer auch als Autofahrer eine ähnliche Natur erleben möchte, hält sich auf der Reichsstraße 142 an der nächsten Weggabelung rechts (Richtung Hamra) und zweigt kurze Zeit später erneut nach rechts ab. Das Ziel heißt hier **Holmhällar,** ein kleines, urtümliches *fiskeläge,* dessen naher Sandstrand als Ausflugsziel äußerst beliebt ist. Daß man bei Holmhällar außer einer Fremdenpension ziemlich viele im Kiefernwald verstreute Ferienhäuser antrifft, kann angesichts dieses schönen Flecken Erde nicht verwundern. Dazu gehört auch das ausgedehnte Rauk-Gebiet, eines der größten Gotlands, das sich direkt vor dem Hafen entlang der Ostküste nach Norden zieht. Und immer wieder gerät die vorgelagerte Insel Heligholmen (heilige Insel) ins Blickfeld, deren Uferlinie ebenfalls durch *raukar* und Grotten gegliedert ist – die allerbesten Voraussetzungen also für einen erholsamen Aufenthalt. Wer gut zu Fuß ist, kann übrigens von Holmhällar aus die rund 6 km bis nach Barshageudd wandern, vorbei an den langen Sandstränden der Bucht Sandvik.

Unterkunft: Pensionat Holmhällar, ✆ 49 80 30, Fax 49 80 56; 120 Betten in Einzel- und Doppelzimmern oder Hütten, Kiosk, Restaurant für Übernachtungsgäste.

Von Holmhäller aus fährt man durch Kiefernwälder wieder zurück zur Hauptstraße, wo der nächste Halt an der Landkirche von **Hamra** gemacht werden könnte. Mit achtzehn Skulpturen besitzt sie mehr mittelalterliche Holzarbeiten als jede andere gotländische Kirche, allesamt von bemerkenswerter Qualität, daneben aber auch Steinskulpturen wie z. B. den romanischen Taufstein. Nach der Besichtigung hätte man Gelegenheit zu einem etwas längeren Abstecher zur östlichen Halbinsel **Faludden.** Diese flache, von Heide und Weideflächen dominierte Küstenpartie ist eine der wichtigsten Zwischenstationen von Zugvögeln, ein interessantes Ziel also für ornithologisch Interessierte, denen auch ein Beobachtungsturm zur Verfügung steht. Ansonsten setzt man die Fahrt fort zur Landkirche von **Öja,** die sich mit ihrem hohen Kirchturm *Grå gasi* (Graue Gans) schon von weitem ankündigt und ein unbedingtes Muß für Gotlandreisende ist. Der gotische Bau aus dem 13. Jh. überzeugt von außen mit seinen Wasserspeiern und den Portalen, von denen das auf der Nordseite am schönsten ist. Im recht dunklen Innenraum sind u. a. Kalkmalereien verschiedener Epochen sehenswert. Zweifellos aber werden die meisten Besucher wegen des grandiosen Triumphkreuzes nach Öja kommen, der wohl schönsten Holzskulptur Gotlands.

Von Öja sind es nur wenige Minuten auf der östlichen Küstenstraße bis zur Landkirche von **Fide,** die einen ganz anderen Charakter hat, aber ebenfalls sehenswert ist. Der Innenraum ist weitaus kleiner, wird allerdings auch von einem Triumphkreuz (ca. 1250) dominiert. Dahinter sieht man einen Altaraufsatz vom Anfang des 15. Jh. und an den Wänden verschiedene Kalkmalereien. Auf einer spielt die lateinische Inschrift in verklausulierter Form auf das Katastrophenjahr 1361 an: »Verbrannt sind die Höfe, jammernd fallen die Menschen, vom Schwert geschlagen ...«.

Hinter Fide verläßt man die schmale Landenge, die den ›Großen Süden‹ vom übrigen Gotland abtrennt, und gelangt zur Kreuzung der Straßen 140 und 142. Man hält sich rechts und fährt auf Grötlingbo zu, zweigt auf halber Strecke jedoch erneut rechts ab und besucht zunächst den Hof **Kattlundsgård,** der vor dem Abriß gerettet und in ein Museum umgewandelt werden konnte; er ist zweifellos der bestbewahrte von Gotlands älteren Höfen (s. Abb. S. 63). Die weitläufige Anlage mit Haupthaus und Ställen, vor allem aber das zur Straße gewandte Vorratshaus läßt eher an Sardinien als an Skandinavien denken. Seinen Namen trägt der altertümliche Hof nach seinem Besitzer, dem Thingrichter Botulf Kattlund (1412–47), doch damals dürfte die Anlage bereits mindestens 100 Jahre alt gewesen sein! Das Wohnhaus ist im Mittelalter mehrere Male umgebaut worden, wobei der nun rekonstruierte Teil aus dem 14. Jh. stammt. Er enthält einen kreuzgewölbten Aufenthaltsraum und eine tonnengewölbte Küche mit Kamin. Die übrigen Teile des Haupthauses kamen im 18. und 19. Jh. hinzu, ebenfalls in dieser Zeit wurde das ursprüngliche Bretterdach durch eins mit schweren Sandsteinfliesen ersetzt.

Museum: Kattlunds museigård, Kattlunds im Kirchspiel Grötlingbo, ✆ 48 60 13, geöffnet in der Saison tägl. 12–18 Uhr, Eintritt SEK 20.

Zum nächsten Ziel, der Kirche von Grötlingbo, gelangen Sie am schnellsten über die Straße 142, es ist aber auch möglich, am Kattlundsgård dem Weg in der bisherigen Richtung zu folgen und auf schmaler, z. T. auch unasphaltierter Strecke eine kleine Runde zu drehen. Die Halbinsel zur Rechten trägt den Namen Grötlingboudd und ist landschaftlich wenig reizvoll, aber für Ornithologen ein interessantes Ziel. Sollten Sie zu diesem Personenkreis zählen, müssen Sie der 5 km langen und schlechten Stichstraße folgen, vorbei an einigen modernen Windgeneratoren, bis zum Ende der vollkommen flachen Halbinsel. Dort wartet ein 50 ha großes Naturschutzgebiet, zu dem auch die vorgelagerten Inseln Grötlingboholme samt umgebende Wasserflächen gehören, während des größten Teils des Jahres mit einem überaus reichen Vogelleben (u. a. Eiderenten, Weißwangen- und Graugänse) auf. Damit Besu-

Zum Ruhme Gottes

Gotländische Triumphkreuze

In gotländischen Landkirchen sind Besucher immer wieder überrascht von der Vielzahl und künstlerischen Qualität der Holzkreuze. Nun ist das Kreuz als heiliges Zeichen auf der Insel älter als die Landkirchen selbst, sogar älter als das Christentum. Denn schon in den Felszeichnungen der Bronzezeit taucht das Radkreuz als Symbol eines Sonnenkultes auf, und ähnliche Darstellungen finden sich sowohl in der Eisen- als auch in der Wikingerzeit. Es bedurfte also keiner allzu großen Umstellung, als die neue Religion Anfang des 11. Jh. ihre Anhänger um ihr Zeichen scharte. Genau wie in Norwegen und anderswo werden auf Gotland große Steinkreuze die Versammlungsplätze der ersten Christen markiert haben, bevor Stab- und dann Steinkirchen gebaut wurden. Fest steht, daß die Gotländer in jener Zeit Kontakte mit den britischen Inseln und Irland hatten, die dortigen Hochkreuze also aus eigener Anschauung kannten. Und wie auf der Grünen Insel wurde auch hier das steinerne Ringkreuz zu einem charakteristischen Monument, das über Gräbern, an Wegrändern oder historischen Plätzen aufgestellt wurde – am berühmtesten wohl das Valdemarskreuz vor der Visbyer Stadtmauer.

Als es an die Ausstattung der Landkirchen ging, konnten sich die Holzschnitzer sowohl an den steinernen Vorbildern im eigenen Land orientieren, als auch an berühmten Kruzifixen, die sie in der Ferne kennengelernt hatten. Von besonderem Stellenwert waren dabei die Handelsbeziehungen mit Westfalen, insbesondere mit der Stadt Soest. In der dortigen Kirche St. Maria zur Höhe entstand um 1210 ein berühmtes Scheibenkreuz, das womöglich die Herstellung von Triumphkreuzen auf Gotland entscheidend geprägt hat – vielleicht aber verlief der Weg der Beeinflussung auch in umgekehrter Richtung.

Vor allem bei den ersten, romanischen Kreuzen ist die Bezeichnung ›Triumphkruzifix‹ berechtigt, denn diese zeigen nicht den Schmerzensmann, sondern den triumphierenden Christus, nicht die Dornen-, sondern die Königskrone. In starrer und würdevoller Haltung, ohne Anzeichen von Furcht oder Qual, erscheint der Heiland in majestätischer Strenge. Auch wenn die Kirchen später gotisch umgebaut wurden und die kleinen romanischen Kreuze nun nicht mehr zu den Abmessungen des Innenraumes passen, können sie sich dank ihrer künstlerischen Qualität meist gegenüber der Umgebung durchsetzen. Gute Beispiele dafür findet man in den Landkirchen von Alskog, Ekeby, Hemse, Linde, Väte und Stenkumla, wobei in letzterem Fall die Majestät Christi dadurch unterstrichen wurde, daß ihm der Künstler ein Paar Schuhe mitgab. Neben ihrer liturgischen Funktion hatten solche Kreuze die Aufgabe, zusammen mit anderen Elementen (z. B. Lettner, Tragebalken, Maria-, Johannes- und Engelfiguren) den Chor, der nur für den Priester bestimmt war, vom Gemeinderaum zu trennen. Da der Bogen zwischen diesen Gebäudeteilen die Bezeichnung ›Triumphbogen‹ trägt, kann man auch dann noch von ›Triumphkreuzen‹ sprechen, wenn diese in der gotischen Epoche Christi Körper als einen gemarterten, sich vor Schmerzen windenden darstellen. In dieser Zeit nahmen die Kreuze auch weit größere Dimensionen an, entsprechend den ebenfalls vergrößerten Triumphbögen. Und immer mehr ging man dazu über, Scheiben- oder Ringkreuze herzustellen, die wegen ihrer Ausdehnung die abtrennende Funktion noch besser wahrnehmen konnten, erst recht, wenn sie mit Holzplastiken der trauernden Maria und Johannes komplettiert wurden. Allein 26 Scheiben- oder Ringkreuze gibt es in gotländischen Landkirchen, mehr als in allen anderen Teilen Skandinaviens und in Westfalen zusammen. In Eskelhem und Klinte tragen diese tatsächlich Scheiben, in allen anderen Fällen handelt es sich um Ringkreuze. Da der Raum zwischen dem Ring und den Kreuzbalken jedoch mit Figuren oder Szenen ausgeschmückt ist, können solche Kruzifixe als Scheibenkreuze wirken, ohne es zu sein.

Gute Beispiele dafür sind die Kunstwerke in dem Kirchen von Hamra, Fröjel, Fide, Stånga und Lau, das mit einer Höhe von über 6 m und einer Breite von ca. 4 m das größte seiner Art ist. Am berühmtesten von allen ist jedoch das monumentale Triumphkreuz aus dem 13. Jh., das den Innenraum der Öja-Kirche völlig beherrscht und zu Recht als eine der künstlerisch hochwertigsten mittelalterlichen Holzskulpturen

Skandinaviens gilt. Hinter diesem Werk der frühen Gotik vermuteten Kunsthistoriker bereits französische Inspiration, wenn nicht sogar einen französischen Meister. Wahrscheinlicher aber ist, daß ein einheimischer Künstler das Werk hergestellt hat und sich an westfranzösischen Vorbildern orientierte. Die aufrechte Haltung und die Königskrone des Gekreuzigten drücken die Majestät Christi aus, der geneigte Kopf mit den auf die Schultern fallenden Haarlocken sein Leiden. Die Arme sind leicht gebogen und enden in offenen Handflächen. Die Wirkung eines Scheibenkreuzes erhält das Kruzifix durch einen Ring,

cher die Tiere studieren können, ohne zu stören, sind dort zwei Observationsplätze *(gymsle)* eingerichtet.

Kulturhistorisch Interessierte wird es statt dessen eher zur Landkirche von **Grötlingbo** ziehen, die wegen ihrer Größe manchmal als ›Kathedrale‹ Südgotlands bezeichnet wird. Zu ihren wichtigsten Sehenswürdigkeiten gehören die skulptierten und von einem Vorgängerbau stammenden Steine in der Südfassade, der prächtige Portalschmuck, ein Triumphkreuz aus dem 13. Jh., ein edler Taufstein aus romanischer Zeit und die erste gotländische Kanzel (1548), die früher in der Visbyer Marienkirche stand.

Nur 3 km sind es von Grötlingbo bis **Havdhem,** mit ca. 400 Einwohnern eines der größeren Dörfer der Region. Auch hier gibt es eine alte, noch im romanischen Stil gehaltene Landkirche (s. Abb. S. 65). Die zweite Sehenswürdigkeit des Ortes ist das Landwirtschaftsmuseum, das die agrarische Entwicklung Gotlands vorzüglich dokumentiert.

Museum: Gotlands Lantbruksmuseum, Spenarve, Havdhem, ✆ 48 13 24, geöffnet in der Saison tägl. 12–17 Uhr, Eintritt SEK 20.

Wenn in Havdhem noch Zeit bleibt, empfiehlt es sich, statt den direkten Weg nach Hemse (Straße 142) zurückzulegen, einen Bogen nach Osten zu fahren, der nochmals bestimmte kulturelle und natürliche Aspekte Gotlands quasi als Quintessenz zusammenfaßt. Dabei steuert man über Eke auf Rone zu, biegt jedoch wenige Kilometer vor dem Ort in östlicher Richtung (Ronehamn) ab. Von dieser Straße zweigt ein Fahrweg rechts ab, der an einem Parkplatz endet, ab wo man zu Fuß ca. 500 m über Weiden zu den größten bronzezeitlichen Grabhügeln der Insel gelangt. Inmitten einer kargen und ebenen Landschaft erheben sich hier künstliche Hügel aus Feldsteinen, die, obwohl wahrlich keine Pyramiden, uns trotzdem Hochachtung vor der Baukunst und Macht der gotländischen Fürsten abverlangen. Am mächtigsten ist der jahrtausendeal-

der durch die drei oberen Enden geht und mit geschnitzten Rauten und Rosen ebenfalls ungewöhnlich prächtig ausgestattet ist. In den Viertelkreisen sieht man figurenreiche Szenen, die kaum einen Durchblick zulassen: Oberhalb des Querbalkens betrauert eine Heerschar kniender Engel den Gekreuzigten, in den unteren Feldern werden der Sündenfall und die Vertreibung aus dem Paradies geschildert. Auf dem Stützbalken schließlich sieht man die Kopien einer Johannes- und einer Marien-Figur (das Original der Madonna ist im Visbyer Fornsal-Museum ausgestellt).

te Hügel von **Uggårde Rojr,** der fast 8 m hoch ist und 45 m im Durchmesser mißt; in ihm wurde in der älteren Bronzezeit (1500–1000 v. Chr.) wohl ein mächtiger lokaler Häuptling beigesetzt. In unmittelbarer Nähe bemerkt man noch sechs weitere ›Satelliten‹ aus der gleichen Zeit, die ebenfalls monumentale Ausmaße haben. Auf solche Rösen (gotländ.: *rojr*) ist oben oft ein Krater zu sehen, der mit dem Einbrechen einer im Innern befindlichen Grabkiste oder eines anderen Raumes erklärt werden kann.

Wer auf dieser Etappe schon bis hierhin gekommen ist, sollte nun auch noch schnell bis ganz hinunter zur Küste fahren, wo die Ortschaft **Ronehamn** mit Fischer- und Yachthafen, Tankstelle, Café, Lebensmittelladen und Gotlands einziger Fabrik für Speiseeis liegt. Daß eine ziemlich weit vom Ufer entfernte Bauerngemeinde – in diesem Fall Rone – sozusagen als Ableger einen eigenen Hafen unterhielt, der im Laufe der historischen Entwicklung dann den Gründungsort überflügelte, kann man auf Gotland häufig beobachten, im Westen z. B. Klinte und Klintehamn. Bevor Sie sich in Ronehamn von der Ostküste verabschieden, können Sie am kleinen Strand eine Badepause einlegen oder in wenigen Minuten zum benachbarten *fiskeläge* **Hus** fahren. Zusammen mit dem etwas weiter nördlich gelegenen Lager **Tomtbod** ist das altertümliche Ensemble komplett denkmalgeschützt und überrascht durch einige Buden, die nicht nur dicke Sandsteinfliesen als Dachabdeckung tragen, sondern völlig aus Stein gebaut sind.

Auf dem Weg von Ronehamn nach Hemse passiert man schließlich die Landkirche von **Rone,** die mit am besten den Idealtyp des vollausgebildeten gotischen Gotteshauses verkörpert. Das heißt, daß hier im Schicksalsjahr 1361 der Umbau vom romanischen zum gotischen Stil in allen Bauteilen (Chor, Langhaus, Turm) abgeschlossen war. Das von weitem sichtbare

Wahrzeichen der zweischiffigen Kirche ist ihr 60 m hoher Galerieturm, und natürlich besitzt sie an der Südfassade auch zwei stattliche Portale. Im Innern verfügt sie über Kalkmalereien mehrerer Epochen, originale Glasmalereien, ein Triumphkruzifix und eine reiche nachreformatorische Ausstattung.

Die Route endet in **Hemse,** mit etwa 2000 Einwohnern immerhin der zweitgrößte Ort Gotlands, der dem Charakter nach aber eher einem langgestreckten Straßendorf ähnelt. Die kleine Kirche am südlichen Ortsende ist weitgehend romanisch geprägt und besitzt aus dieser Zeit u. a. ein schönes Triumphkreuz und einen Taufstein. Ansonsten ist Hemse nicht sonderlich interessant, hat dem Besucher aber immerhin eine gute Infrastruktur zu bieten, die beispielsweise Banken, Post, Supermärkte, Apotheke, Systembolaget, Hallenbad, Fahrradverleih, Kino und Cafés beinhaltet.

Information: Turistbyrå Hemse, Storgatan, ✆ 47 10 90.

Die gotländische Inselwelt

Von der Größe und dem Selbstverständnis seiner Einwohner her gibt sich Gotland tatsächlich mehr als ›Land‹ denn als Insel. Zudem ist dieses ›Land‹ von einem Kranz kleinerer Inseln umgeben, deren genaue Anzahl selbst die sorgfältigsten Statistiker nicht kennen dürften. Mit 139 km² ist Fårö die größte dieser ›Inseln um die Insel‹ – zugleich auch die einzige, die problemlos per Fähre und Wagen oder Fahrrad erkundet werden kann (s. S. 124ff.).

Fast alle anderen Inselchen, Schären und Sandbänke – viele davon konzentriert an der Schärenküste im Nordosten – sind kleiner als 1 km². Drei Eilande verdienen aus touristischen und historischen Gründen eine besondere Erwähnung, nämlich die beiden Karlsinseln und Gotska Sandön. Ähnlich wie Fårö im Norden stellen diese eine eigene kleine Welt dar, wobei besonders die Karlsinseln, die sich als kompakte Landmasse mit einer Steilküste unvermittelt aus der Ostsee erheben, als häufig sichtbares, nahegelegenes Ziel viele Touristen anziehen.

Die Karlsinseln

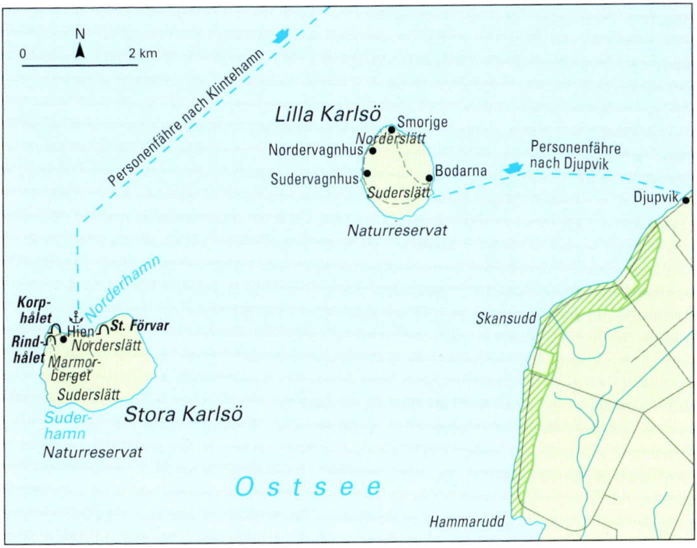

Lilla Karlsö

Lilla Karlsö (kleine Karlsinsel) liegt knapp 3 km vor der gotländischen Westküste, also näher als Stora Karlsö. Im Vergleich zu dieser ist sie mit 1,39 km² etwas kleiner, dafür mit maximal 66 m ü. d. M. auch etwas höher. Man erreicht das Naturreservat in der Hauptsaison auf einem 25-Minuten-Bootstrip ab Djupvik, wobei die kleine Fähre in der Minisiedlung Bodarna (die Buden) anlegt – ein passender Name für diese Ansammlung weniger Holzhäuschen, die den Wächtern und Guides als provisorische Unterkunft dienen. Nach Ankunft auf der Insel wird man von einem Guide begrüßt, häufig ein ausgebildeter Ornithologe, dessen/deren Begleitung für den Besuch Vorschrift ist. Die Rundwanderung nimmt etwa drei Stunden in Anspruch und kann auch von Kindern oder Personen mit schlechter Kondition absolviert werden. Zunächst geht es unterhalb der südlichen Steilküste (Suderslätt) entlang, wo die Mehrzahl der wenigen Inselbäume wachsen. Einige Relikte aus Bronze- und Eisenzeit, u. a. eine kleine Schiffssetzung, beweisen, daß Lilla Karlsö nicht immer so menschenleer wie heute war. Im Westen der Insel ist die Steilküste durch viele tiefe Grotten gegliedert und an einer Stelle sieht man auch einen imposanten Rauk. Beide Phänomene können auf die Wellenerosion einer Zeit zurückgeführt werden, als das Landniveau noch erheblich niedriger war. Die Grotten, die sich heute in einer Höhe von 25 m über dem Meer befinden, wurden von der Ancylussee aus dem Kalkgestein gespült, die darüberliegenden Höhlen (35 m ü. d. M.) von der Baltischen Eissee vor zehntausend Jahren. Etliche dieser Grotten sieht man bei der Wanderung entlang dem Fuß des Västerberget, wo der Fußpfad zwischen Klippe und Meer äußerst schmal ist und die Wanderer schon mal bei leichtem Wellengang mit Ostseewasser erfrischt werden.

An der Nordküste (Norderslätt) steigt man dann zu einigen Aussichtspunkten hinauf, von denen aus die einzelnen Vogelkolonien beobachtet werden können. Wie auf Stora Karlsö sind es auch hier Alkvögel, die das Leben in der Luft und auf dem Wasser dominieren, wobei an den Klippen allein etwa 400 Paare Tordalke und 1000 Paare Trottellummen nisten.

Am Ende der Wanderung überquert man das baumlose Plateau der Alvar, das mit seinen ausgedehnten Orchideenfeldern eine ganz besondere Augenweide darstellt. Hier halten sich auch die meisten der 200 Schafe auf. Sie gehören einer altertümlichen einheimischen Wildschaf-Rasse an, die vor noch nicht allzu langer Zeit vom Aussterben bedroht war. Die meist grau- oder schwarzwolligen Schafe, die auf Gotländisch Hånnlambi (Hornschaf) oder Åilambi (Inselschaf) genannt werden, zeichnen sich u. a. dadurch aus, daß auch

Blick auf Lilla Karlsö

die Mutter- und Jungtiere Hörner tragen. Zweimal im Jahr kommen ihre Besitzer auf die Insel. Beim ersten Besuch scheren sie die Wolle der erwachsenen Tiere und markieren die Lämmer. Beim zweiten Mal, im Herbst, werden einige Schafe mit aufs Festland genommen und dort zur Schlachtbank geführt, so daß die Population auf Lilla Karlsö konstant auf einem ökologisch sinnvollen Niveau gehalten wird.

Falls Sie zu den etwa 3000 Personen gehören möchten, die alljährlich Lilla Karlsö besuchen, sollten Sie für die Wanderung an festes Schuhwerk, Sonnenschutz, Proviant und eventuell ein Fernglas denken. Rechnen Sie für den Ausflug insgesamt mit rund sechs Stunden ab/bis Djupvik. Die Personenfähre verkehrt nur in der Sommersaison und verläßt Djupvik täglich um 10 Uhr. (Infos und Buchungen unter ✆ 24 11 39 oder 48 52 48.) Wer die faszinierende Natur nur mit den Angestellten des Naturreservates und ganz wenigen anderen Gästen teilen möchte, kann sich beim Fährpersonal um eine Unterkunft in den primitiven Strandhütten bemühen (ca. SEK 160). Wer vor die Wahl gestellt ist, entweder Stora oder Lilla Karlsö zu besuchen, sollte der größeren Insel den Vorzug geben, da man auf der Passage nach Stora Karlsö recht nah die Steilküste der kleinen Schwester passiert und so ein gutes Stück von ihr zusätzlich geboten bekommt.

Stora Karlsö

Stora Karlsö (große Karlsinsel) liegt in 6,5 km Entfernung zur Hauptinsel rund 16,5 km südwestlich von Klintehamn. Die Insel, deren blockhafte Silhouette auf der Ostsee zu schwimmen scheint, ist 2,35 km^2 groß und weist eine maximale Höhe von 56 m ü. d. M. auf. Auch Stora Karlsö ist als Naturreservat geschützt, ein Status, auf den bereits ab 1880 hingearbeitet wurde. Damals kauften der Privatmann Willy Wöhler (1848–1927) und sein Karlsöklubb die Insel systematisch auf, um die herrliche Natur vor dem Viehverbiß zu retten und das gesamte Terrain als Jagdgebiet zu erhalten. Bereits nach sieben Jahren war der Verein im Besitz des größten Inselareals und ließ zunächst alle 300 Schafe von hier entfernen. Das ist auch der Grund, warum das Eiland heute eine recht dichte Vegetationsdecke besitzt und mit vielen Orchideen und seltenen Pflanzen aufwartet.

Angesichts der menschenleeren Insel mag es überraschen, daß ausgerechnet hier die reichhaltigsten Funde aus der Steinzeit gemacht worden sind, insbesondere in der 4 m dicken Kulturschicht von Stora Förvar, einer der etwa 30 Grotten der Insel. Die damaligen Bewohner waren Fischer und Jäger, zu deren Beutetieren hauptsächlich Seehunde und Meeresvögel, daneben aber auch Elche, Hirsche und Wildschweine gehörten. Einige der Skelettfunde von Stora Förvar weisen merkwürdige Verletzungsspuren auf, so als ob man versucht habe, an das Knochenmark der Opfer heranzukommen. Dies legt die Vermutung nahe, daß die ersten Gotländer zumindest zeitweise Kannibalen waren.

Auch aus weit jüngeren Epochen sind Besiedlungsspuren ans Tageslicht geholt worden. Die ergiebigen Fischgründe, gleichzeitig Ursache des Vogelreichtums, zogen offensichtlich immer schon Menschen vom gotländischen ›Festland‹ hierhin, die zunächst in Zelten, später dann in provisorischen Fischerbuden übernachteten. Noch zur Mitte des 19. Jh. waren ca. 300 Menschen auf Stora Karlsö mit der Fischerei beschäftigt. Daneben hatte die Insel Bedeutung auch als Zufluchtsort für Seeräuber und als Schafweide. Zusammen mit der alten Geschichte dieser Insel sind es die mal karge, mal liebliche Landschaft und die größten Vogelkolonien der Ostsee, die Besucher nach Stora Karlsö lokken – alljährlich etwa 10 000–15 000. Wegen der strengen Naturschutzbestimmungen kann man das Eiland nur im Sommer und auf einer gut 6stündigen geführten Tour kennenlernen. Dabei setzt man mit der Personenfähre ›M/f Stora Karlsö‹ von Klintehamn aus in etwa 45 Minuten zur Bootsanlegestelle von **Norderhamn** über, der zentralen ›Siedlung‹ der Insel. Hier wird man von kundigen Reiseleitern/innen in Empfang genommen, die einen dann auf dem Rundgang

Stora Karlsö

begleiten. Geben Sie bei Ihrer telefonischen Reservierung an, daß Sie Ausländer sind, in der Regel findet sich dann immer ein Guide, der Deutsch oder wenigstens Englisch spricht. Zunächst wird bei der Tour das Museum mit seiner ornithologischen und historischen Sammlung (Människor och miljö på Stora Karlsö) besucht. Dann wandert man unterhalb der Nordküste entlang zu den wenigen Häusern von **Hien,** wo auch ein Denkmal für Willy Wöhler zu besichtigen ist. Auf einem steilen Stufenpfad geht es anschließend hinauf auf das 48 m hohe Plateau des ›Marmorberges‹, auf dem sich ein Leuchtturm sowie meteorologische und militärische Einrichtungen befinden. Ebenfalls dort kommt man nahe an die vielleicht größte Attraktion von Stora Karlsö heran, die Vogelkolonien, die oberhalb der Grotten Korphålet und Rindhålet liegen. Wie auf Lilla Karlsö sind es auch hier Trottellummen, die das Vogelleben dominieren und für ein ohrenbetäubendes Konzert sorgen: Ihre Anzahl beträgt etwa 15 000. Diese Alkvögel legen auf schmalen Klippenvorsprüngen im Mai ihre charakteristischen, spitz zulaufenden Eier (die deswegen nicht wegrollen können). Nachdem die Jungen geschlüpft sind, müssen sie im Alter von nur wenigen Wochen buchstäblich den Sprung ins Wasser wagen – von den anderen Trottellummen im Wasser mit lauten Lockrufen animiert, stürzen sie sich 20–30 m in die Tiefe, ohne jemals zuvor geflogen zu sein. Die meisten überleben, auch wenn sie auf den harten Steinen unterhalb der Steilküste aufschlagen. Sie suchen dann schwimmend sofort das Weite in der Ostsee, wo sie den Rest des Jahres verbringen; Alkvögel sind viel bessere Schwimmer als Flieger! Im August verlassen sie die Gewässer um die Karlsinseln und schwimmen in großen Verbänden gen Süden. Im April kehren sie aus der südlichen Ostsee zurück und legen im Mai auf den Klippen ihre Eier ab. Die zweitgrößte Kolonie auf Stora Karlsö stellen die rund 3000 Tordalke, die ein ähnliches Leben führen. Daneben trifft man auf viele andere Vogelarten wie Eiderenten, die wiederum eine große Anzahl von Raubvögeln anlocken. In einer kleinen Runde, vorbei an Wacholderbüschen, zwergwüchsigen Bäumchen und einer Vielzahl von Orchideen, kehrt man zum Ausgangspunkt zurück, wo abschließend die Höhle Stora Förvar besichtigt wird.

In Norderhamn steht eine Cafeteria/Restaurant zur Verfügung; da die dortigen Kapazitäten begrenzt sind, sollte man sofort nach Ankunft sein Mittagessen bestellen oder vorab unter ✆ 24 10 19 reservieren lassen. Wer Stora Karlsö länger genießen möchte, kann sich um ein Bett in der Jugendherberge oder in einer Fischerkate bemühen, angeboten werden Einzel-, Doppel- und Mehrbettzimmer.

ⓘ **Information:** Informationen, Reservierungen, Fahrkartenverkauf und Buchung von Unterkünften am Hafenbüro von Klintehamn, außerdem unter ✆ 240500 oder 240567. Die Stora-Karlsö-Tour wird von Anfang Mai bis Ende August durchgeführt, die Fähre startet tägl. um 9 Uhr in Klintehamn, in der Hauptsaison auch zu einer zweiten Überfahrt um 11 Uhr.

Gotska Sandön

Wie ein weit entfernter gotländischer Vorposten liegt Gotska Sandön etwa 40 km nördlich von Fårö mitten in der Ostsee. Ihrem Namen (Gotländische Sandinsel) macht die 37 km^2 große Insel alle Ehre: Fast zur Gänze besteht ihr Untergrund aus Sand oder Kies. Wer sich allerdings von Ferne mit dem Boot nähert oder Gotska Sandön aus dem Flugzeug sichtet, wird davon nicht allzuviel bemerken, da sie fast völlig mit lichtem, von Heidekraut durchsetztem Kiefernwald bewachsen ist.

Eine nennenswerte Bevölkerung hat es auf der Insel nie gegeben, dennoch spielte sie durch die Jahrhunderte hinweg immer eine gewisse wirtschaftliche Rolle. Beispielsweise lockten schon früh die Robbenbestände Jäger an. Und der dichte Wald gab zumindest saisonal und über einen gewissen Zeitraum hinweg Holzarbeitern, Teerbrennern und Bootsbauern ein Auskommen. Auch abenteuerlichere Gestalten zog die Insel in der Vergangenheit an, Wrackplünderer etwa und sogar Piraten. Eins der wenigen Häuser hier trägt z. B. den Namen Gottbergs Lada und erinnert damit an jenen Mann, der Schiffe in die Untiefen lockte und ausraubte. Reine Schauermärchen? Wohl nicht ganz, denn immerhin fand man in jüngerer Zeit ein mit gekreuzten Knochen vergrabenes Menschenskelett!

Wegen ihrer zentralen Lage und der Gefährlichkeit der Gewässer bekam Gotska Sandön 1859 den ersten Leuchtturm des Landes. Wenige Jahre später ging die Insel komplett in staatlichen Besitz über. Dies war auch die Zeit, als starke Stürme die dünne Vegetationsdekke abtrugen und sich die darunter liegenden Sanddünen zu regen begannen. Als der Leuchtturm in akuter Gefahr stand, unter einem Flugsandfeld begraben zu werden, leitete man in den 1870er Jahren

Gotska Sandön

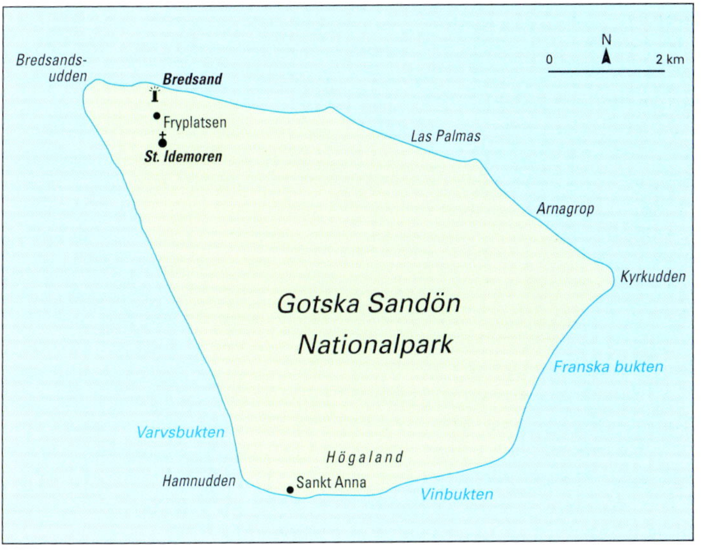

Gegenmaßnahmen ein. Durch die Aufforstung mit 50 000 Bäumen, die Pflanzung von Strandhafer und anderem Gewächs sowie die Verbannung aller Schafe konnte man schließlich den vordringenden Wanderdünen Einhalt gebieten. Bereits 1910 erkannte man in Schweden die Einmaligkeit dieses Naturraums und erklärte Teile der Insel zum Nationalpark, der 1963 schließlich auf ganz Gotska Sandön ausgedehnt wurde.

In der Bevölkerungsstatistik wird die Einwohnerzahl heutzutage mit 0 angegeben, was jedoch nicht ganz der Wahrheit entspricht. Denn einige Menschen müssen allein schon deshalb hier leben, weil der Schutz eines Nationalparks das ganze Jahr über zu gewährleisten ist, außerdem verlangt der Leuchtturm, obwohl inzwischen völlig automatisiert, nach Wartung und Überprüfung. Deshalb lebt eine Truppe von einigen Mann im ›Ort‹ Fyrplatsen, der mit mehreren Vorrats- und Wohnhäusern samt Bootsschuppen um den Leuchtturm von Bredsand gruppiert ist. Dort, im äußersten Nordwesten der Insel, erledigen sie auch ihre Aufgaben als Personal der Naturschutzbehörde und der Wetterstation.

Eine Umwanderung der kompakten Insel (8 km lang, 5 bis 6 km breit) stellt ein mehr als ausgefülltes Tagesprogramm dar. Folgt man strikt dem Küstenverlauf, was wegen einiger steiler Klippen nicht immer möglich ist, wären bei diesem Marsch rund 26 km zurückzulegen. Große Höhenunterschiede braucht man jedoch nicht zu befürchten, die mit 42 m ü. d. M. höchste Stelle liegt im Inselinneren. Die genannte Minisiedlung am Leuchtfeuer von Bredsand, einer breiten, von Dünen besetzten Halbinsel, wäre ein guter Startpunkt für die Rundwanderung entgegen dem Uhrzeigersinn.

Zunächst passiert man südlich des Leuchtturms die kleine Kapelle, die sich mitten im dichtesten Waldgebiet der Insel befindet. Außer den vorherrschenden Kiefern sieht man hier auch manche knorrige Eiche und andere Laubbäume. Wieder an der Küste, gelangt man nach mehreren Kilometern zum Südwestkap Hamnudden, das ebenfalls von einem kleinen Leuchtfeuer besetzt ist. Dort und am Strand von St. Anna etwas weiter östlich werden alljährlich große Mengen an Treibholz und Strandgut angespült, man findet Planken von Holzschiffen genauso wie Glasbojen oder losgerissene Stücke von Fischernetzen, russische Bierflaschen oder Kunststoffverpackungen aus Dänemark. Die Südküste hinter St. Anna hat ein weitaus wilderes Gepräge als die im Westen und türmt sich in einer eindrucksvollen Szenerie zum ›Hohen Land‹ (Högaland) auf. Weiter geht es an langgezogenen Buchten vorbei, die vielversprechende Namen (Vinbukten, Franska bukten) tragen und breite, von Dünen gesäumte Strände aufweisen, bis zum Ostkap Kyrkudden. Auch dort befindet sich ein Leuchtfeuer.

Hinter dem Kap beginnt an der Nordostküste der vielleicht eindrucksvollste Strandabschnitt, insbesondere bei Arnagrop. Dort hat vor Zeiten der stetige Wind die Sanddünen in Bewegung gesetzt, ohne daß der Wald dies hätte verhindern können. Die Flugsandfelder wanderten einfach über die Bäume hinweg und hinterließen bis weit ins Inselinnere hinein ein bizarres Landschaftsbild von weißen oder grauen Baumskeletten, die ihre dürren Glieder aus dem übermächtigen Sand strecken – Döda Skogen (der tote Wald) heißt diese Gegend auf Schwedisch. An der gesamten Nordküste entlang marschiert man nun zum Ausgangspunkt zurück, wobei man auch hier auf Flurnamen wie Las Palmas stößt, die der nördlichen Breite des Wandergebietes eigentlich nicht angemessen sind.

Wer sich statt der Küste dem Inselinneren zuwendet und dort ausgedehnte Waldflächen mit moosbedeckten Lichtungen findet, versteht, daß heutzutage nicht mehr die gezähmten Wanderdünen, sondern Brände in den trockenen Sommermonaten die größte Gefahr für den Nationalpark darstellen. Der in das Eiland verliebte Heimatschriftsteller Albert Engström, der 1926 ein Buch mit dem Titel ›Gotska Sandön‹ veröffentlichte, schrieb: »Gotska Sandön ist ein irdisches Paradies, die Perle der Ostsee, eins der schönsten Kleinodien Schwedens«. Wie recht er mit dieser Beschreibung hatte, kann man nur durch einen persönlichen Besuch feststellen. Das war lange Zeit allerdings ein beschwerliches Unterfangen, da es keine regulären Verbindungen mit Gotland oder dem Festland gab. Die wenigen Besucher, die sich die Schönheit dieser Insel nicht entgehen lassen wollten, mußten mit dem Fischerboot von Fårö aus übersetzen. 1996 jedoch wurde die Gesellschaft Gotska Sandön AB gegründet und nahm den Personenverkehr nach und von Gotska Sandön auf, so daß die Insel nun in erreichbare Nähe gerückt ist (Auskünfte und Buchungen unter ✆ 3 42 03 oder im Touristenbüro). Die Überfahrt auf der mit 66 Sitzplätzen kleinen, jedoch modernen Personenfähre ist ab Fårösund und ab Nynäshamn in Schweden möglich. Dadurch wird mittelfristig eine Steigerung der Besucherzahlen von 2500 (1995) auf rund 4000 pro Jahr beabsichtigt, in Zukunft sollen auch Übernachtungsmöglichkeiten auf Gotska Sandön entstehen. Es bleibt zu hoffen, daß die Ursprünglichkeit der Insel darunter nicht zu leiden hat!

Nützliche Tips und Adressen

Reisevorbereitung

Information

Allgemeine touristische Information über das Königreich Schweden und seine einzelnen Regionen verschickt die Schweden-Werbung für Reisen und Touristik GmbH, Next Stop Sweden, Lilienstraße 19, D-20095 Hamburg, ✆ 0 40/33 01 85 und 33 79 50, Fax 33 05 99. Next Stop Sweden ist für den gesamten deutschsprachigen Raum zuständig.

Informationen über Gotland geben: Gotlands Turistförening, Box 1403, S-62125 Visby, ✆ 0046/498/24 70 65, Fax 27 89 40; der gotländische Fremdenverkehrsverband verschickt auf Anfrage allgemeine Infos über Gotland.

Gotlands Turistbyrån, Donnershus, Donners Plats, 62102 Visby, oder Hamngatan 4, ✆ 04 98/20 17 00, Fax 27 89 40; touristische Auskünfte über Gotland, Prospektmaterial, Landkarten, Buchung von Veranstaltungen, Insel-Rundfahrten, Geldwechsel.

Gotlandsresor, Färjeleden 3, 62122 Visby, und Gotlands Turistcenter, Korsgatan 2, 62157 Visby, jeweils ✆ 04 98/27 90 95, Fax 21 97 20; Vermittlung von Ferienhäusern, Hotels, Pensionen, Appartements, bester Anbieter für individuelle Radtouren (Fahrräder, Tandems, Anhänger, Campingausrüstungen, Paketangebote einschließlich Fähre und Unterkunft).

Gotlands Turistservice, Österväg 1, 62145 Visby, ✆ 0498/206000, Fax 24 90 59; Vermittlung von Ferienhäusern und -wohnungen, Buchung von Unterkünften aller Art, Radtouren, Auto- und Busrundfahrten.

Lokale Touristenbüros befinden sich außerdem in Bunge, Burgsvik, Hemse, Ljugarn und Slite.

Wer Hintergrundinformationen oder Statistiken über Wirtschaft, Demographie, Ausbildung, Energie etc. benötigt, wende sich an die Bezirksregierung von Gotland oder an die Kommune Gotland: Länsstyrelsen i Gotlands län, 62185 Visby, ✆ 04 98/29 21 00, Fax 24 86 50; bzw. Gotlands kommun, 62181 Visby, ✆ 04 98/29 20 00, Fax 21 55 20.

Einreisebestimmungen

Für die Einreise nach Schweden genügt bei einem Aufenthalt von bis zu drei Monaten ein gültiger Personalausweis oder der Reisepaß. Für Kinder bis 16 Jahre ist der Eintrag im Paß der Eltern oder ein Kinderausweis erforderlich, ab 10 Jahren mit Bild.

Wer mit einem **CB-Funkgerät** ohne CEPT-Genehmigung einreisen möchte, wende sich an Generaltullstyrelsen, Box 2267, S-10317 Stockholm. **Jagdwaffen und Munition** müssen vor der Reise bei der für den Einreiseort zuständigen Polizeibehörde angemeldet werden. Die Einfuhr von

Haustieren unterliegt besonderen Bestimmungen und setzt ein langwieriges Prozedere voraus. Informationen über: Schwedisches Landwirtschaftsamt (Statens Jordbruksverk), S-55182 Jönköping, ✆ 036/ 15 50 00, Fax 15 50 05.

Gesundheitsvorsorge

Schweden und die Insel Gotland weisen keine besonderen Gesundheitsrisiken auf. Starke Medikamente, die als Drogen interpretiert werden könnten, dürfen für den persönlichen Bedarf für höchstens fünf Tage und nur bei Vorlage eines ärztlichen Attestes eingeführt werden. Seit 1994 gilt das E 111-Formular (Auslandskrankenschein) der deutschen Krankenkassen auch in Schweden. Der Abschluß einer Auslandsreisekrankenversicherung empfiehlt sich trotzdem, da die Krankenkassen Rücktransporte nicht bezahlen. Obwohl Gotland kein ausgesprochenes Mückengebiet ist, sollten Insektenschutzmittel und Salbe gegen Juckreiz und Sonnenbrand nicht im Reisegepäck fehlen. Wanderern, Campingurlaubern und allen, die sich in der freien Natur aufhalten möchten, ist außerdem eine Schutzimpfung vor der durch Zecken übertragenen Hirnhautentzündung unbedingt anzuraten.

Karten

Schwedenkarten gibt es in jedem Reisebuchladen in großer Auswahl, spezielle Gotland-Karten findet man hingegen weit seltener. Allerdings ist wegen der vorzüglichen Ausschilderung vor Ort die Mitnahme einer Spezialkarte auch nicht unbedingt erforderlich. In Visby findet man sich anhand des kostenlosen und u. a. im Touristenbüro erhältlichen Stadtplanes gut zurecht. Ansonsten leistet die in Buchhandlungen und Informationsstellen verkaufte Inselkarte im Maßstab 1:200 000 (Turistkarta Gotland; auch mit deutschem Text zu bekommen) gute Dienste bei der Suche nach Sehenswürdigkeiten oder zur Planung von Tagesausflügen. Sehr ausführlich ist Gotlands Kartan im Maßstab 1:100 000, u. a. mit markierten Sehenswürdigkeiten, Fahrradwegen und Ortsplänen.

Kleidung und Ausrüstung

Vom Frühjahr bis zum Herbst sind außerordentlich schöne und sogar richtig heiße Tage zu erwarten, aber immer wieder auch kühlere Perioden. Neben Badekleidung sollten Sie deshalb auch an Pullover und Regenzeug denken, vor allem wenn Sie Fahrradtouren unternehmen. Gummistiefel erleichtern bei Regenwetter Wald- und Strandwanderungen und für schönes Wetter empfiehlt sich die Mitnahme von Picknick-Utensilien. Für Jugendherbergen, Ferienhäuser und manche Gästezimmer benötigen Sie Bettwäsche. Größere Campingplätze sowie einige Jugendherbergen sind mit Waschmaschinen und Trocknern ausgerüstet. Ein Fernglas gehört nicht nur für ornithologisch Interessierte ins Reisegepäck.

Zoll

Es gelten die Einreisebestimmungen für Schweden. Verboten ist die Einfuhr von Kartoffeln oder Wurzelgemüse, Milchprodukten, Eiern, Frischfleisch sowie eingeschweißten und geräucherten Lebensmitteln. Zollfrei ist für EU-Bürger über 20 Jahre die Einfuhr von 15 l Bier und 5 l Wein, zusätzlich entweder 1 l Spirituosen oder 3 l Likörwein bis 15 % Vol oder 3 l Schaumwein, für EU-Bürger ab 15 Jahre außerdem 300 Zigaretten oder 400 g Tabak. Nicht-EU-Bürger dürfen 200 Zigaretten oder 250 g Tabak, 2 l Bier sowie 2 l Wein bzw. 1 l Wein und 1 l Spirituosen zollfrei einführen.

Anreise

...mit Auto und Fähre

Auch nach Fertigstellung des Eisenbahntunnels (Autoverladung) unter dem Großen Belt muß man noch immer mindestens zwei Fähren benutzen, um nach Gotland zu kommen, denn eine direkte Fährverbindung zwischen Deutschland und der Insel existiert nicht, man muß immer durch Schweden fahren. Den Transport dorthin besorgt eine fast schon unüberschaubare Fülle von Fährgesellschaften. Tägliche Direktverbindungen aus Deutschland bestehen u. a. von Kiel aus nach Göteborg (Stena-Line), von Travemünde oder Rostock nach Trelleborg (TT-Line) und von Saßnitz/Rügen nach Trelleborg (DFO Hansa Ferry). Etwa 10 verschiedene Verbindungen führen über Dänemark, entweder über die Vogelfluglinie (Puttgarden–Rødby, über vierzigmal täglich, und Helsingør–Helsingborg, über fünfzigmal täglich), über andere dänische Inseln oder auf dem Landweg über Jütland. Informationen über die aktuellen Fahrpläne, die je nach Saison stark variierenden Preise und zusätzliche Verbindungen ab/bis Norwegen oder Finnland erteilen die Reisebüros. Achten Sie auf günstige Paketangebote, bei denen die Fährüberfahrten ab/bis Deutschland im Mietpreis für eine Ferienwohnung auf Gotland enthalten sind.

Vom schwedischen Festland bestehen Fährverbindungen nach Gotland (Visby) ganzjährig ab Oskarshamn und Nynäshamn. Für die Anfahrt ab Deutschland ist die Fährverbindung Oskarshamn–Visby die nächstliegende, wer aus Mittelschweden/Stockholm kommt, nimmt am günstigsten die Fähre ab Nynäshamn. Das Monopol der Gesellschaft Gotlandslinjen läuft Ende 1997 aus, so daß dann die großen und komfortablen Fährschiffe

›MS Graip‹ und ›MS Nord Gotlandia‹ wohl ausgetauscht werden. Die Überfahrt dauert tagsüber knapp 5 Stunden oder 6,5 Stunden bei Nachtfahrten. 1996 wurde zusätzlich der schnelle Katamaran ›Patricia Olivia‹ in Dienst gestellt, der die Strecke Visby–Nynäshamn in 2,5 Stunden schafft. Während des Sommerfahrplans (1.6.–31.8.) hat der Katamaran in jeder Richtung drei Abfahrten täglich. Eine rechtzeitige Vorausbuchung ist zumindest in der Hochsaison dringend geraten! Auch die neue Reederei Gotlandsbologet will ab der Saison 1998 einen vergleichbar schnellen Katamaran einsetzen.

Für die Anreise können Individualreisende zwischen mehreren schönen Routen wählen, die bereits auf Gotland einstimmen. Folgende Strecke ist besonders empfehlenswert: Nach Ankunft in Schweden (z. B. via Travemünde, Saßnitz, Kopenhagen oder Helsingør) Besichtigung von Lund (Kathedrale), dann über Dalby (Kirche), Ystad (schönes Stadtbild, Museum) zur Südküste, Abstecher nach Kåseberga (Schiffssetzung) und Valleberga (umgebaute Rundkirche). Weiter entlang der Küste nach Kivik (Königsgrab aus der Bronzezeit), Karlskrona (Festungsstadt auf mehreren Inseln) und Kalmar (Schloß, Dom). Über die 6 km lange Ölandsbrücke sind von hier aus problemlos ein- bis mehrtägige Ausflüge zu Gotlands Nachbarinsel Öland möglich. Entlang der ›blauen Küste‹ fährt man von Kalmar in gut einer Stunde bis zum Fährhafen Oskarshamn. Wer das Landesinnere der Küstenstrecke vorzieht, sollte auf der Reichsstraße 23 fahren und hinter Växjö der kleinen Dorfkirche Dädesjö einen Besuch abstatten. Ansonsten locken auf dieser Strecke viele Seen und das östliche Småland mit dem sogenannten ›Glasreich‹, in dem es viele berühmte Glasbläsereien zu besichtigen gibt.

...mit dem Flugzeug

Vom Visbyer Flughafen aus kann man direkt Stockholm, Malmö und Göteborg erreichen und ist damit auch mit dem internationalen Netz verbunden, das u. a. von Deutschland, Österreich und der Schweiz aus bedient wird (z. B. SAS, Lufthansa, Swissair, Austrian Air). Nachdem die schwedische Firma Linjeflyg 1993 in der SAS aufgegangen ist und in der Folge die Flüge nach Gotland eingeschränkt wurden, sind kleinere Firmen wie Skyways oder Malmö Aviation auf den Plan getreten, die – jedenfalls in der Saison – nun die tägliche Flugverbindung zum Festland sicherstellen. Skyways z. B. bedient im Sommer an Werktagen neunmal und an Wochenenden elfmal die Strecke Visby–Stockholm (Arlanda), Malmö Aviation wiederum bietet jeweils einmal täglich die Strecke Visby–Malmö und Visby–Göteborg an, außerdem zweimal wöchentlich die Route Visby–Helsinki. Die schwedischen Flugpreise sind im Verhältnis zu den deutschen sehr niedrig, wenn man die zahlreichen Sondertarife ausschöpft.

Von Mitte Juni bis Mitte September fliegt die Lufthansa außerdem einmal wöchentlich (samstags) von Hamburg nach Visby und zurück.

...mit dem Bus

Europabusverbindungen gibt es zwischen verschiedenen deutschen Städten und Hamburg, von dort aus Anschluß nach Stockholm und anderen Zielen in Schweden. Nähere Auskunft bei Deutsche Touring, Stadtbüro Hamburg, Adenauerallee 78, 20097 Hamburg, ✆ 0 40/24 98 18, Fax 24 94 95.

...mit dem Zug

Der Betrieb der gotländischen Eisenbahn ist in den 60er Jahren komplett eingestellt worden. Die festlandschwedischen Fährhäfen Oskarshamn (über Växjö, Hultsfred) und Nynäshamn (über Stockholm) sind jedoch mit der Eisenbahn zu erreichen. Die Anreise von Deutschland erfolgt über die Vogelfluglinie via Kopenhagen. Zwar ist Zugfahren in Schweden billiger als in Deutschland, zumal wenn die Sondertarife genutzt werden (Faustregel: an Werktagen billiger als am Wochenende), doch kostet die Bahnanreise mit Schlafwagen plus Fähre fast soviel wie ein Flug. Relativ günstig ist der ScanRail-Pass, mit dem man drei Wochen lang durch alle skandinavischen Länder reisen kann und zudem auf zahlreichen Fähren bis zu 50 % Ermäßigung erhält. Für Touristen unter 26 Jahren gibt es außerdem das InterRail Ticket, das einen Monat in ganz Europa gültig ist, bzw. ein InterRail Zonenticket, das sich in diesem Fall nur auf den Norden beschränkt. Bei längerer Verweildauer auf Gotland lohnen die genannten Tickets nicht, da sie keine Vergünstigungen auf gotländischen Bussen einschließen.

Unterwegs auf Gotland

...mit dem Auto

Wie sonst auch in Schweden sind die **Straßen** auf Gotland im wesentlichen gut ausgebaut, insbesondere die Reichsstraßen mit den 140er Nummern, also die Hauptverbindungsstrecken in Nord-Süd-Richtung. Daneben gibt es jedoch eine Vielzahl von kleinen Straßen, Feld- und Waldwegen, die zu den abseits gelegenen Sehenswürdigkeiten oder besonders schönen Naturszenerien führen. Diese Wege sind oft kurvenreich, schmal und nicht immer asphaltiert. Wo die Asphaltdecke fehlt, ist der typische Kalkstaub eine lästige Begleiterscheinung auf Gotland, die ein fast tägliches Waschen der Scheiben notwendig macht. An den meisten engen Wegen gibt es Ausweichbuchten für den Gegenverkehr, gekennzeichnet durch Schilder mit weißem M auf blauem Grund.

Die **Verkehrsregeln** entsprechen natürlich denen im Mutterland. Verstöße werden mit hohen Geldstrafen geahndet, die an Ort und Stelle zu bezahlen sind. Bei Überschreitung des Tempolimits von mehr als 30 km/h kann der Wagen beschlagnahmt werden. Es besteht Anschnallpflicht auf allen Plätzen, die Promillegrenze liegt bei 0,2 ‰. Auch am Tage muß grundsätzlich das Abblendlicht eingeschaltet sein. Das Hinweisschild *akta barn – kör sakta* (auf Kinder achten, langsam fahren!) sollte unbedingt beachtet werden. Das **Tempolimit** beträgt innerorts 50 km/h, in besonders ausgewiesenen Zonen z. T. auch 30 km/h. Auf Landstraßen darf man je nach Beschilderung 70–90 km/h schnell fahren. Auf Autobahnen, die es in Schweden, nicht aber auf Gotland gibt, beträgt das Tempolimit 90–110 km/h. Für PKW mit Wohnwagen liegt die Geschwindigkeitsbegrenzung bei maximal 70 km/h. Das **Tankstellennetz** ist auf Gotland flächendeckend. Bei Benzin *(bensin)* wird immer die Oktanzahl angegeben. Man unterscheidet zwischen *blyfri* (95 Oktan, bleifrei normal), *super plus* (98 Oktan, bleifrei super), *medium* (96 Oktan, bleiarm) und *premium* (98 Oktan, verbleit). Diesel heißt auch im Schwedischen *diesel*. Die Benzinpreise lagen 1997 in Schweden durchschnittlich bei DM 1,80 für bleifrei normal, bei DM 1,90 für bleifrei super und bei DM 1,60 für Diesel. Einige Tankstellen haben Säulen mit Geldautomaten *(sedel)*, an denen man nachts tanken kann, dafür benötigt man 20- und 100-Kronen-Scheine. Die Bezeichnung *kassa* meint Barzahlung und *kort* die Zahlung per Kreditkarte.

Parkprobleme dürfte es außerhalb von Visby auf Gotland kaum geben. Doch auch in der Hauptstadt stehen ausreichend Parkplätze (z. T. gebührenpflichtig) zur Verfügung. Eine durchgehende gelbe Linie am Fahrbahnrand bedeutet Halteverbot, eine gestrichelte oder Zick-Zack-Linie eingeschränktes Halteverbot. Beachten Sie, daß die gesamte Innenstadt von Visby nur für den Anliegerverkehr freigegeben ist.

Wer mit dem Flugzeug das Reiseziel erreicht, hat zwar auf Gotland ein breitgefächerts Busnetz zur Verfügung, doch kann man nicht damit rechnen, mit öffentlichen Verkehrsmitteln zu jeder Landkirche oder sonstigen Sehenswürdigkeit zu gelangen. Vor allem außerhalb der Saison, wenn der Busfahrplan erheblich eingeschränkt wird, kann man deshalb auf einen **Mietwagen** zurückgreifen. Am Flughafen und in Visby sind die Autoverleihfirmen konzentriert, sie führen meist schwedische, deutsche und japanische Modelle – vom Kleinwagen bis zum Minibus oder Wohnmobil. Die Preise liegen etwas über deutschem Niveau.

...mit dem Bus

Von Fårö im Norden bis Hoburgen im Süden reicht das Netz des öffentlichen Nahverkehrs mit Bussen. Der Überlandverkehr wird durch die Busse des *Kollektiv Trafiken* durchgeführt, deren Haupthaltestelle in Visby außerhalb der Stadtmauer auf dem Kung Magnus väg zwischen Söderport und Österport liegt. Die elf Hauptlinien des Überland-Busverkehrs sind folgende: Visby – Roma – Hemse – Burgsvik – Hoburgen (Linie 11); Visby – Vall – Hejde – Hemse – Burgsvik – Vamlingbo (Linie 12); (Visby) – Roma – Ala – Ljugarn – Garda – Hemse (Linie 13); Visby – Tingstäde – Slite – Lärbro – Fårösund (Linie 21); Visby – Bäl – Slite (Linie 22); (Visby) – Fårösund – Fårö (Linie 23); Visby – Tofta – Klintehamn (Linie 31); (Visby) – Klintehamn – Fröjel – Eksta – Hablingbo – Havdhem (Linie 32); (Visby) – Klintehamn – Fröjel – Levide – Fardhem – Hemse (Linie 33); Visby – Dalhem – Kräklingbo – Katthammarsvik (Linie 44); Visby – Väskinde – Lummelunda – Stenkyrka – Kappelshamn – Lärbro (Linie 61). Es gibt Tikkets für einfache Fahrten, Streifenkarten, daneben Monatskarten für den Stadtverkehr oder die ganze Insel. Mit der ›Gotlandskarte‹ *(Gotlandskortet)*, die auch sonst viele Vergünstigungen bietet, hat man auf allen Strecken freie Fahrt. Aktuelle Fahrpläne hängen an den Busstationen aus oder sind durch das Fremdenverkehrsamt bzw. den Busfahrer zu bekommen. Weitere Informationen unter ✆ 21 41 12. Außerhalb der Hochsaison (Mitte Juni bis Mitte August) ist der Busverkehr stark eingeschränkt. In der Innenstadt von Visby verkehrt im Sommer der kostenlose *Gratisbuss* auf einer Route, die u. a. die Stationen Östercentrum, Busbahnhof, Södertorg, Domkirche, Fornsal-Museum, Skeppsbron, Hafenterminal und Söderport umfaßt. Weitere Infos zu den Stadtbussen unter ✆ 21 46 32.

...mit dem Boot

Immer mehr schwedische und ausländischer Touristen erreichen Gotland mit dem Segelboot. Quirliger Treffpunkt der internationalen Szene ist der große Yachthafen von Visby, direkt vor der Altstadt gelegen und einer der schönsten der Ostsee. Während es hier sehr betriebsam zugeht und bisweilen alle Liegeplätze belegt sind, finden Yachturlauber rund um die Insel viele verschwiegene, oft nur mit dem Notwendigsten ausgestattete Häfen *(småbåtshamnar)*. Wichtig ist, sich in Visby über Tiefe, Breite des Fahrwassers und sonstige Gegebenheiten (z. B. militärische Sperrbezirke) der jeweiligen Häfen zu informieren. Sehr detaillierte Seekarten bekommen Sie im Fribergs Färghal Båtshop, Visby, Byrumsgatan, ✆ 21 04 63. Die weiteren Anlegestellen rund um Gotland sind von Visby aus im Uhrzeigersinn: Im Norden Själsö, Fiskehamn, Lickershamn, Kappelshamn, Bläse, Fårösund, Lauterhorn (Fårö), Ekevik (Fårö), Valleviken, Kyllaj, Slite. Im Osten Botvaldvik, Katthammarsvik, Herrvik, Sysne, Ljugarn, Närshamn. Im Süden Ronehamn, Vändburg, Burgsvik. Im Westen Stora Karlsö, Djupvik, Klintehamn, Västergarn und

Gnisvärd. Freizeitkapitäne ohne eigenes Boot können an vielen Stellen der Küste über die örtlichen Reisebüros Segelboote und Kunststoffboote mit 5-PS-Außenbordmotor anmieten.

...mit dem Fahrrad

Mit seinem relativ ebenen Gelände und den guten Straßen ist kaum eine schwedische Provinz für Fahrradfahrer so ideal wie Gotland. Der *Gotlandsleden*, eine um die ganze Insel herumführende Route, ist etwa 350 km lang und benutzt wenig befahrene Landstraßen oder richtige Fahrradwege. Sein Symbol ist ein weißes Rad auf blauem Grund. Verleihfirmen für Tourenräder, Tandems, Anhänger etc. sind in Visby reichhaltig vertreten, insbesondere in der Nähe des Fährterminals. Die Firma Gotlandsresor (s. S. 206) bietet spezielle Fahrradpakete einschließlich Fährüberfahrten ab/bis Deutschland, Leihfahrrad und Campingausrüstung oder Unterkunft in Pensionen bzw. Hotels an.

Unterkunft

Hotels und Pensionen

Obwohl in den letzten Jahren neue Unterkünfte in Visby und auf dem Land entstanden sind, muß angesichts der Größe der Insel das Hotel-Angebot immer noch als mager bezeichnet werden. Der Grund dafür liegt erstens in der kurzen Saison, zweitens in der Tatsache, daß schwedische Gotland-Touristen ihren Urlaub bevorzugt in Ferienhäusern oder auf Campingplätzen verbringen und drittens darin, daß es kaum Geschäftsreisende gibt. Über Gotlands Turistbyrån (s. S. 206) oder die anderen genannten Agenturen erhalten Sie einen Unterkunftsnachweis, der auch Hotels verzeichnet.

Wenn Sie im Sommer auf Gotland Ihren Urlaub verbringen, wird Ihnen hinsichtlich der Hotels ein gravierender Unterschied zum übrigen Schweden auffallen: Während dort an Wochenenden und in der Ferienzeit, wenn die Geschäftsreisenden ausbleiben, die Preise drastisch gesenkt werden und Touristen auf attraktive Sonderangebote zurückgreifen können, gelten in genau dieser Zeit auf Gotland höhere Übernachtungspreise als sonst. An der Spitze, was Qualität und Preisgestaltung anbelangt liegen zwei erstklassige Herbergen in der Hauptstadt: das Strand Hotel und das Wisby Hotel (s. S. 97). Hier muß man mit SEK 1100–1400 für das Doppelzimmer rechnen. Am Ende der Skala befinden sich die recht einfachen Unterkünfte auf dem Land, die ein Doppelzimmer mit Dusche/Bad und WC für SEK 400–600 anbieten. Außer rund zehn ganzjährig geöffneten Häusern sind die meisten Hotels von Sept./Okt. bis Mai/Juni geschlossen.

Einfallslose Hotelhochburgen im internationalen Einheitsstil wurden auf der Insel bisher noch nicht hochgezogen. Vorherrschend sind kleinteilige Anlagen mit meist nur wenigen und unterschiedlichen Zimmern. Neben Visby, das natürlich das größte Hotelangebot besitzt, weisen die Seebäder Tofta (im Westen) und Ljugarn (im Osten) weitere Konzentrationen an Unterkünften auf. Dabei handelt es sich in der Regel um Holzgebäude, die landschaftlich schön gelegen sind, weitläufige Gartenanlagen haben und sich direkt am oder in Gehweite zum Strand befinden.

Außer den Hotels und Strandpensionen findet man vereinzelt saisonal geöffnete Familienherbergen oder Gasthäuser mit recht günstigen Übernachtungspreisen, die dafür aber nur wenig Komfort bieten. U.a. muß man hier Bettwäsche selbst mitbringen, mit Etagenbetten vorlieb nehmen und sich die Mahlzeiten selbst zubereiten.

Ferienhäuser

Die wohl typischste Art, auf Gotland den Urlaub zu verbringen, ist die Anmietung eines Ferienhauses. Die Preise variieren je nach Größe, Lage und Ausstattung des Objektes sehr stark und liegen zwischen SEK 1000 und 2500 pro Woche. Die meisten der auf Gotland angebotenen Ferienhäuser bieten vier bis zehn Personen Platz. Küchenutensilien, Geschirr und Besteck sind in ausreichendem Umfang vorhanden, Bettwäsche und Handtücher sollten selbst mitgebracht werden. Die Mindestmietdauer beträgt normalerweise eine Woche. An einigen Stellen wurden kleine Freizeitdörfer *(semesterby)* aufgebaut, die aus einer Ansammlung mehrerer, oft gleichartiger Ferienhäuser bestehen (z. B. Åminne und Mulde), manchmal auch mit einem Campingplatz eine größere Einheit bilden (z.B. Kneippbyn und Tofta). Fast alle Anbieter von schwedischen Ferienhäusern haben auch Gotland im Programm. Den wohl umfangreichsten Katalog mit detaillierten Beschreibungen der einzelnen Häuser gibt es bei Gotlands Turistcenter bzw. Gotlandsresor (s. S. 206). Wegen der Popularität dieser Urlaubsform ist eine rechtzeitige Reservierung dringend anzuraten.

Camping

Mit 40 % aller Touristen-Übernachtungen ist Camping die beliebteste Urlaubsform auf Gotland. Die meisten Plätze sind recht groß und gut ausgestattet, einige verfügen über Küchen, Duschen, Kioske, Sauna, Swimmingpool, Minigolf und Tennisplätze. Auf fast allen Plätzen wird ein Campingausweis *(campingkort)* verlangt, den man auf dem ersten Campingplatz für ca. SEK 50 erwerben kann und der ein Jahr gültig ist. Zeltstellplätze kosten ca. SEK 70–100, Stellplätze für Wohnwagen/Wohnmobile ca. SEK 80–120. Die Klassifizierung von * bis *** gibt das Niveau der technischen Einrichtung an, sagt aber nichts über eine besonders naturschöne Lage oder Größe der Stellplätze aus. Gerade einige der Dreisterne-Plätze (z. B. Tofta) gehören zu den populärsten und können in der Hochsaison sehr voll und laut sein. Campingplätze in **Visby und Umgebung:** Norderstrands Familjecamping, Snäcks Campingplats, Kneippbyn und Tofta Camping. In **Mittelgotland:** Varvsholm Campingplats, Ljugarns Campingplats und Åminne Campingplats. In **Südgotland:** Fidenäs Camping. In **Nordgotland:** Slite Camping, Sudersands Camping, Strandskogen und Solhaga Campingplatz. Unklassifizierte Campingplätze gibt es in Björkhaga (✆ 24 00 96), Brisunds (✆ 21 17 50), Sandviken (✆ 5 23 95) und Ronehamn (✆ 48 22 36).

Jugendherbergen

Die dem schwedischen Jugendherbergswerk (STF) angeschlossenen Herbergen *(vandrarhem)* kennen weder Altersbeschränkungen noch riesige Schlafsäle. Fast überall gibt es Doppel- und Familienzimmer. Für Mitglieder des Internationalen Jugendherbergsverbandes kostet die Übernachtung im Mehrbettzimmer ca. SEK 70, ein eigenes Zimmer ca. SEK 100 pro Person. Nichtmitglieder werden auch aufgenommen, müssen aber einen Mehrpreis von ca. SEK 35 bezahlen. Rauchen und Alkoholgenuß ist in allen STF-Jugendherbergen verboten. Mit einer Ausnahme sind alle STF-Jugendherbergen auf Gotland im Winter geschlossen. Folgende Herbergen stehen z. Zt. zur Verfügung: Vandrarhem Visby, Vandrarhem Fårö, Vandrarhem Garda, Vandrarhem Klintehamn, Vandrarhem Lärbro, Vandrarhem Ljugarn, Vandrarhem Näs, Vandrarhem Sproge, Vandrarhem Stora Karlsö und Vandrarhem Varvsholm.

Daneben gibt es knapp 20 privat geführte Jugendherbergen, die unterschiedlich ausgestattet und z. T. einem Hotel angeschlossen sind. Eine Liste mit allen STF- und privaten Jugendherbergen ist über das Touristenbüro in Visby erhältlich.

Privatunterkünfte

Seit einiger Zeit gehen auch auf Gotland mehr und mehr Bauern oder Hauseigentümer dazu über, auf ihren Anwesen Wohnungen *(lägenhet)* und Zimmer *(rum)* zu vermieten. Auf solche Privatunterkünfte, wo man die Bettwäsche selbst mitbringen muß und bei denen Mahlzeiten normalerweise nicht eingeschlossen sind, wird an Ort und Stelle per Schild hingewiesen. Die Übernachtungspreise liegen ab SEK 150 aufwärts.

Essen und Trinken

Einige Aspekte der schwedischen und gotländischen Küche wurden bereits an anderer Stelle beleuchtet (s. S. 34ff.). Wer nicht angesichts der vermeintlich hohen Restaurant-Kosten ausschließlich auf Selbstverpflegung eingeschworen ist, wird mit der Küche des Gastlandes wenigstens ab und an seine Erfahrungen sammeln. Dabei mag die Vielzahl an Würstchenbuden *(korvkiosk)* oder sogenannten Straßenküchen *(gatukök)* mit ihrem ewig gleichen Angebot an Hamburgern, Hot Dogs und Mikrowellen-Pizzen vielleicht den Eindruck entstehen lassen, eine eigenständige schwedische Küche gäbe es gar nicht. Zur Ehrenrettung Gotlands sei gesagt, daß sich solche Imbißgaststätten hauptsächlich in Visby konzentrieren und das Inselland – auch aufgrund der geringen Bevölkerung – noch nicht so flächendeckend überzogen haben wie manche andere schwedische Provinz.

Den ersten kulinarischen Kontakt mit ihrem Reiseziel haben Schweden-Neulinge oft auf der Fähre von Dänemark oder Deutschland. Falls sie sich dabei (morgens oder abends) für das Buffet entschieden haben, werden sie kaum enttäuscht sein. Das gleiche gilt für alle, die ihre erste Nacht in einem Hotel verbracht haben und am nächsten Morgen das reichhaltige **Frühstück** *(frukost)* genießen können. Verschiedene Brotsorten, Aufschnitt, Käse, Eier, Marmelade, Honig, Cornflakes, Müsli, eingelegter Fisch, Milch, Sauermilch, Kaffee oder Tee und Fruchtsäfte gehören hier zum Standard – auch auf Gotland. Angesichts der überbordenden Fülle eines solchen Buffets ist mancher Kontinentaleuropäer geneigt, sich gleich einen Vorrat für den Tag mitzunehmen, nicht wissend, daß er damit gegen ein ungeschriebenes Gesetz verstößt, sich als skandinavienunerfahren outet und in den Augen der Einheimischen eine Art Mundraub betreibt. Man sollte es also beim deftigen Frühstück an Ort und Stelle belassen, das ohnehin eine ganze Weile vorhält. Nach einer vormittäglichen Tasse Kaffee reicht deshalb auch den Einheimischen zum **Mittagessen** eine leichte Mahlzeit, die im Lande neuschwedisch *lunch* genannt wird und aus einem oder mehreren belegten Broten *(smörgåsar)* besteht. Wer größeren Hunger verspürt, kann sich im Restaurant à-la-carte ein geeignetes Essen aussuchen, billiger (ca. SEK 40–70) wird es allerdings, wenn man auf das vielfach angebotene Tagesgericht *(dagens rätt)* zurückgreift. Dies beinhaltet normalerweise Suppe oder Salat, ein warmes Hauptgericht sowie ein Getränk (Leichtbier, Softdrink, Milch) und Kaffee. Die eigentliche Hauptmahlzeit des Tages ist das **Abendessen**, das in Schweden jedoch *middag* genannt und früher als bei uns eingenommen wird (17–20 Uhr). Neben internationalen, nationalen oder gotländischen

Spezialitäten bietet hier manches Restaurant auch ein **Smörgåsbord** an, das viele für die wirkliche kulinarische Offenbarung der schwedischen Küche halten. Die profane Übersetzung ›Butterbrottisch‹ läßt nicht im entferntesten an die verschiedenen Köstlichkeiten denken, mit denen ein solches Buffet reichhaltig bestückt ist. Einen zentralen Bestandteil des *smörgåsbord* bilden kalte und warme Fischgerichte, insbesondere gebeizter und geräucherter Lachs *(lax)*, Ostsee- und Atlantik-Hering in Marinade *(strömming, sill)*, geräucherter Aal *(ål)* und gotländische Flunder *(flundra)*, Krabben *(räkor)* und roter Kaviar *(löjrom)* der Maräne, einem Lachsfisch des Bottnischen Meerbusens. Daneben fehlen auch kalte und warme Fleischgerichte nicht (bei besonders reichhaltigen Buffets auch Elchbraten), ebenso Salate und eine Auswahl an Desserts. Die Reihenfolge für den Verzehr dieser Köstlichkeiten ist nach einem ungeschriebenen Gesetz festgelegt, dessen Nichteinhaltung natürlich keine Sanktionen nach sich zieht, vielleicht aber doch den ein oder anderen strafenden Blick der Einheimischen. So beginnt man tunlichst mit den Heringsmarinaden und geht anschließend mit einem neuen Teller zu Lachs, Forelle, Krabben oder Aal über. Der dritte Gang führt einen zu den warmen Hauptgerichten, bis man schließlich das kulinarische Vergnügen mit einem der Desserts oder Obstsalat enden läßt. Dazu trinkt man Bier, Wein, evtl. auch einen Aquavit, und mit Sicherheit wird zum Abschluß auch Kaffee gereicht.

Ein *smörgåsbord* wird nicht von allen Gaststätten und nicht an jedem Tag angeboten, so daß man sich evtl. vorher nach diesem Ereignis erkundigen sollte. Im übrigen gibt es auf Gotland wahrlich kein Überangebot an **Restaurants** der gehobenen Klasse, diese trifft man außerhalb von Visby fast nur in den wenigen Hotels oder Pensionen an. Wer abends fein essen gehen möchte, kann dort außer einem möglicherweise angebotenen *smörgåsbord* in der Regel zwischen kontinentalen und schwedischen Gerichten auswählen, oft aber auch gotländische Spezialitäten bekommen.

Ein Wort noch zum schwedischen **Brot** *(bröd)*, das zum Frühstücksbuffet oder *smörgåsbord* gereicht wird und bei dem so mancher Kontinentaleuropäer eine vielleicht unangenehme Überraschung erlebt. Denn unabhängig von der Färbung schmeckt (auch dunkles) Brot oft überaus süß, ein Umstand, der zwar historisch erklärt werden kann (Zucker galt früher als Statussymbol, das in dem Moment, als es sich jeder leisten konnte, verschwenderisch eingesetzt wurde), dadurch aber die Geschmacksnerven nicht weniger irritiert. Wer auf Nummer sicher gehen möchte, wählt deshalb das hinlänglich bekannte Knäckebrot oder das *tunnbröd*, ein hauchdünnes, lange haltbares Brot, das aus dem Mehl von Roggen, Weizen und Gerste gebacken wird.

Menschen, deren Reisebudget den Besuch eines Restaurants nicht oder nur sporadisch zuläßt, können sich als **Selbstverpfleger** am besten in den Visbyer Supermärkten oder auf dem

Wochenmarkt eindecken. Gerade bei Obst und Gemüse wird dabei der gehörige Preisunterschied zu Mitteleuropa auffallen, an dem die kurze Vegetationsdauer in Schweden schuld ist und der Versuch, durch hohe Importzölle die heimische Landwirtschaft zu schützen. Auch Fleisch ist nicht gerade billig. Einen leichten Preisvorteil hat man, wenn man bei Touren über die Insel direkt beim Erzeuger einkauft; Schilder wie *färsk potatis* (frische Kartoffeln) oder *jordgubbar* (Erdbeeren) weisen Ihnen den Weg. In den kleinen Fischerdörfern und Küstenorten (z. B. Katthammarsvik, Ljugarn, Djupvik) gibt es außerdem Räuchereien *(rökeri)*, in denen die fangfrische Ware verarbeitet und an Ort und Stelle verkauft wird.

Zum Thema **Getränke** wurde an anderer Stelle bereits das Kapitel Alkohol behandelt (s. S. 36). Alle Getränke mit einem Alkohol-Gehalt von mehr als 3,5 % Vol., also auch normalstarkes Bier, kann man weder im Supermarkt noch an der Tankstelle, sondern nur in den staatlichen Alkoholläden *(systembolaget)* erhalten. Diese Läden, kurz *systemet* genannt, bleiben Sa/So und an den Nachmittagen vor Feiertagen geschlossen, außerdem muß man ein Mindestalter von 20 Jahren (Ausweis!) haben sowie das nötige Kleingeld: Trotz eines deutlichen Preisverfalls im Zuge der EU-Mitgliedschaft liegen die Kosten für eine gute Flasche Wein oder Spirituosen deutlich über mitteleuropäischem Niveau. Andererseits sind diese Läden, die übrigens wegen fehlender Reklame im Straßenbild kaum auffallen, erstaunlich gut sortiert. Ein *systembolaget* finden Sie in Visby am Stora Torget 6 und am Österäg 3C sowie in den Ortschaften Burgsvik, Fårösund, Hemse, Klintehamn, Ljugarn und Slite.

Außerhalb der staatlichen Monopolläden bekommt man an Kiosken, Tankstellen und in Supermärkten das sogenannte *lättöl*, ein fast alkoholfreies Leichtbier, und Bier der Klasse II mit einem Alkoholgehalt von maximal 3,5 %, ebenso wie Mineralwasser *(mineralvatten)* und andere alkoholfreie Erfrischungsgetränke *(läsk)*. Preisbewußte greifen dabei zu den kleinen Plastikbehältern mit je 20 Flaschen à 0,33 l, die es in jedem Supermarkt gibt und bei denen man die genannten Getränkesorten beliebig kombinieren kann. Weitaus populärer als bei uns sind in Schweden die Milchprodukte, die nebenbei eine hervorragende Qualität auszeichnet. Es ist durchaus üblich, sich zum Essen ein Glas Milch *(mjölk)* zu bestellen. Beim Einkauf oder am Frühstücksbuffet sollte man aber darauf achten, daß man bei der Bandbreite der Produkte auch das gewünschte erwischt: neben der normalen Milch, die es auch in einer fettarmen Variante gibt, findet man auch die Sauermilch *fil* bzw. *filmjölk* (die geschmacklich etwa zwischen unserer Dickmilch und Kefir liegt), die Kaffeesahne *grädde* und die fettreiche saure Sahne *gräddfil*, die gerne zu Hering genommen wird. Das beliebteste aller nichtalkoholischen Getränke ist jedoch Kaffee, der in Schweden zu jeder Tages- und Nachtzeit quasi als Nationalgetränk genossen wird. In den meisten Cafés und Restaurants ist es üblich, daß man sich die zweite Tasse Kaffee kostenlos nachschenkt *(påtår)*.

Kulinarisches Wörterbuch

Kann ich bitte die Speisekarte haben?	Kan jag få matsedeln?
Können Sie etwas empfehlen?	Kan du rekommendera något?
Kann ich bitte die Rechnung haben?	Kan jag få notan?/Notan, tack
Ich hätte gerne/ ich nehme...	Jag vill gärna ha/Jag tar...
Selbstbedienung	självbetjäning
Prost	skål
Tisch	bord
Teller	tallrik
Ober	hovmästare
Kellner	vaktmästare
Trinkgeld	drickspengar
Essen	mat
Vorspeise	förrätt
kleine Vorgerichte	småvarmt
schwedisches Buffet	smörgåsbord
Hauptgericht	huvudrätt/ varmrätt
Tagesmenü	dagens rätt
Nachtisch	dessert, efterrätt
Frühstück	frukost
Mittagessen	lunch
Abendessen	middag
Suppe	soppa
Salat	sallad
Brot	bröd
Brötchen	småfranska
Weißbrot	franskbröd
belegtes Brot	smörgås
Butter	smör
Käse	ost
Ei	ägg
Kuchen	kaka
Torte	tårta
Kleingebäck	småbröd
(Safran-) Pfannkuchen	(saffrans-) pannkaka
Speiseeis	glass
gebacken	ugnstekt
gebraten	stekt
gegrillt	grillad
gekocht	kokt
geräuchert	rökt
geröstet	halstrad
Essig	ättika
Öl	olja
Salz	salt
Pfeffer	peppar
Knoblauch	vitlök
Petersilie	persilja
Schnittlauch	gräslök

Fisch	**fisk**
Meeresfrüchte	skaldjur
Aal	ål
Barsch	abborre
Dorsch	torsk
Fischklößchen	fiskbullar
Flunder	flundra
Forelle	forell
Garnelen/Krabben	räkor
Hecht	gädda
Heilbutt	helgeflundra
Hering/ Ostseehering	sill/strömming
Hummer	hummer
Kabeljau	kabeljo
Karpfen	karp
Lachs	lax
Languste	havskräft
Makrele	makrill

Muscheln	musslor
Saibling	röding
Scholle	rödspätta
Seezunge	sjötunga
Zander	gös

Fleisch und Geflügel	**kött och fågel**
Beefsteak	biffstek
Frikadelle mit Zwiebeln	pannbiff med lök
Deutsches Beefsteak	hackad biff
Eisbein	grisfötter
Elchbraten	älgstek
Fleischklößchen	köttbullar
Hackfleisch	köttfärs
Hacksteak	pannbiff
Hammelbraten	fårstek
Kalbsbraten	kalvstek
Kalbsbrust	kalvbringa
Kalbfleisch	kalvkött
Kohlrouladen	kåldolmar
Lamm	lamm, får
Leberkäse	leverpastej
Rehbraten	rådjurstek
Rentier	ren
Rinderfilet	oxfilé
Rindergulasch	kalops
Rindfleisch	oxkött
Schweinefleisch	fläsk
Schweinekotelett	fläskkotlett
Schinken	skinka
Wildschwein	vildsvin
Wurst	korv
Ziege	get
Ente	anka
Hähnchen	kyckling
Huhn	höns
Puter	kalkon

Gemüse	**grönsaker**
Blumenkohl	blomkål
Bohnen	böner
Erbsen	ärter
Fenchel	fänkål
Gurke	gurka
Karotten	morötter
Kartoffeln	potatis
Kohl	kål
Lauch/Porree	purjolök
Rote Beete	rödbeta
Spargel	sparris
Zwiebeln	lök

Obst	**frukt**
Apfel	äpple
Birne	päron
Brombeere	björnbär
Erdbeere	jordgubbe
Himbeere	hallon
Johannisbeere	vinbär
Kirsche	körsbär
Pflaume	plommon
Weintrauben	vindruvor

Getränke	**dryck**
Glas	glas
Milch	mjölk
Sauermilch	filmjölk
Kaffee	kaffe
Tee	te
Kakao	choklad
Sahne	grädde
Zucker	socker
Wasser	vatten
Limonade	läsk
Bier, Leichtbier, Bier vom Faß	öl, lättöl, fatöl
Wein, Weißwein, Rotwein	vin, vitvin, rödvin
Schnaps	brännvin

Informationen von A bis Z

Aktivurlaub

Gotland ist für einen aktiven Urlaub bestens geeignet, da sowohl die natürlichen Voraussetzungen als auch die entsprechende Infrastruktur gegeben sind. Auf der schwedischen ›Sonneninsel‹ konzentriert sich das sportliche Leben in erster Linie an den **Stränden,** die alle möglichen Arten von **Wassersport** zulassen. Über die besten Badegelegenheiten verfügen dabei die unter Naturschutz stehende Insel Gotska Sandön und Fårö mit dem populären Sandstrand Sudersand. Weitere gute Badestrände gibt es an der Westküste in Visby und vor allem in Tofta, wo auch das größte Sportangebot besteht (u. a. Paragliding, Wasserski, Surfen, Beach-Volleyball), sowie an der Ostküste bei Ljugarn. Daneben findet man jedoch kleinere Badebuchten mit Sand- oder Kieselstränden an unzähligen anderen Stellen der Insel. Im Landesinneren bieten das Tingstädebadet in Tingstäde und das Sigvaldebadet in Etelhem gute Bademöglichkeiten in den Binnenseen. An kühleren oder regnerischen Tagen kann man auf die Hallenbäder von Visby, Roma und Hemse zurückgreifen.

Für **Angler** halten die Küstengewässer Gotlands einige der besten Reviere in der Ostsee bereit, in denen u. a. Aal, Barsch, Dorsch, Hecht, Hering *(strömming),* Lachs, Meerforelle und Scholle vorkommen. Das Sportfischen an der 600 km langen Küste ist insgesamt kostenlos und angelscheinfrei. Für die Binnengewässer benötigt man einen Angelschein, der von den Touristenbüros oder über örtliche Agenten erhältlich ist. Zu beachten sind Mindestmaße der gefangenen Fische sowie Schutzzeiten für Hecht, Lachs und Forelle. Die Angelbedingungen sind im Frühjahr am besten, bevor sich das Ostseewasser aufgewärmt hat.

Mit seinem relativ ebenen Gelände und guten Straßen ist kaum eine schwedische Provinz für Fahrradfahrer so ideal wie Gotland (s. S. 213). Auch für **Wanderer** ergibt sich ein reiches Betätigungsfeld, sowohl im Binnenland mit markierten Pfaden durch Kiefernwälder und zu prähistorischen Sehenswürdigkeiten (Trullhalsar, Thorsburg), als auch an der Küste. Die Karlsinseln etwa dürfen ohnehin nur zu Fuß erkundet werden. Wer es etwas sportlicher liebt, sei an einen der 17 **Trimm-Dich-Pfade** *(motionsspår)* oder einen der 50 **Tennisplätze** verwiesen, die es auf Gotland gibt. **Pferdesport** und -zucht haben auf der Insel eine lange Tradition, von den vielen Gestüten bieten auch einige ihren Besuchern Reitmöglichkeiten. Pferdeverleih, Reittouren und -kurse bieten u. a.: Hallvide Islandshästgård, Slite, ✆ 48 50 32; Sibbjens Gård, Vamlingbo, ✆ 49 80 62; Stall Dalhem, Dalhem, ✆ 3 81 51. Eine ausgesprochen gute Adresse ist Gotland schließlich auch für **Golfer.** Mit drei 9-Loch und vier 18-Loch-Plätzen (Visby, Västergarn, Slite, Ljugarn, När und Stånga) ist die Insel gut bestückt. Der renommierteste Course ist der von Kronholmen in Västergarn mit einem 9-Loch- (*Greenfee* SEK 125) und einem 18-Loch-Platz (*Greenfee* SEK 250), Golfshop, Restaurant und Unterkunft.

Apotheken

Eine Apotheke *(apotek)* befindet sich in Visby auf dem Österväg 7, (✆ 271841) auf der Mässgatan 1 (✆ 21 48 90) und im Krankenhaus auf der St. Göransgatan (✆ 26 88 61). Weitere Apotheken findet man in Roma (✆ 204419), Klintehamn (✆ 24 17 50), Hemse (✆ 48 00 25) und Slite (✆ 22 03 42).

Ärztliche Versorgung

Die ärztliche Versorgung auf Gotland ist vorbildlich; niemand hat es weiter als 20 km zu einer Poliklinik. Touristen mit akuten Gesundheitsproblemen begeben sich am besten zum Zentralkrankenhaus für Gotland, dem Visby lasarett (St. Göransgatan, Visby, ✆ 26 80 00), das zu den modernsten des Königreichs zählt. Dort findet man Allgemeinmediziner, Fachärzte und Krankenschwestern. Fachärzte sind in den blauen Seiten des Telefonbuches unter *läkare* nachzuschlagen. Außerhalb der normalen Öffnungszeiten sind der diensthabende Notarzt sowie der zahnärztliche Notdienst Mo–Fr von 17 bis 8 Uhr sowie Sa/So rund um die Uhr unter ✆ 26 80 09 zu erreichen. Vor einer Behandlung muß man in jedem Fall eine Selbstbeteiligung von ca. SEK 200 entrichten, bei Zahnärzten *(tandläkare)* rund SEK 600.

Behinderte

Auf Gotland haben sich – wie überhaupt in Schweden – viele Institutionen, Unterkünfte und Verkehrsbetriebe auf die Bedürfnisse Behinderter *(handikappade, rörelsehindrade)* eingestellt. Fähren und der Flughafen Visby, Tankstellen sowie öffentliche Toiletten und Museen nehmen z. B. auf die besonderen Anforderungen von Rollstuhlfahrern Rücksicht oder es werden zusammenklappbare Rollstühle zur Verfügung gestellt. In vielen Hotels/Pensionen bietet man behindertenfreundliche Zimmer *(handikappvänliga rum)* an, die jeweils in entsprechenden Broschüren aufgeführt sind. Die Transportbedingungen sollten direkt bei den Reedereien bzw. Fluggesellschaften erfragt werden.

Diplomatische Vertretungen

... in **Deutschland, Österreich** und der **Schweiz:**
Schwedische Botschaft, Heussallee 2–10, D-53113 Bonn, ✆ 0228/26 00 20, Fax 22 38 37.
Schwedische Botschaft, Postfach 18, A-1025 Wien, ✆ 02 22/21 47 70 10, Fax 2 14 50 44.

Schwedische Botschaft, Postf. 1004, CH-3001 Bern, ✆ 0 31/3 12 05 63, Fax 3 12 16 92.

... in **Schweden:**
Deutsche Botschaft, Skarpögatan 9, S-11527 Stockholm, ✆ 08/6 70 15 00, Fax 6 61 52 94.
Österreichische Botschaft, Kommendörsgatan 35, 11458 Stockholm, ✆ 08/6 65 17 70, Fax 6 62 69 28.
Schweizerische Botschaft, Birger Jarlsgatan 64, 10041 Stockholm, ✆ 08/6 76 79 00, Fax 21 15 04.

Auf **Gotland** gibt es ein Deutsches Konsulat (Honorarkonsul Åke G. Sjöberg, Strandgatan 18, 62156 Visby, ✆ 21 77 98).

Einkäufe und Souvenirs

Shopping in Schweden verbot sich früher für preisbewußte Urlauber fast von selbst, doch haben die abgewertete Krone und die EU-Mitgliedschaft die Verhältnisse gründlich verändert. Das Preisniveau für die meisten Dinge des alltäglichen Lebens ist heute nicht mehr weit vom deutschen entfernt.

Als typische Mitbringsel aus Gotland eignen sich alle Waren, die aus Wolle und Stein – den Grundlagen des insularen Handwerks – gefertigt sind. In vielen Boutiquen und Spezialgeschäften findet man traditionelle oder elegant-moderne Kleidung aus der schwarz-grauen Schafwolle *(lammskinn)*. Auch das Rohprodukt des gotländischen Wappentieres – gefärbt oder ungefärbt – ist ein beliebtes Souvenir. Schleifsteine aus Sandstein, inzwischen wieder ein gefragter Exportartikel, bekommen Sie für den Hausgebrauch in allen Größen bis hin zum Miniformat. Das gleiche Material wird von vielen Bildhauern genutzt, die ihre Kunstwerke direkt oder über Galerien in Visby vertreiben. Daneben sind Keramik und andere kunsthandwerkliche Produkte *(Gotlands läns hemslöjd)* auf Gotland verwurzelt – die Vielzahl anerkannter Töpfereien spricht für sich.

Schöne Erinnerungen an das Reiseziel bieten die Bildbände und Bücher zu natur- oder kunsthistorischen Themen, von denen einige auch in deutscher Sprache erschienen sind – eine gute Auswahl halten in Visby das Turistbyrån, die Buchläden auf der Adelsgatan oder der Museumsshop des Fornsal-Museums bereit. Dort stößt man auch auf manch gelungene Replik altgotländischer Kunstgegenstände wie Bildsteine oder Wikingerschmuck – letzterer wird auch von einigen Silberschmieden (z. B. in der Alten Apotheke) angeboten. Daneben sei Besuchern die Auswahl an Naturprodukten wie gotländischem Honig und Senf, geräuchertem Fisch (besonders Flunder) und Kräutern empfohlen. Interessante Gratis-Mitbringsel sind die Versteinerungen, die man unschwer an den Kieselstränden der Insel findet. Gewarnt sei allerdings davor, die begehrten Fossilien mit dem Hammer herauszuschlagen – dies ist verboten und sollte im Sinne eines behutsamen und bewahrenden Tourismus ohnehin nicht getan werden.

Feiertage

Arbeitsfreie Feiertage sind in Schweden: 1. Januar *(nyårsdagen)*, 6. Januar *(trettondagen)*, Karfreitag *(långfredagen)*, Ostersonntag *(påskdagen)*, Ostermontag *(annandag påsk)*, 1. Mai *(första maj)*, Christi Himmelfahrt *(Kristi himmelfärdsdag)*, Pfingstsonntag *(pingstdagen)*; Pfingstmontag *(annandag pingst)*; Mittsommer *(midsommardagen* – Samstag zwischen dem 20. und 26. Juni); Allerheiligen *(allhelgondagen)*; Heiligabend *(julafton)*, 1. Weihnachtstag *(juldagen)*, 2. Weihnachtstag *(annandag jul)*, Silvester *(nyårsafton)*. Am 6. Juni, dem schwedischen Nationalfeiertag, wird gearbeitet. Zu weiteren schwedischen und gotländischen Festlichkeiten und Veranstaltungen s. S. 29ff.

Fotografieren

Filmmaterial und -entwicklung sind in Schweden sehr teuer, deshalb sollte man sich zu Hause reichlich eindecken und mit der Entwicklung bis nach der Rückkehr warten. Erfahrungsgemäß bietet die Insel mehr Motive, als man sich vor der Reise vorstellen konnte. Wer die Vogelwelt fotografieren möchte, sollte unbedingt an ein Teleobjektiv denken, für Innenaufnahmen in den dunklen Landkirchen auch an ein Stativ. Die Lichtverhältnisse können auf Gotland sehr extrem sein, zu empfehlen sind im Sommer Filme, die von Natur aus einen warmen Grundton haben. UV-Sperrfilter sind in jedem Fall ratsam.

Geld und Geldwechsel

Die Währungseinheit in Schweden ist die Krone (SEK), sie entspricht 100 Öre. Geldnoten gibt es für 1000, 500, 100, 50, 20 und 10 SEK, Münzen für 5 und 1 Krone sowie für 50 Öre. Immer wird auf 50 Öre auf- oder abgerundet.

Beim Geldumtausch in Schweden hat man minimale Vorteile gegenüber einem Umtausch in Deutschland, doch fällt bei Banken eine Umtauschgebühr zwischen SEK 30 und 90 an. In Visby gibt es z. Zt. sieben Banken, daneben findet man Bankfilialen in Burgsvik, Fårösund, Hemse, Klintehamn, Roma, Slite und Stånga. Bei Banken, nicht aber in Geschäften, Restaurants etc. können Euroschecks bis SEK 1800 eingelöst werden. Einen günstigen Kurs ohne Nebenkosten erhält man über das Postsparbuch, allerdings kann man sich hier nur den Gegenwert von maximal DM 2000 pro Monat auszahlen lassen. Eine Wechselstube befindet sich auch im Visbyer Turistbyrån. Die gängigen Kreditkarten werden von allen größeren touristischen Leistungsträgern (Hotels, Tankstellen, Restaurants) akzeptiert.

Militärische Sperrbezirke

Auf den meisten Inselkarten ist in Nordgotland und auf Fårö noch ein ausgedehnter militärischer Sperrbezirk verzeichnet, der Ausländern den Besuch nur unter strengen Auflagen erlaubte. Er wurde 1992 stark eingeschränkt und am 1. April 1997 ganz aufgegeben, nur in »militärischen Ausnahmesituationen« kann der Zutritt verwehrt werden.

Ein weiteres Militärgelände befindet sich südlich von Visby entlang der Straße 140. In diesem nicht eingezäunten Gebiet werden Schießübungen durchgeführt, ein Betreten ist äußerst gefährlich und für alle streng verboten. Das Gelände ist durch gelb-rote Warnschilder mit der Aufschrift ›Tofta Skjutfält‹ oder ›Militärt Skjutfält‹ markiert.

Nachtleben

Die wenigsten Urlauber werden auf Gotland (oder überhaupt in Schweden) ein ausschweifendes Nachtleben erwarten und liegen mit dieser Einschätzung sicher richtig. Auf dem Land und außerhalb der Saison gibt es kaum Möglichkeiten, sich nach 20 oder 22 Uhr öffentlich zu vergnügen. Andererseits hat sich in den vergangenen Jahren in Visby ein ganz lebhaftes Treiben entwickelt, bei dem auch Nachtschwärmer auf ihre Kosten kommen. Diskotheken, Pubs und die Cafés am Hafen sind an warmen Sommertagen bis nach Mitternacht gut besucht, abgesehen von den vielen privaten Feten, die Jugendliche im Stadtpark und vor der Wehrmauer veranstalten. Wenn am Ende der Saison die Touristenströme Gotland verlassen haben, kehrt schlagartig wieder Ruhe ein.

Notruf

Die Nummer für alle Notsituationen ist in ganz Schweden ✆ 9 00 00 (Polizei, Krankenwagen, Feuerwehr). Für akute Krankentransporte wählt man ✆ 20 90 90. Die Polizeizentrale für Gotland befindet sich in Visby auf der N. Hansegatan 2B, ✆ 29 35 00.

Öffnungszeiten

Banken haben Mo–Fr 9.30–15 Uhr, Do bis 16 Uhr, einige auch bis 17.30 Uhr geöffnet, die staatlichen Alkoholläden *(systembolaget)* Mo–Fr 9.30–18, Do bis 19 Uhr. Bei privaten Geschäften sind in jüngerer Vergangenheit die schwedischen Ladenschlußzeiten liberalisiert worden, so daß es keine verbindlichen Öffnungszeiten mehr gibt. In vielen Visbyer Supermärkten (z. B. ICA Atterdags am Söderport) kann man Mo–Sa 8–21 Uhr und sogar So 11–21 Uhr einkaufen. Kleinere Geschäfte und Boutiquen sind meist mindestens Mo–Fr 9.30–18 und Sa bis 14 Uhr geöffnet. Außerhalb der Sommersaison sind die Öffnungszeiten oft stark eingeschränkt, einige Geschäfte auf Gotland schließen den Winter über auch ganz.

Post und Porto

Das Hauptpostamt befindet sich in Visby auf der N. Hansegatan 2A, ✆ 21 01 41/21 01 42, und ist Mo–Fr 9–18, Sa 9–12 Uhr geöffnet. Weitere

Postämter gibt es in der Hauptstadt und auf dem Land in vielen Filialen der Supermarktkette ICA. Dort können Sie Briefmarken kaufen (achten Sie auf Sondermarken mit gotländischen Motiven!), z. T. aber auch in Souvenir- und Pressbyråläden oder in Hotels. Das Porto für Briefe und Postkarten in andere Länder Europas beträgt z. Zt. SEK 7.

Sehenswürdigkeiten

Die meisten kulturellen oder natürlichen Sehenswürdigkeiten werden auf Hinweisschildern mit der Ewigkeitsschleife bzw. dem sogenannten Johannesknoten angezeigt, der von einem gotländischen Bildstein abstammt. Pfade zu vorgeschichtlichen Denkmälern sind mit dem Hinweisschild *kulturminne* nebst Entfernungsangabe markiert. Die **Landkirchen** kosten keinen Eintritt und sind fast alle vom 1. Mai bis zum 15. September von 9 bis 19 Uhr geöffnet. An vielen Kirchen gibt es einen Aushang mit einer Adresse oder Telefonnummer, über die man in der sonstigen Zeit an den Kirchenschlüssel kommt. Mit Ausnahme des Fornsales sowie des Kunst- und des Naturgeschichtsmuseums in Visby sind die **Museen** nur saisonal geöffnet, definieren die Saisonzeit jedoch jeweils anders. Unter den angegebenen Telefonnummern können ansonsten Sonderöffnungszeiten arrangiert werden. Einige der Visbyer **Kirchenruinen** sind ebenfalls nur in der Saison öffentlich zugänglich. In der übrigen Zeit wende man sich an das Fornsal-Museum, das gegen Entgelt einen Generalschlüssel für alle Ruinen bereithält.

Taxi

Bei folgenden Taxiunternehmen können Sie sich telefonisch einen Wagen bestellen: Gute Taxi, ✆ 44 44 44; Taxi Visby, ✆ 20 70 70; Taxi Gotland, ✆ 20 02 00; Slite Taxi, ✆ 22 00 88; Burgsviks Taxi, ✆ 49 71 19.

Telefonieren

Das Telefonnetz wird in Schweden von der Gesellschaft Telia betrieben, von Postämtern aus werden Telefongespräche nicht vermittelt. Die Hauptniederlassung der Telia befindet sich in Visby auf der Adelsgatan 16. Die Telefonzellen sind in der überwiegenden Mehrzahl für Telefonkarten *(telefonkort)* ausgerüstet, die es im Gegenwert von SEK 30, 60 und 120 gibt und die man in den meisten Zeitschriften- *(Pressbyrå)* und Tabakläden bekommt, oft auch in Hotels. Daneben finden sich natürlich auch Telefonzellen mit Münzbetrieb, der Minimumbetrag liegt hier bei SEK 3. Alle Gespräche sind ab 18 Uhr und an Wochenenden 50% billiger als der Normaltarif. Die innerschwedischen Telefonnummern sind fünf- bis achtstellig, die Vorwahl zwei- bis vierstellig. Für ganz Gotland gilt die gemeinsame Vorwahl 04 98. Die Vorwahlen von Schweden aus lauten nach Deutschland 00 949, nach Österreich 0 09 43 und in die Schweiz 0 09 41, danach wählt man jeweils die Ortskennzahl ohne 0 und die Rufnummer. Die Vorwahl nach Schweden ist von Deutschland, Österreich und der Schweiz aus 00 46, danach wählt man jeweils die Ortskennzahl ohne 0 und die Rufnummer.

Trinkgeld

Alle Preise für Serviceleistungen in Schweden verstehen sich inklusive Steuern und Trinkgelder – Verhältnisse wie in den USA oder in Südeuropa sind daher in Skandinavien nicht zu erwarten. Falls Sie dennoch die Taxi- oder Restaurantrechnung nach oben aufrunden möchten, wird Ihnen das sicher nicht übel genommen.

Zeit und Datumschreibweise

Auf Gotland gilt die mitteleuropäische Zeit (MEZ) bzw. Sommerzeit. Der östlichen Länge und nördlichen Breite entsprechend weist die Insel im Sommer weitaus längere Tage und kaum Dunkelheit, im Winter dagegen weniger helle Stunden auf als Mitteleuropa.

Für das Datum benutzt man in Schweden eine abweichende und gewöhnungsbedürftige Schreibweise, bei der die Reihenfolge Jahr, Monat, Tag eingehalten wird. Demnach wird z. B. der 18. August 1997 so geschrieben: 97-08-18 oder 97 08 18.

Zeitungen

Wer des Schwedischen mächtig ist, hat in den lokalen Blättern ›Gotlands Allehanda‹ und ›Gotlands Tidningar‹ die besten Informationsquellen über das insulare Tagesgeschehen. Daneben bekommt man natürlich überall die überregionalen schwedischen Tageszeitungen. Deutschsprachige Zeitungen und Magazine finden ihren Weg nur vereinzelt und mit mindestens eintägiger Verspätung nach Visby, außerhalb der Saison überhaupt nicht. Die besten Chancen, sich mit heimischer Lektüre einzudecken, hat man an den Kiosken am Hafen, am Österport und im Fährterminal. Daneben verfügt die Länsbibliotek in Visby (Hästgatan 24, ✆ 26 90 00; geöffnet Mo–Do 11–20 Uhr, Fr 11–19 Uhr, Sa 10–15 Uhr) über ein kleines Angebot ausländischer Presse.

Weiterführende Infos

Sprachführer

Die Fremdsprachenkenntnisse sind auf Gotland – wie überhaupt in Schweden – ausgezeichnet. Fast alle verstehen und sprechen sehr gut Englisch, das in der Schule schon ab der dritten Klasse unterrichtet wird und außerdem im nicht-synchronisierten Fernsehprogramm allgegenwärtig ist. Daneben sind oft auch Deutsch-, seltener Französischkenntnisse anzutreffen. Eigentlich muß man sich also nicht unbedingt mit dem Erlernen des Schwedischen herumplagen. Andererseits erleichtern einige Höflichkeitsfloskeln die Bewältigung des Alltags und die Kontaktaufnahme mit den Einheimischen ungemein, und Ihre Gastgeber werden sicher positiv überrascht sein, wenn Ihnen die eine oder andere schwedische Wendung über die Lippen kommt.

An und für sich ist das Schwedische als nordgermanische Sprache eng mit dem Deutschen verwandt, aus dem es zudem schon seit dem Mittelalter viele Lehnwörter übernommen hat. Das wird einem spätestens dann auffallen, wenn man in Ermangelung einer deutschen Zeitung auf die einheimischen Presseorgane zurückgreift und doch wenigstens den Sinn der einzelnen Meldungen versteht. Die Grammatik ist verhältnismäßig einfach, weist jedoch einige Besonderheiten auf – so kennt das Schwedische ähnlich wie das Dänische und Norwegische den angehängten bestimmten Artikel. Z. B. heißt ein Tag *en dag,* der Tag *dagen,* Tage *dagar,* die Tage *dagarna.* Die Laute å, ä und ö sind immer am Schluß des Alphabets zu finden (z. B. in Telefonbüchern).

Das größte Verständigungshindernis ist denn auch weniger die Grammatik oder das Vokabular, sondern die Aussprache. Da ein Reisetaschenbuch keinen Sprachkurs ersetzen kann, deshalb dazu nur einige Hinweise:

d, h und **l** werden vor -j nicht gesprochen: *djur* (jü:r) Tier, *djup* (jü:p) tief, *hjälp* (jälp) Hilfe, *ljus* (jü:s) Licht.

g – wird vor -e, -i, -y, -ä, -ö und nach l- und r- wie ein deutsches j gesprochen, z. B. *älg* (älj) Elch, *Göteborg* (jö:tebo:rj).

k – wird vor -e, -i, -y, -ä, -ö fast wie ein deutsches sch gesprochen, z. B. *kyrka* (schürka) Kirche, *köpa* (schöpa) kaufen, *Källunge* (schällünge).

kj, sj, skj, stj und **tj** werden fast wie ein deutsches sch ausgesprochen, z. B. *kjol* (schu:l) Rock, *sjö* (schö:) See, *skjorta* (schu:ta) Hemd, *stjärna* (schä:rna) Stern, *tjugo* (schü:ge) zwanzig; ebenso **sk** vor -e, -i, -y, -ä, -ö, z. B. *skepp* (schepp) Schiff, *skön* (schö:n) schön.

o – wird meist wie u ausgesprochen, z. B. *nota* (nu:ta) Rechnung.

s – wird immer stimmlos (scharf) gesprochen wie im deutschen Haus,

z. B. *simma* (simma) schwimmen, *husen* (hü:sen) die Häuser.
u – wird meist wie ü ausgesprochen, z. B. *hus* (hü:s) Haus oder *rum* (rümm) Zimmer.
v – wird wie ein deutsches w ausgesprochen, z. B. *vin* (wi:n) Wein.
y – wird wie ü ausgesprochen, z. B. *Visby* (wisbü), *hyra* (hü:ra) mieten, *tyskland* (tüskland) Deutschland.
å – wird wie ein offenes o ausgesprochen, z. B. *skål* (sko:l) Prost.

Wörterbuch (s. auch S. 219f.)

Begrüßung und Konversation

Guten Tag	goddag
Guten Morgen	god morgon
Guten Abend	god afton
Hallo	hej
Ich heiße...	jag heter...
Wie heißen Sie/ heißt Du?	vad heter ni/du?
Ich komme aus	jag kommer från
Deutschland	Tyskland
Österreich	Österrike
Schweiz	Schweiz
Sprichst Du.../	talar ni/du...
Deutsch	tyska
Englisch	engelska
Ich verstehe nicht	jag förstår inte
Ja bitte	ja tack
Danke/vielen Dank	tack/tack så mycket
Bitte sehr	varsågod
Entschuldigung	förlåt/ursäkta mig
Keine Ursache/ gern geschehen	ingen orsak/ för all del
Auf Wiedersehen/ Tschüß	adjö/hej då
Bis bald	vi ses
Wo ist...?	var är.../ var finns...?
Wieviel kostet...?	vad kostar...?
Was ist das?	vad är det?
Ja/nein	ja/nej
Toilette	toalett
Damen/Herren	Damer/Herrar
Raucher/ Nichtraucher	rökare/ ickerökare

Unterkunft

Hotel	hotell
Campingplatz	campingplats
Jugendherberge	vandrarhem
Hütte	stuga
(Einzel-, Doppel-) Zimmer	(enkel-, dubbel-) rum
Haben Sie noch ein Zimmer frei?	Finns det lediga rum?
Bett/Betten	säng/sängar
Kinderbett	barnsäng
Frühstück	frukost
Dusche/Bad/Sauna	dusch/bad/bastu

Fortbewegung

Autovermietung	biluthyrning
Tankstelle	bensinstation/ mack
Werkstatt	bilverkstad
Polizei	polis
Fahrkarte	biljett
Gepäck	bagage
Bushaltestelle	busshållplats
Fähre	färja
Fahrrad	cykel

Gesundheit

Apotheke	apotek
Arzt/Zahnarzt	läkare/tandläkare
Krankenhaus	sjukhus

Unfall	olycka
Ich bin Allergiker/ Diabetiker	jag lider av allergi/jag är diabetiker
Ich bin schwanger	jag är gravid
Ich habe Magen-/ Kopf-/Hals-schmerzen	jag har ont i magen/huvu-det/halsen
Erkältung/Fieber/ Husten	förkylning/ feber/hosta
Durchfall	diarré
Erbrechen	kräkning
Verstopfung	förstoppning

Zahlen

eins	en, ett
zwei	två
drei	tre
vier	fyra
fünf	fem
sechs	sex
sieben	sju
acht	åtta
neun	nio
zehn	tio
zwanzig	tjugo
dreißig	trettio
vierzig	fyrtio
fünfzig	femtio
sechzig	sextio
siebzig	sjuttio
achtzig	åttio
neunzig	nittio
hundert	hundra
hunderteins	hundraett
zweihundert	tvåhundra
tausend	tusen

Geographisches

å	Flüßchen
ås	Höhenzug
älv	größerer Fluß
bruk	Bergwerk, Eisenhütte
by	Dorf
fors	Wasserfall, Stromschnelle
hamn	Hafen
köping	Handelsplatz
kyrka	Kirche
näs	Landzunge
ö	Insel
slott	Schloß
sjö	See
skog	Wald
sund	Meerenge, schmaler Ausfluß eines Gewässers
torg	Marktplatz
träsk	flacher Binnensee
vik	Bucht

Kurzknigge

Zwischen den Schweden und den Mitteleuropäern gibt es keine großen kulturellen Barrieren, so daß die Umgangsformen durchaus vergleichbar und Unterschiede allenfalls gradueller Natur sind. Beispielsweise wird gerne behauptet, in Schweden würde es förmlicher zugehen als bei uns. Dies mag stimmen, wenn man etwa die ritualisierte Form einer **Einladung** zum Abendessen oder die eines gesellschaftlichen Zusammentreffens betrachtet. Wird man eingeladen, ist Pünktlichkeit der Gäste die erste Pflicht; der Gastgeberin bringt man einen Blumenstrauß mit. Bei formellen Anlässen ist die Tischordnung festgelegt, Ehrengäste sitzen links neben der Gastgeberin und haben die Aufgabe, nach dem Mahl eine kleine Rede zu halten und mit einem offiziellen *skål* für den Abend zu danken. Wenn man den Tisch verläßt, bedankt man sich nochmals für das Essen *(tack för maten).* Nach dem Ereignis meldet man sich innerhalb einer Woche bei den Gastgebern mit der Formel *tack för senast* (Danke für neulich). Dies ist jedoch die Etikette der älteren Generation, die von der heutigen Jugend kaum noch gepflegt wird.

Andererseits geht es z. B. bei der **Anrede** weniger distanziert zu als bei uns. Selbst wenn man sich gerade erst kennengelernt hat, bevorzugt man das intimere *du* (dü:) gegenüber dem *ni* (Sie) und nennt sich beim Vornamen. Dies gilt übrigens für alle Lebensbereiche, auch im Umgang zwischen Chef und Angestellten oder beim Interview mit einem Politiker.

Ansonsten ist der Alltag der meisten Schweden von **höflicher Zurückhaltung** geprägt. Wo immer möglich, versucht man, weder aufzufallen noch in Streitigkeiten hineingezogen zu werden. Übertriebene Selbstdarstellung, Vordrängeln etc. sind verpönt. Wo sich in Banken, Apotheken, Cafeterien und Geschäften Schlangen bilden können, trifft man häufig auf Nummernautomaten, d. h. man zieht eine Nummer und wartet, bis man aufgerufen wird oder die Nummer auf einer Anzeigetafel erscheint. Wie alle Skandinavier sind auch die Gotländer wenig extrovertiert; sie fühlen sich in der privaten Umgebung und im kleinen Kreis wohler als in der anonymen Öffentlichkeit, was sich auch daran ablesen läßt, daß man sich viel häufiger zu Hause mit Bekannten und Freunden verabredet als in Restaurants oder Kneipen. **Häuslichkeit** und **Gemütlichkeit** sind tragende Säulen ihres Wohlbefindens, und ihr Interesse ist vielfach darauf gerichtet, mit viel Liebe zum Detail die Außen- und Inneneinrichtung des Heimes zu verbessern. Wer schwedische Bekannte in deren Haus besucht, sollte die Straßenschuhe ausziehen und ein wirklich schönes Haus auch gebührend bewundern.

Eine besondere schwedische Einrichtung ist das **Jedermannsrecht** *(allemansrätten),* von dem die meisten ausländischen Besucher schon gehört haben werden, oft aber nur dessen Rechte und nicht die Pflichten kennen. Das Jedermannsrecht besagt einerseits, daß man sich im Allgemeinen auf dem Grund und Boden anderer bewegen und auch übernachten darf, ebenso Beeren und Pilze sammeln und wilde Blumen pflücken. Andererseits werden dadurch nicht der Schutz der Privatsphäre von Grundstückseignern und Bauern oder die Regeln über das richtige Verhalten in der schwedischen Natur außer Kraft gesetzt. Stets muß auf andere Menschen, auf Tiere und Pflanzen Rücksicht genommen werden – nach der Devise: nicht stören oder zerstören. Touristen sollten nicht Privatgrundstücke, Schonungen und Felder betreten, in unmittelbarer Nähe von Wohnhäusern zelten oder Blumen, die unter Naturschutz stehen, pflükken. Wer mit einer Gruppe oder mehrere Nächte am selben Platz zelten möchte, muß den Grundeigentümer erst um Erlaubnis fragen. Natürlich dürfen keine Bäume oder Sträucher abgesägt, keine Zweige oder Rinde abgerissen oder Müll in der Natur hinterlassen werden. Nester und Jungtiere sollte man immer in Ruhe lassen. Baden ist in allen Gewässern erlaubt, man darf auch vorübergehend mit einem Boot anlegen und an Land gehen, aber nicht auf Privatgrundstücken oder wenn Landungsverbot besteht. Auto-, Motorrad- oder Mopedfahren im Gelände ist untersagt. Schon bei der geringsten Brandgefahr ist es verboten, ein offenes Feuer zu entfachen.

Abbildungsnachweis

Gerd Austrup, Stockholm: Umschlaginnenklappe hinten, S. 16, 30, 105

Hanne Bramnes, Karlskrona: S. 24, 169,

Fornsal-Museum, Visby: S. 47, 74, 76

Eva-Maria Joeressen, Köln: Umschlagvorderseite, S. 1, 2/3, 8, 10/11, 15, 22, 34, 41, 42/43, 60, 63, 65, 71, 78, 82/83, 84, 86, 89, 90, 96/97, 99, 100/101, 103, 112, 115, 120, 123, 126, 133, 144, 151, 153, 156, 157, 158, 162, 163, 170, 174/175, 181, 190, 194, 197

Klaus Keßner, Köln: S. 27, 55, 203

Hans-Willi Menke, Stockholm: Umschlaginnnenklappe vorn, S. 21, 108, 142, 204

Marit Petersson, Malmö: S. 164, 187

Ulrich Quack, Mönchengladbach: Umschlagrückseite (oben und unten), S. 51, 56/57, 80, 93, 95, 104, 119, 129, 130, 138, 172/173, 182, 199

Karten und Pläne: artic, Duisburg © DuMont Buchverlag

Register

Personen

Orte

Bitte schreiben Sie uns, wenn sich etwas geändert hat!

Alle in diesem Buch enthaltenen Angaben wurden von dem Autor nach bestem Wissen erstellt und von ihm und dem Verlag mit größtmöglicher Sorgfalt überprüft. Gleichwohl sind – wie wir im Sinne des Produkthaftungsrechts betonen müssen – inhaltliche Fehler nicht vollständig auszuschließen. Daher erfolgen die Angaben ohne jegliche Verpflichtung oder Garantie des Verlages oder des Autors. Beide übernehmen keinerlei Verantwortung und Haftung für etwaige inhaltliche Unstimmigkeiten. Wir bitten daher um Verständnis und werden Korrekturhinweise gerne aufgreifen:

DuMont Buchverlag, Postfach 101045, 50450 Köln.

Visby

1 Almedalen 2 Donnerska Huset 3 Gotlands Naturmuseum 4 Burmeisterska Huset 5 Fornsal-Museum 6 Alte Apotheke 7 St. Lars 8 St. Drotten 9 Kapitelhaus 10 St. Klemens 11 St. Nikolai 12 Heilig-Geist-Kirche 13 Domkirche St. Marien 14 St. Katarina 15 St. Hans und St. Per 16 Pulverturm 17 St. Olof 18 Jungfrauenturm 19 Silverhättan 20 Lübeckerbresche 21 St. Göran 22 Trojaburg 23 Galgenberg 24 Norderport 25 Dalmansturm 26 Österport 27 Valdemarskreuz 28 Söderport 29 Visborg-Schloßruine